PSICOANÁLISIS DE FAMILIA Y PAREJA

Blucher

Comisión de Psicoanálisis de Familia y Pareja CPFP - FEPAL

Comissão de Psicanálise de Casal e Família CPCF - FEPAL

PSICOANÁLISIS DE FAMILIA Y PAREJA

Reflexiones latinoamericanas

Organizadoras

Adriana Navarrete Bianchi

Paulina Zukerman

Psicoanálisis de familia y pareja: reflexiones latinoamericanas

Serie Fepal: psicoanálisis latinoamericano
Coordinadora científica Marina Massi

Publisher Edgard Blücher
Editor Eduardo Blücher
Coordinación editorial Rafael Fulanetti
Coordinación de producción Andressa Lira
Producción editorial Departamento de produção
Preparación y revisión del texto Mariana Góis
Composición Departamento de produção
Tapa Laércio Flenic
Colaboración Leo Mangiavacchi (diseñador – Fepal)
Imagen de tapa iStockphoto

Blucher

Rua Pedroso Alvarenga, 1245, 4º piso
04531-934 – São Paulo – SP – Brasil
Tel.: 55 11 3078-5366
contato@blucher.com.br
www.blucher.com.br

Datos de catalogación en publicación internacional (CIP)
Angélica Ilacqua CRB-8/7057

Psicoanálisis de familia y pareja : reflexiones latino-americanas / organizado por Adriana Navarrete Bianchi, Paulina Zukerman. - São Paulo : Blucher, 2024.
326 p. (Recopilación Fepal / coordenadora Marina Massi)

Varios autores
Bibliografía
ISBN 978-85-212-2260-6

1. Psicoanálisis 2. Psicoanálisis – Psicanálise 3. Familia - Psicoanálisis I. Bianchi, Adriana Navarrete II. Zukerman, Paulina III. Massi, Marina IV. Federação Psicanalítica da América Latina V. Serie

24-4079 CDD 150.195

Las puntuaciones de catálogo sistemático:
1. Psicoanálisis

Sobre la serie

El proyecto de la Serie Fepal es fruto de mis dos años de trabajo como Coordinadora Científica de la propia Fepal, durante la gestión 2022-2024, presidida por Wania Maria Coelho Ferreira Cidade.

La integración de los colegas y la producción latinoamericana fueron algunos de los marcos orientadores de las actividades del equipo de la Coordinación Científica. Son puntos de encuentro en el *trabajo colectivo* que potencia y abre horizontes para una producción viva y creativa, capaz de enriquecer teórica, técnica y clínicamente el psicoanálisis.

En el programa inicial de la Coordinación Científica de la Fepal (2022-2024), uno de los objetivos principales era la función articuladora y agregadora entre las diversas áreas de la institución. Ello, al promover un diálogo permanente entre sus miembros y entre los diversos proyectos que venían siendo realizados y los que se iniciaron en nuestra gestión.

El objetivo era de integración, respetando la creatividad, la diversidad y la autonomía, en el ámbito interno de las comisiones de trabajo vinculadas con la Coordinación Científica. A saber, Comisión de Formación y Transmisión del Psicoanálisis, Comisión de Investigación,

Comisión de Pareja y Familia, Comisión de *Working Parties* y el Grupo de Estudios de Psicosomática.

De este modo, la Serie Fepal nace, más allá de las comisiones de Coordinación Científica, de la integración y asociación con otras direcciones. Asimismo, pretende ser un vehículo de expresión y difusión de los trabajos producidos en el marco de la propia institución.

Los primeros cinco libros de la Serie Fepal están impregnados con la historia del trabajo y la dedicación de numerosos colegas psicoanalistas. Estos profesionales se han comprometido en una comprensión más profunda de los problemas de desamparo, así como de las cuestiones étnicas, sociales, de género y ambientales en nuestro continente.

Compartimos la necesidad, como psicoanalistas, de conocer el mundo al que pertenecemos. Solo así podemos colaborar de manera más encarnada con nuestros pacientes, parejas, familias, y con el trabajo en instituciones, comunidades y grupos, desarrollando la escucha analítica que es nuestro oficio y arte.

Mi profundo agradecimiento a todos los que hicieron posible la realización de este proyecto editorial.

Marina Massi

Coordinadora científica de la Serie Fepal

Agradecimiento

Agradecemos a todo aquel que, de alguna forma, sumó esfuerzos para que consiguiéramos navegar en los *espacios Entre* de una manera consistente y entusiasta y, en especial, a Ana Velia Vélez de Sánchez Osella, Mariana Navarrete Bianchi y Nilton Cesar Bianchi, que nos dieron una inestimable colaboración en la traducción de este libro.

Contenido

Encuentro ENTRE – Literatura y psicoanálisis

Pareja y Familia a través del tiempo: ficciones y realidades

Encuentro ENTRE – Antropología y psicoanálisis

El mundo pos pandemia

Plenaria 34º Congreso Fepal – Transitoriedad e incertezas

Amor/amores: transitoriedades e incertezas en los vínculos

Prólogo

Adriana Navarrete Bianchi

Desde los años 1970, el mundo occidental viene entrando progresivamente en un proceso de transformaciones cada vez más rápidas y radicales, tanto en las estructuras socio-políticas y culturales, cómo alterando los patrones y normas tradicionales de convivencia entre los sujetos y, con eso, determinando cambios impactantes en la subjetividad individual y grupal. Este nuevo contexto es tan movilizador que, para lidiar con él, se crearon conceptos antes inimaginables como el de liquidez. Pasando a describirse el amor y la modernidad como líquidos, por Bauman y las organizaciones como fluidas, conforme Lewkowicz, ya que todo, incluidas las relaciones y las instituciones, se encontraba inmerso en un entorno incierto.

A pesar de que, a mediados del siglo XX, destacados analistas como Wilfred Bion y Pichón Rivière, entre otros, se habían dedicado a investigar los fenómenos grupales, será efectivamente a partir de los años 1960 y 1970 cuando se verá un aumento significativo en las contribuciones para pensar el trabajo psicoanalítico con más de un sujeto en sala de análisis.

En abril de 2006, después de un largo recorrido en el que numerosos autores latinoamericanos empezaron a producir trabajos dedicados a pensar esta nueva área del Psicoanálisis de Familia y Pareja, como respuesta a la necesidad de lidiar con los nuevos conflictos y desafíos del sujeto contemporáneo, fue que Janine Puget, Isidoro

Berenstein y Sonia Kleiman, consiguieron la aprobación de la mayoría de las Sociedades que componen Federación Psicoanalítica de América Latina (Fepal) para crear la Comisión de Psicoanálisis de Familia y Pareja de esta federación.

Como portavoces de toda la producción de psicoanalistas latinoamericanos, lograron una conquista muy importante al darle un reconocimiento institucional a esta área del pensamiento y práctica psicoanalítica, que era considerada extramuros. Este logro es todavía mayor, cuando se constata que fue en Fepal donde, por primera vez en el mundo, se creó formalmente una Comisión que representara el Psicoanálisis de Familia y Pareja lo que es una muestra reveladora de la potencia y fertilidad del pensamiento psicoanalítico en estas tierras, y de esta condición debemos enorgullecernos.

Tal vez América Latina siendo suelo de cruces culturales, de pueblos distintos y de migrantes, sea más permeable a las osadías… De todos modos, es una fuente de ideas originales especialmente en esta área, capaces de ofrecer nuevas miradas y perspectivas, acostumbrada como está a las expresiones, a veces dramáticas, de nuestra realidad siempre en transformación.

Como el Psicoanálisis de Familia y Pareja es un área aún poco difundida dentro del universo psicoanalítico, ya que la gran mayoría de los Institutos Psicoanalíticos de nuestro continente no tienen formación en esta área, esto nos hace tener una presencia poco visible. Si bien tenemos un lugar un tanto aislado dentro del psicoanálisis, un estado inestable de adentro/afuera, podemos sin embargo considerar que esto tiene sus ventajas, porque desde allí existe la posibilidad de abrir espacios para pensar lo nuevo y lo diferente, cuestionar certezas, crear y profundizar conceptos, que pueden aportar enriquecimiento teórico a la comunidad psicoanalítica.

Frente a este reto de ampliar fronteras fue que cada coordinador y cada uno de los miembros que formaron parte de esta Comisión se esforzaron en consolidar y "contagiar" a otros psicoanalistas con sus diferentes perspectivas teóricas y modos de pensar la clínica, abriendo inéditas posibilidades al hacer psicoanalítico.

Hoy en día, nos enfrentamos al desafío de lidiar con pensamientos que navegan en un maniqueísmo como "Nada mudó" o "Todo mudó", refiriéndose a la esencia de la naturaleza humana, o a las necesidades, valores y lógicas actuales comparados con los de las anteriores generaciones y diferentes culturas, o a la importancia de la transmisión de las experiencias pasadas, etc. Entre estos dos polos entendemos haber todo un gran espacio a ser explorado, un ENTRE. A cada polo de afirmaciones categóricas puede llegar a corresponder una constatación de una realidad particular, pero por separado seguramente ellas no abarcan toda la complejidad de las múltiples realidades existentes. Sí nos atrevemos a transitar en el ENTRE, ese "centro" vacío, ese espacio *Entre Dos* siempre vacilante, seguramente tendremos desencuentros, siempre posibles, pero también, inusitadas y bienvenidas sorpresas.

Con el espíritu de dar lugar a la complejidad y a la diversidad fue que, desde agosto de 2021, juntamente con los colegas de la actual Comisión, venimos trabajando, en cada encuentro, cada reunión o evento realizado, para crear *espacios ENTRE*, donde pudiéramos pensar lo nuevo y lo actual, respetando tanto la tradición psicoanalítica, al igual, que las diferentes escuelas teóricas dentro del proprio psicoanálisis de familia y pareja.

Creamos entonces, *espacios Entre ciencias, espacio Entre Sociedades, espacio Entre los miembros Fepal, espacio Entre Coordinadores y Representantes y espacio Entre Comisiones* donde cada uno de ellos aportaba un aspecto diferente: la *difusión* del enfoque del Psicoanálisis de Familia y Pareja; la *información* teórica y clínica a todas las Sociedades de Fepal interesadas en profundizar y aprender sobre esta área; el *intercambio* entre las Sociedad Fepal como forma de integrarlas y posibilitar el conocimiento de aspectos de la realidad de cada una de ellas; fomentar el *fortalecimiento* del Psicoanálisis de Familia y Pareja a través de la cooperación con otras Comisiones, Asociaciones e Instituciones que trabajan con el Psicoanálisis en esta área.

Fruto del diálogo producido en cada *espacio ENTRE* reunimos en este libro 24 trabajos de autores originarios de todas las regiones de América Latina. En su gran mayoría la compilación de los textos es de actividades realizadas por la Comisión, siendo que algunos son trabajos presentados en eventos realizados en América Latina en otras instituciones o en Congresos. Entendemos, por eso, que seguimos dentro del sendero abierto por nuestros pioneros fundadores, al seguir dando voz a los psicoanalistas de todas las regiones latinoamericanas en su quehacer y pensar el área de Familia y Pareja.

Los temas de los trabajos navegan por una variedad de asuntos y abordajes y van desde teóricos y clínicos, hasta históricos, artísticos, filosóficos y reflexivos donde se abre la oportunidad de pensar sobre el amor, los amores, lo íntimo y lo público, la trayectoria de la familia, la violencia, los desencuentros, la transgeneracionalidad, el suicidio, las relaciones pasionales, lo contemporáneo y sus desafíos, entre otros. De esa forma, esperamos haber conseguido registrar en este libro algunas expresiones del pensamiento contemporáneo latinoamericano, posibilitando con él un *espacio para "escuchar"* la diversidad y la diferencia, sin intentar agrupar los trabajos de una manera armónica por temas o abordajes teóricos, sino apenas por su espacio de origen e interés de pensar esta área. Es significativo que este libro sea publicado en las dos lenguas oficiales de Fepal, el español y el portugués, ofreciendo así la posibilidad de intercambio de puntos de vista y conocimientos entre todas las regiones de América Latina e incluso más allá de sus fronteras continentales.

Encuentro ENTRE – Historia y psicoanálisis

Familias: pasado y presente

1. Una visión histórica[1]

Mariana Cantarelli

I

Sin dudas, somos contemporáneos de una serie de transformaciones en la subjetividad. Siguiendo el canon contemporáneo, deberíamos decir *subjetividades*. Más allá del uso del singular o del plural, la evidencia se nos impone. Hay *nuevas subjetividades*. En el consultorio y en el hospital, pero también en la escuela y la universidad, aunque la lista podría incluir al conjunto de las instituciones, encontramos *nuevas subjetividades*. Es decir, nuevas formas socialmente disponibles de pensar, sentir y actuar; de configurarnos y vincularnos socialmente, de estar en el mundo.

Pensando de esta manera, el término *nuevas subjetividades* designa – en primer lugar – un campo de problemas teóricos abordados actualmente por las disciplinas humanas y sociales. Las problematizaciones sobre la especificidad de los vínculos en general y los de pareja y familia en particular en tiempos de fluidez (en contraposición con la solidez de los vínculos modernos) forman parte de las preguntas de este campo y constituyen un insumo clave de pensamiento.

---

1 Presentado en el *1° Encuentro ENTRE Historia y Psicoanálisis – Familias: pasado y presente*. Encuentro online de la Comisión de Psicoanálisis de Familia y Pareja – Fepal (CPFP-Fepal) día 28 de mayo de 2022.

Sobre todos aquellos pensamientos que no deprecian pero tampoco celebran las nuevas subjetividades, sino que buscan dar cuenta de las operaciones puestas en juego en cada caso.

Sin embargo, ese término también designa algo más. Podríamos decir un tipo de malestar. La pregunta por las *nuevas subjetividades* no se agota en una interrogación acerca de su especificidad (qué cambia, qué permanece, qué se transforma) en torno de las familias, las parejas, los sujetos contemporáneos. Ésta es apenas una cara de la moneda. La otra cara podría ser formulada de la siguiente manera: qué hacer (qué hacemos) ante y con esos nuevos sujetos que ponen en cuestión nuestros saberes profesionales, clínicos, teóricos, institucionales, todos ellos constituidos en tiempos más sólidos que los actuales. Formulando en otros términos, ante estos cambios subjetivos y sociales, cómo intervenir y con qué herramientas, cuáles de nuestros saberes nos permiten dar cuenta de estas nuevas formas de subjetividad, vincularidad y padecimiento?

Las preguntas por el estatuto de los cambios en las subjetividades y por como quedan situados nuestros saberes antes esas mutaciones recorren los oficios, las profesiones y las disciplinas que trabajan con sujetos, como destaca el sociólogo François Dubet en *El declive de la institución* (2006). Por eso mismo, esas interrogaciones resultan inevitables en la medida en que las condiciones sociales de producción de subjetividades y padecimientos (pero también de nuestros oficios, profesionales y disciplinas) están en proceso de mutación.

Si lo pensamos históricamente, la psicología moderna y el psicoanálisis nacen como reflexión sobre un sujeto en particular: el sujeto cartesiano y moderno constituido por las instituciones disciplinarias en general y por la familia nuclear en particular. No se trata de cualquier sujeto. Tampoco de cualquier configuración familiar sino de una específica que produce un tipo de padecimiento asociado con sus marcas subjetivas y sociales. Ahora bien, cuando nos preguntamos entonces por las condiciones cambiadas, estamos preguntando por estas variaciones. ¿Cuál es la especificidad de las nuevas subjetividades? ¿Qué hay de nuevo? ¿Y de viejo? ¿Qué modalidades de sufrimiento emergen en torno de sujetos que viven una época más fluida que sólida? ¿De qué hablamos cuando hablamos de vínculos fluidos? Pero también cómo se transforman nuestros saberes a la luz de estas nuevas subjetividades.

Teniendo en cuenta ese contexto de transformaciones, ¿qué podría aportar una reflexión histórica sobre esta materia? En este territorio de mutaciones, ¿qué recursos podría aportar una *Historia de la subjetividad* en tanto discurso centrado en la indagación de las modalidades de pensar, sentir y actuar socialmente construidos?

Según el historiador Ignacio Lewkowicz, el objeto de estudio del discurso histórico en general (y de la historia de la subjetividad especialmente) no es el pasado sino el cambio social. De esta manera, el pasado funciona como un campo de entrenamiento epistemológico, si se me permite la metáfora deportiva, para la construcción de herramientas conceptuales al servicio de la indagación de los cambios actuales en el plano de la subjetividad familiar y de pareja.

En este encuentro, no pretendo ensayar una respuesta exhaustiva y en regla a estas preguntas de enorme escala. Más bien, me interesa abordar algunos tópicos de este proceso de transformación de las subjetividades familiares y de pareja que, sospecho, podrían contribuir a reflexionar y con suerte habitar los tiempos que nos tocan en suerte. Comencemos entonces.

II

En primer lugar, me interesa que analicemos la crisis del patriarcado como marco de época. Más allá de las modalidades que adquiere este proceso en cada sociedad (pues existen diferencias entre América Latina y Europa, entre países y regiones de América Latina, entre sociedades urbanas y rurales, entre clases sociales en un mismo país), la tendencia salta a la vista. El patriarcado ya no es lo que era. Y esto significa, entre otras cosas, que esa máquina productora de subjetividades ya no tiene la capacidad de producir, en la escala previa, modelos, representaciones y prácticas sobre familia y pareja.

Ahora bien, antes de avanzar en la caracterización de este proceso, cabe aclarar al menos dos cuestiones. Cuando hablamos de patriarcado, hablamos de una lógica social, cultural, política y económica que se caracteriza, entre otros rasgos, por la dominación de los varones sobre las mujeres y sus hijos, y que se reproduce a través de diversas instituciones. Entre otras, la familia. Ahora bien, para que tal cosa sea posible, la intervención del patriarcado no se limita al ámbito doméstico, sino que lo excede. Para que haya patriarcado se requieren mucho más que familias patriarcales. Se requiere de una sociedad patriarcal.

Ahora bien y en segundo lugar, ¿cuáles son las causas de tal crisis? Según el sociólogo Manuel Castells, en el volumen II de *La sociedad de la información. El poder de la identidad* (Castells, 2001), la crisis del patriarcado está vinculada con cuatro factores:

La transformación de la economía y el mercado laboral en estrecha asociación con el acceso de las mujeres a la educación terciaria y universitaria. Como sabemos, el ingreso de las mujeres al mercado de trabajo se traduce en poder económico para ellas, pero también en la posibilidad de ingresar sin tutela masculina al espacio público.

Los cambios tecnológicos de la biología, la farmacología y la medicina permiten el control creciente del embarazo. La maternidad deja de ser un destino inevitable, al menos para las mujeres de determinados sectores socioculturales.

La conversión del feminismo, sobre todo a partir de las III y IV olas, en un actor que interviene en la escena política y cuestiona públicamente al patriarcado y su estilo de vida. El cuestionamiento público del patriarcado, no hay dudas, impacta en el ámbito doméstico a través de discusiones entre varones y mujeres, pero también entre generaciones sobre las formas de habitar el espacio privado. La consigna de los feminismos *Lo personal es político* incluye nuevos ámbitos de deconstrucción.

La difusión de modelos alternativos de pareja y familia, en un mundo hiperconectado y global como el actual, constituye una vía de deconstrucción del canon heteronormativo. Las redes sociales nos ofrecen narrativas sobre familias y parejas alternativas. Alcanza con darse una vuelta por nuestros Facebook o Instagram para observar rasgos de la escena postpatriarcal.

La coincidencia de estos factores erosiona al patriarcado como lógica social. Y con él, las instituciones modernas de familia y pareja. Detengámonos ahora en los orígenes de estas instituciones para luego reflexionar sobre algunos aspectos de sus transformaciones actuales.

III

La familia, tal como la teorizó la psicología y el psicoanálisis, es una construcción moderna que nace en el marco del proceso de migración del campo a la ciudad y con la Revolución Industrial.

En el mundo premoderno, más allá de sus múltiples diferencias, la familia es una comunidad ampliada que reúne parientes de diversas generaciones en una misma casa y en una misma tierra. La familia moderna, por el contrario, es una configuración nuclear. En ese movimiento del campo a la ciudad y por causas heterogéneas, la familia reduce la cantidad de sus integrantes. De esta manera y como tendencia general, deja de ser comunidad ampliada y deviene familia tipo.

Ahora bien, esta variación no es exclusivamente cuantitativa, sino intensamente cualitativa. Más bien implica una *revolución afectiva* en el campo de las subjetividades. La comunidad tradicional es un dispositivo de reproducción y transmisión patrimonial. En síntesis, el linaje es más importante que reunirse en torno de la mesa. Por eso mismo, la familia premoderna es más una unidad productora y reproductora que una unidad emocional o afectiva.

Por el contrario, la familia moderna es fundamentalmente una unidad emocional que se constituye contra la comunidad, el linaje y la tradición. La familia moderna debilita los lazos con el mundo exterior y refuerza los vínculos internos. Nace a partir de esta operación de distanciamiento y con ella la noción misma de intimidad. Hay un adentro y un afuera para la familia moderna. Más aún, hay especialistas en el adentro reproductivo (las mujeres) y el afuera productivo (los varones).

Ahora bien, la centralidad que adquiere la afectividad en la familia moderna puede ser leída en diversos vínculos. Y aquí me interesa destacar dos. Por un lado, en el vínculo de pareja; por el otro, en el vínculo paterno-filial. Y en especialmente materno-filial.

Como destacó la historiadora Stephanie Coontz en *Historia del matrimonio. Cómo el amor conquistó el matrimonio* (Coontz, 2006), el amor romántico también es una construcción moderna. Si definimos pareja como una relación sexo-afectiva que resulta de la decisión libre de dos personas de compartir un proyecto vital, no hay dudas que se trata de una construcción reciente. En las sociedades premodernas, las mujeres no deciden sobre esta materia. Pero tampoco los varones. En la medida en que el matrimonio es un dispositivo al servicio de la reproducción patrimonial, esta alianza es más una unión entre familias que entre personas. Por eso mismo, los criterios de selección de los emparejados no son afectivos, eróticos, estéticos etc. Tampoco terreno de decisión de los futuros esposos. Como decía Aristóteles, el matrimonio es demasiado serio para ser gobernado por un sentimiento como el amor.

En este sentido, la Modernidad es poco aristotélica. Para hombres y mujeres modernos, el amor romántico y la pareja son territorio del Yo y los criterios de selección de pareja son afectivos, eróticos, estéticos etc. Invirtiendo la fórmula antes señalada, el matrimonio moderno es más una unión entre personas (mujer y varón, claro está) que entre familias. Esta inversión introduce, es necesario subrayar, una variación radical en la historia del matrimonio: de ahora en más, se volverá inestable.

Pero la revolución afectiva moderna no se reduce al amor romántico. La nueva afectividad lo invade todo, incluidos los vínculos paterno-filiales y especialmente el materno-filial. Más allá de la especificidad que adquiere esta relación en cada situación histórica, resulta innegable que la dimensión afectiva siempre está presente. Tal vez producto de la relación biológica. Sin embargo, como investigó el historiador Philippe Aries en *El niño y la vida familiar en el Antiguo Régimen* (Aries, 1986), la Modernidad construyó una nueva sensibilidad social acerca de la infancia a través de diversos dispositivos (la escuela, la pediatría, la literatura infantil, el psicoanálisis de los niños etc.) que entendieron a esa etapa de la vida como una etapa diferencial y decisiva en la historia de un sujeto.

Ahora bien, en este nuevo esquema, la madre será clave. La función materna, enmarcada en la intimidad de la casa, ya no será una empresa colectiva de la comunidad ampliada sino un territorio (casi en soledad) de la madre. Nace, con la familia moderna, la posibilidad de una intimidad sin precedentes entre madre e hijo.

IV

Sobre estas subjetividades familiares y de pareja que describimos, teorizó el maestro Zygmunt Freud. Sin embargo, nuestro mundo vincular parece tomar distancia de esas formas. Para enfatizar la intensidad de estos cambios, otro Zygmunt, el sociólogo Bauman, utilizó una metáfora ultraconocida y citada para dar cuenta de la especificidad de los vínculos contemporáneos: la liquidez (Bauman, 203). El sociólogo, que retoma el espíritu de la arquetípica frase marxista: *Todo lo sólido se desvanece en el aire* del *Manifiesto comunista*, nos recuerda que nuestros pies ya no apoyan sobre un suelo firme, pues las referencias escasean y los vínculos ya no están destinados a perdurar.

Con el fin de atenuar el golpe que nos provoca estar sobre un suelo que se volatiliza, podríamos pensar que la modernidad también hizo su trabajo de demolición de creencias, tradiciones y dioses. Pero también será necesario agregar que esa tarea de la demolición fue el primer tiempo de un partido de dos tiempos. Demolición y construcción. Sustitución de referencias religiosas y tradicionales por laicas. Pero el concepto que nos propone Bauman nos invita a reflexionar sobre un escenario distinto: esta modernidad es líquida. Se disuelven las referencias y sin embargo no parecen emergen otras.

Ahora bien, para avanzar en esta descripción, retornemos sobre las nociones de pareja y familia. Según vieja definición antropológica, la familia se estructura a partir de una alianza vitalicia entre dos (una mujer y un varón), casados en primeras nupcias y que producen descendencia a partir de relaciones sexuales. Esta alianza descansa, continúa la definición, en la prohibición del incesto.

Cuando repasamos esta definición que no tiene más de 80 años, resulta evidente la distancia conceptual con las configuraciones actuales de familia y pareja. En primer lugar, porque hoy una familia no resulta necesariamente de una alianza. Las familias monoparentales nos recuerdan esta posibilidad. Inclusive si la alianza adquiriera estatus de matrimonio, nadie supondría su condición vitalicia, más allá de los juramentos de ocasión. El crecimiento de divorcios y separaciones da cuenta de esta tendencia. Asimismo, hoy el matrimonio legal ya no es sinónimo de heterosexualidad, al menos en buena parte del planeta. Por otra parte, los cambios tecnológicos de la biología, la farmacología y la medicina, sobre los que ya conversamos, permiten que la descendencia no resulte necesariamente de una relación sexual entre un varón y una mujer. No hay dudas que el panorama está cambiando.

Pero estas variaciones en el estatuto de los vínculos (de sólidos a fluidos) no implica solamente un cambio en la definición de la noción de pareja, sino de cualquier relación sexo-afectiva, tenga la estabilidad que tenga. Pensemos, por ejemplo, en lo siguiente: si la institución moderna de pareja surge del desprendimiento de las elecciones románticas individuales del tejido social, la inestabilidad resulta inevitable; en las sociedades actuales, estos vínculos se tornan aún más inestables. En primer lugar, porque los procesos de desritualización que atravesó el amor romántico durante el siglo XX se consolidaron. Pensemos, a modo de ejemplo, en la desaparición de rituales como el pedido de mano o la ceremonia pública de compromiso. Por otro lado, porque la desritualización de los vínculos sexo-afectivos es contemporánea de otro proceso: la expansión del uso de aplicativos de citas como entorno de socialización sexo-afectiva bajo criterios fundamentalmente de consumo. Un intercambio sin límites de restricciones se abre, entonces, para los sujetos. La pregunta resulta inevitable: ¿qué consecuencia subjetiva tendrá tal situación?

Una última observación sobre la institución moderna de pareja. Como señalamos antes, la noción misma de pareja es una construcción reciente y moderna. Su novedad radica, ya lo dijimos, en la sustitución de criterios de selección familiares y de linaje por individuales y afectivos. En ese enfoque, la pareja gana volumen y deviene institución total. La pareja moderna se vuelve mundo, el mundo se piensa desde ese dispositivo vincular. Sin embargo, la fluidez de nuestros tiempos nos impulsa a preguntarnos por la posibilidad o la viabilidad de la pareja como una institución total. Y no estoy pensando solamente en la crisis de la monogamia, en particular. Más bien, me interrogo sobre las experiencias subjetivas, tal vez de los más jóvenes, en la que el vínculo de pareja es un vínculo más y no el ordenador de la existencia.

V

Hasta aquí hemos conversado sobre las transformaciones en las configuraciones familiares y de pareja en el marco de la crisis del patriarcado. Pero me gustaría detenerme en un último tópico vinculado con las subjetividades contemporáneas.

En el marco de los procesos de transformación social, política, cultural, tecnológica y económica, las sociedades modernas se forjaron a partir de una nítida distinción entre los espacios público y privado, con una enorme centralidad de este último como nido de la subjetividad. En ese espacio de intimidad se constituyó una subjetividad que – por primera vez en la historia humana – se pensó como individuo. Es decir, en primera persona del singular. Sobre la historia de ese Yo como interioridad hay mucho para historizar en el campo de la subjetividad. La historia de esta percepción subjetiva es larga y compleja. Y no disponemos de tiempo para revisarla aquí. Sin embargo, vale destacar que la psicología y el psicoanálisis son parte de ese proceso. Tanto San Agustín como Freud han contribuido a la formación de esa interioridad.

Pero, como señalamos, nuestra subjetividad está en proceso de mutación, en un mundo hiperconectado y globalizado como el nuestro, las barreras entre lo público y lo privado se han diluido. Y en algunos casos, hasta han desparecido. De esta manera, la experiencia subjetiva adquiere otras formas, pues la vida cotidiana se vuelve un espectáculo público a través y en las redes sociales. Como señala la antropóloga Paula Sibila en *La intimidad como espectáculo*, la subjetividad introdirigida (pensemos por ejemplo en el diario íntimo como modalidad de autorreflexión del yo) se transforma en configuraciones alterdirigidas (pensemos en las narraciones en las redes sociales que se construyen con la mirada de otro y los *me gusta*) (Sibila, 2008). En este marco, la experiencia de la intimidad pierde peso y más aún centralidad para la producción de subjetividad.

Sin embargo, en esa nueva interfase entre público y privado surge otro tipo de experiencia del yo. Tal vez más centrada en el cuerpo y su desempeño que los recovecos de la psiquis o los abismos de alma. Estos cambios, sobre los espacios de despliegue del yo, nos invitan a reflexionar sobre estas formas subjetivas. Pues, en esta cultura de apariencias y espectáculos, el malestar y el sufrimiento también están invitados a la cita. Y por eso también será necesario indagar las formas que adopten, en este contexto, el malestar en la cultura.

VI

Una última cuestión. Cuando problematizamos las variaciones en las subjetividades, también problematizamos las variaciones en las formas de padecimiento. Si en las sociedades antiguas, hombres y mujeres sufrían por la distancia, mayor o menor, respecto del deber ser o lo que la comunidad esperaba de ellos; en las sociedades modernas, el sufrimiento estaba vinculado con la tensión que atravesaba a los sujetos entre los deseos pensados en primera persona y el imperativo social. La sociedad contemporánea, por otro lado, nos topa con otras formas de padecimiento. Nuevas y asociadas con la fragmentación y la desvinculación. Inclusive con la falta de certezas y la incertidumbre. Las variaciones en estas formas subjetivas de padecimiento nos enfrentan con nuevos desafíos. Tal vez, esta reflexión sobre historia y psicoanálisis nos permita continuar revisando tanto estas nuevas subjetividades como las nuevas estrategias.

Referencias

Aries, P. *El niño y la vida familiar en el Antiguo Régimen.* Barcelona, 1986.

Bauman, Z. *Modernidad líquida.* México, 2003.

Castells, M. *La sociedad de la información. El poder de la identidad.* Vol. II. México, 2001.

Coontz, S. *Historia del matrimonio. Cómo el amor conquistó el matrimonio.* Barcelona, 2006.

Dubet, F. (2006). *El declive de la institución. Profesionales, sujetos e individuos en la modernidad*. Gedisa.

Sibila, P. *La intimidad como espectáculo*. 2008.

2. Una visión psicoanalítica[1]

Maria Aparecida Quesado Nicoletti

Introducción

Entender el tema de pareja y de familia hoy, en el contexto de la intersubjetividad entre las personas, es siempre una tarea difícil. Podemos constatarlo con solo utilizar el sentido común y seguir las noticias diarias que nos informan sobre nuevas configuraciones familiares, divorcios, violencia familiar, femicidios, leyes de protección a la mujer, entre muchas otras.

Venimos acompañando el conflicto de una pareja excepcionalmente notable, ya sea porque forman parte de la industria cinematográfica de Hollywood o por los detalles escabrosos sobre su vida matrimonial que ambos vierten en internet, en el curso de un proceso judicial convertido en drama televisivo, visto por miles de millones de personas en todo el planeta. Este drama se presta a ejemplificar las innumerables formas de agresión que un hombre y una mujer, unidos por el matrimonio, pueden practicar el uno contra el otro.

Los cambios socioculturales, económicos y políticos que hemos experimentado a lo largo del siglo XX no tienen absolutamente

1 Presentado en el 1º Encuentro ENTRE Historia y Psicoanálisis – Familias: pasado y presente. Encuentro online de la Comisión de Psicoanálisis de Familia y Pareja – Fepal (CPFP – Fepal) día 28 de mayo de 2022.

ningún precedente en la historia mundial y sus consecuencias seguirán repercutiendo en múltiples esferas de la vida humana en el planeta. Sin embargo, el imaginario popular parece seguir concibiendo la idea de pareja como la unión entre dos personas heterosexuales cuyo principal objetivo, aunque no sea consciente, es convivir en un mismo espacio y formar una nueva familia, procreando al menos un hijo.

Este "modelo mental" aún predominante, que existe desde hace cien años y que se ha llamado "configuración de la familia nuclear", está claramente sometido a tensiones reformadoras creadas por las características sociales, políticas y tecnológicas de nuestro tiempo. De hecho, en la segunda mitad del siglo pasado y en las dos primeras décadas de nuestro siglo XXI, nociones como la sexualidad, los roles de género en el matrimonio y los límites de la vida familiar han sufrido y siguen sufriendo cambios muy significativos.

En términos psicoanalíticos históricos, probablemente el cambio más importante que se produjo en la dinámica de las relaciones de pareja establecidas con fines duraderos fue la invención del matrimonio por amor, en contraposición al matrimonio arreglado por intereses políticos y económicos, que predominó durante muchos siglos (Moguilanski; Nussbaum, 2011, p. 17).

En poco tiempo, tomando como referencia los registros históricos, los descubrimientos sobre las fuerzas intrapsíquicas puestos en marcha al inicio del siglo XX con la invención del inconsciente por Sigmund Freud han sido rápidamente enriquecidos por los psicoanalistas europeos, norteamericanos y sudamericanos.

A lo largo de su trayectoria, Freud utilizó su mente entrenada tanto en la observación de pacientes como en la investigación neurológica, para identificar las manifestaciones del comportamiento y las narrativas presentadas por sus pacientes, la mayoría de las cuales fueron diagnosticadas como histéricas. Prestando especial atención a las narraciones de estos pacientes y a sus comportamientos durante las sesiones, Freud desarrolló la teoría sobre la existencia de un nuevo aparato psíquico, que describió sucesivamente en sus dos tópicos: 1º: Consciente – Preconsciente – Inconsciente; 2º: Id – Yo – Superyó.

No hay espacio ni tiempo para descubrir como sucedió esto. Lo que me parece oportuno aquí es hacer un breve resumen de cómo utilizamos actualmente el inmenso legado psicoanalítico de raíz freudiana, modificado por tantas mentes psicoanalíticas y, en específico, las que pueblan el campo del psicoanálisis de pareja y familia.

Psicoanálisis individual y psicoanálisis de pareja/ familia: algunas especificidades

A pesar de que es innegable que Freud dedicó gran parte de sus esfuerzos a conocer y comprender el mundo intrapsíquico, hay que decir que no ignoró la existencia de fuerzas interpsíquicas puestas en marcha por el grupo, ya sea una organización, la multitud reunida en una plaza o el grupo familiar. Con respecto a este último, Freud se refirió en diversos textos suyos, más o menos veladamente, a la noción de familia.

Por ejemplo, cuando afirmó a propósito del instinto social, que sólo puede ser estimulado por la presencia del grupo: "nuestra expectativa es que el instinto social no sea primitivo y que pueda originarse en el interior de pequeños grupos, como el familiar" (Freud, 1922). O cuando se acercó a la noción de familia para hablar de psicopatología individual, como en 1895, con el caso de Elizabeth von R, en el que vinculó síntomas somáticos a una dinámica familiar particular (Freud, 1972). Siguieron otros ejemplos, como en 1905, con el caso de Dora (Freud, 1974), en el que se interesó por las relaciones familiares de los pacientes, afirmando que Dora tenía un lugar determinado por la dinámica familiar debido a su morbilidad, dando sentido intersubjetivo a los síntomas que presentaba la paciente y afirmando que toda enfermedad es intencional y es la expresión de una modalidad vincular particular. Las referencias que Freud hizo de forma pasajera a la familia se han transformado en la actualidad en un campo de investigación que confirma la importancia del grupo familiar para los procesos de subjetivación del bebé.

A lo largo de los años, diversos autores de distintas partes del mundo han empezado a señalar dinámicas psíquicas diferentes de las que Freud había mencionado al referirse a la metapsicología. Algunas de estas especificidades fueron descritas por psicoanalistas en su trabajo con niños, como las relaciones objetales (Klein, 1946); la idea de una madre suficientemente buena (Winniccott, 1999) y la noción de apego (Bowlbi).

El inicio del enfoque psicoanalítico de la pareja y la familia

A partir de los años 1940, algunos autores comenzaron a desarrollar teorías específicamente dirigidas al análisis de pareja y familia, como la noción de vínculo (Pichón Revière [1991], Berenstein y Puget [1997]), cuya evolución dio lugar a teorías como la de las alianzas inconscientes (Kaës, 2014); la de los organizadores familiares (Eiguer, 1989) y otras que hoy sirven de guía para el trabajo psicoanalítico con parejas y familias. Con ellas, hemos llegado a la actualidad, en la que el psicoanálisis de pareja y familia me parece que se apoya en un cuerpo teórico suficientemente desarrollado, en lo que se refiere al modelo de pareja moderno, es decir, la pareja formada por miembros heterosexuales, con algunos hijos, cuya unión estable/matrimonial pasa por periodos evolutivos que conocemos razonablemente bien, que pueden desembocar en la consolidación del vínculo duradero de la pareja o en su disolución.

Cuando comparo los relatos de vida de parejas heterosexuales que buscan ayuda psicoanalítica, a menudo me encuentro con situaciones que confirman la tan mencionada dificultad de separar el material psíquico individual en las sesiones de pareja y familia. Lo que escucho en el atendimiento es material producido por los dos participantes del vínculo, lo que me lleva a la confirmación empírica de la teoría que considera el vínculo de pareja como paciente en la sesión psicoanalítica. Centrar la atención en el vínculo de pareja no significa que no se tenga en cuenta la subjetividad individual. Por el contrario, comprender el significado y la importancia de la transgeneracionalidad en la dinámica de pareja y familiar es uno de los pilares del trabajo psicoanalítico.

Algunas consideraciones sobre las parejas homosexuales

Cuando el contexto psicoanalítico es el de pareja y/o el de familia homoparental, el cuerpo teórico del que disponemos para lidiar con la intersubjetividad me parece mucho menos desarrollado que el que encontramos en el contexto heterosexual. Creo que todavía no podemos contar con la homonormatividad para ayudarnos a entender si los organizadores familiares son similares a los que conocemos en la pareja/familia heterosexual. También sabemos muy poco sobre como, una vez formadas, las parejas homosexuales consolidan sus vínculos, y sobre qué base subjetiva lo hacen. Así pues, al psicoanálisis le queda mucho camino por recorrer para comprender mejor los orígenes intrapsíquicos y el papel de las condiciones contextuales de la época que, al parecer, se entrelazan en la formación intersubjetiva de estas parejas.

Dónde estamos actualmente

Para esta presentación, elegí esbozar en líneas generales los fundamentos teóricos del psicoanálisis de pareja/familia con el que trabajo actualmente. En mi experiencia, la pareja generalmente está sufriendo y se encuentra como si estuviese psíquicamente paralizada por algún tipo de conflicto, para el cual ninguno de los miembros de la pareja parece capaz de encontrar una salida. Quedan atrapados en las posiciones intrasubjetivas cristalizadas en la repetición de acusaciones mutuas, malestar en el vínculo y afectos negativos, que hacen muy difícil la vida en común.

En forma sintética, voy a abordar los problemas que dan origen a los conflictos que más frecuentemente traen parejas/familias a mi consultorio particular en San Pablo. Reflexionando sobre cómo organizar mi charla sobre un tema tan extenso y complejo, decidí formular dos preguntas que sirvieran de eje orientador para el desarrollo de mi aproximación al tema del psicoanálisis de pareja/familia en la actualidad. Son las siguientes:

- ¿Cómo explica el psicoanálisis de pareja y de familia la frecuente existencia de parejas formadas durante una unión conyugal por amor que se encuentran inmovilizadas en una red de resentimiento mutuo que transforma el amor inicial que existía entre la pareja en un sufrimiento continuo?
- ¿Cuál es el marco de referencia psicoanalítico básico que utilizo para establecer el encuadre terapéutico de las parejas/familias en conflicto y las consecuencias de la situación en el vínculo de la pareja y su nueva familia?

Empezando por el marco de referencia que utilizo en la práctica

En el mundo real, la *familia ideal no existe* o es rara. Lo que sí encontramos son parejas y familias enredadas en vicisitudes de amor conyugal, amor filial y amor fraternal. La *estructura emocional necesaria* para llevar a cabo la *función familiar* es compleja, tanto por la dinámica con la que se forma la pareja moderna como por el fenómeno que Moguillansky y Nussbaum (2011) denominaron *"la ilusión pasional del amor recíproco aliado a la sexualidad, como receta para la felicidad"*, que sabemos que no se produce del todo por casualidad; toma forma incluso antes de que la pareja se conozca. De hecho, cada una de ellas, en su primer encuentro, trae consigo las "semillas" de la disposición grupal inconsciente, estructurada en torno al concepto de "organizadores del grupo" (Eiguer, 1989, p. 180)

Los organizadores familiares se componen de dinámicas psicosociales que orientan a la pareja hacia la proximidad social y sexual que da como consecuencia de la formación de la familia nuclear moderna. Estas dinámicas se suelen clasificar como: "elección de pareja"; "construcción conjunta del Yo familiar" y "fantasmatización". En cada una de estas etapas, presentes en las actitudes, acciones y deseos de los sujetos que buscan formar una pareja, las fuerzas subjetivas que los guían se sitúan en el nivel inconsciente de su aparato psíquico. Tanto en la elección de la pareja como en la construcción conjunta de los vínculos de pareja y familiares predomina la ilusión del amor recíproco.

Relaciones sexuales adultas y formación de parejas

Según Mary Morgan, "en el trayecto de la adolescencia a la etapa adulta de nuestro desarrollo psíquico, nos separamos psíquicamente de nuestros padres, asumiendo el control de nuestros cuerpos y de nuestra sexualidad. Y entonces, para la mayoría de nosotros, decidimos establecer una relación sexual adulta y convertirnos en pareja, aunque, como dice Waddell, desarrollar tal capacidad puede, para algunos, exigir muchos años y varios intentos diferentes" (traducción libre).

De hecho, la clínica nos muestra que la capacidad de establecer una relación de pareja adulta varía mucho en el proceso de formación de la pareja moderna. Y esto ocurre incluso cuando sus organizadores están razonablemente bien relacionados. Este desarrollo, cuando se produce, tiene lugar en medio de riesgos que, al cabo de un tiempo, amenazan la continuidad del vínculo de pareja, ya sea debido a los mandatos de nuestra cultura o a la carga transgeneracional que los miembros que forman la pareja traen consigo cuando eligen pareja. Teóricamente, el vínculo de pareja se establece de tal manera que se crea una relación sexual adulta entre los miembros de la pareja y que esta institución da lugar a la *creación de un "tercero simbólico"*; un espacio mental establecido por la pareja que permita a ambos que dispongan de un lugar para pensar la relación de pareja en términos del fundamento de su vínculo, centrado en las relaciones sujeto-sujeto y no en identificaciones proyectivas basadas en relaciones de objeto inconscientes, que llevan a uno o a ambos miembros de la pareja a experimentar ilusiones de fusión y formas de comportamiento desintegradoras.

No es infrecuente que las situaciones de conflicto entre los miembros de una pareja estén motivadas por problemas de identidad y herencias transgeneracionales negativas que ya están presentes en el momento de la elección de pareja. Por regla general, estas situaciones pasan desapercibidas para los implicados en la búsqueda de pareja y sus efectos sobre el vínculo de pareja se materializan en conflictos que parecen entrar en un modo de repetición de acusaciones mutuas que, si no son debidamente cuidados, mediante procedimientos de análisis de pareja, pueden conducir a la ruptura irreversible del vínculo.

Algunas palabras de advertencia sobre la atención psicoanalítica a las personas mayores y el psicoanálisis familiar

Desde un punto de vista psicoanalítico, el proceso de envejecimiento pone de manifiesto una intersección entre la incuestionable realidad biológica de la vejez, que allana ineludiblemente el camino hacia la finitud, y la realidad psicoanalítica de la "desnarcistización" del sujeto de mayor edad, provocada tanto por determinantes intrapsíquicos como por la exclusión social y el abandono, que no son infrecuentes en nuestros días. Se trata de una situación que torna solitario y aterrador el viaje hacia el destino final de la existencia humana.

Anthony Guiddens (1991) denomina a esta situación el "secuestro de la experiencia", lo que significa que, en los tiempos modernos, el contacto directo de las personas con las situaciones y acontecimientos familiares cotidianos, que las conectan con los temas generales de la vida, se ha vuelto escaso y, en consecuencia, es común encontrar personas despersonalizadas. Menos que la separación, concluye Guiddens, el aislamiento existencial es el fenómeno del "secuestro".

En mi práctica clínica con personas mayores, observo la existencia de analizandos que, a pesar de vivieren en su propio domicilio, generalmente con la autonomía que les confiere una situación económica confortable y la ausencia de enfermedades gravemente incapacitantes, se enfrentan con problemas emocionales.

Estos problemas pueden darse tanto en pacientes institucionalizados como en pacientes que viven de manera autónoma. En estos últimos, la búsqueda de trabajo analítico suele provenir de los hijos y lo que les motiva suele ser la constatación de que su familiar mayor está sufriendo o la existencia de conflictos vividos en las relaciones entre los miembros de la familia. El trabajo analítico se ve favorecido cuando, a pesar de los afectos negativos derivados de los conflictos interpersonales y de los sentimientos de culpa, el vínculo familiar sigue presente. La presencia del vínculo viene sugerida no sólo por la actitud inicial de la familia, que proporciona los medios para el análisis y se muestra receptiva al cambio, sino también por su participación en el proceso de creación de un ambiente familiar favorable para que la persona mayor pueda desempeñar nuevos roles y, en consecuencia, percibir en la vida familiar oportunidades de reinversión narcisista, que le permitan articular su presente y esbozar una posibilidad de futuro.

En resumen

A pesar de las dificultades a las que se enfrentan las parejas y las familias hoy en día, el deseo de casarse y constituir una familia tiene un gran atractivo. La familia continua siendo la principal forma en que nos organizamos para tener hijos y vivir en sociedad. Es dentro de esta misma matriz social, no siempre favorable al desarrollo de la subjetivación funcional, que el recién nacido comenzará a vivir y estará expuesto a fuerzas regidas por los principios del placer y de la realidad, cuyos efectos dependerán, desde el punto de vista psicoanalítico, de algunos elementos intersubjetivos que rigieron tanto la fase de búsqueda para la formación de la pareja como la producción interpsíquica adulta de la pareja.

Cuando algo no va bien en este escenario, el psicoanalista de pareja y familia puede aportar, con el uso de las teorías y técnicas adecuadas, tanto la comprensión de los significados inconscientes que la pareja o familia ignora como la construcción de un espacio interpsíquico para pensar el presente y el futuro de la relación.

Referencias

Berenstein, I.; Puget, J. (1997). *Lo vincular: clínica y técnica psicoanalitica*. Paidós.

Eiguer, A. (1989). *Um divã para a família* (180p.). Artes Médicas.

Freud, S. (1972). Fragmento da análise de um caso de histeria. In: Freud, S. *Fragmento da análise de um caso de histeria*; Três ensaios sobre a teoria da sexualidade e outros trabalhos 1901-1905 (p. 5-119). Imago. (Edição standard brasileira das obras psicológicas completas de Sigmund Freud, v.7)

Freud, S.; Breuer, J. (1974). Casos clínicos. In *Estudos sobre a hysteria.* Edição Standard Brasileira das Obras Psicológicas Completas de Sigmund Freud (v. 2, p. 61-231). Imago. (Edição Standard Brasileira das Obras Psicológicas Completas de Sigmund Freud, v. 2).

Group Psychology and the Analysis of the Ego. (1922). *International Psycho-Analytical Press*, p. viii, 134. (Tr. J. Strachey.)

Guiddens, A. (1991). *Modernity and Self-Identity – Self and Society in the Late Modern Age* (256 p.). Stanford University Press.

Kaës, R. (2014). *As alianças inconscientes*. Ideias&Letras.

Melanie, K. (1946). Notes on some schizoid mechanisms. *J. Psycho-Anal*, London.

Moguilansky, R; Nussbaum S.L. (2011). *Psicanálise vincular: teoria e clínica* (270 p). Zagodoni.

Morgan, M. (2021). Aspects of time and space in analytic work with couples. *International Review of Couple and Family Psychoanalysis* (p.523-525). Disponible en: https://aipcf.net/revue/wp-content/uploads/2021/12/11- AIPCF_N.-25_2-2021-MORGAN-anglais.pdf . Acceso en: 02 mayo 2022.

Pichon Rivière, E. (1991), Teoria do vínculo (4ª ed.). Martins Fontes.

Winnicott, D.W. (1999). *Os bebês e suas mães*. Martins Fontes.

Encuentro ENTRE – Arte y psicoanálisis

Pareja y Familia: lo íntimo y lo público

3. Entre Arte y Psicoanálisis implicados: secretos de familia entre-dos[1,2]

João A. Frayze-Pereira

En primer lugar, quiero agradecer a Fepal y a la Comisión de Psicoanálisis de Pareja y Familia por la honorable invitación a participar en este II Encuentro Entre Arte y Psicoanálisis. Es un placer estar aquí con ustedes.

Me gustaría inicialmente hacer algunas breves observaciones sobre cómo entiendo la relación entre Arte y Psicoanálisis, solo para contextualizar la reflexión que haré más adelante, considerando lo que nosotros, psicoanalistas, podemos aprender en el contacto con el Arte.

Entonces, en primer lugar, entiendo que el arte es un campo de conocimiento, al igual que la Medicina, la Física, la Química, la Astronomía, la Filosofía y el propio Psicoanálisis. Y como cualquier campo de conocimiento, el Arte tiene especificidades que requieren investigación para poder trabajar con él y a partir de él. Sin embargo, esta condición específica del arte a menudo se pasa por alto en ciertos escritos psicoanalíticos sobre obras de arte, como si estas no

---

1 La presente edición es una versión ampliada del texto "Entre arte e psicanálise implicada: um campo entre-dois", publicado, en 2022, en la Revista de Psicanálise Reverie da SPFOR, volume XV, n. 1, pp. 36-50.

2 Presentado en el 2º Encuentro ENTRE – Arte y Psicoanálisis – Pareja y Familia: lo íntimo y lo público, organizado por la Comisión de Psicoanálisis de Familia y Pareja – Fepal (CPFP-Fepal) el 26 de noviembre de 2022.

tuvieran un lugar en la historia del arte, como si el proceso de su creación no estuviera sujeto a criterios culturales y estéticos específicos. En general, en estos escritos, la obra es solamente un soporte para la proyección de representaciones teoricoconceptuales o para la libre asociación del psicoanalista que revela más sobre sí mismo que sobre la obra comentada. Se trata de un enfoque que se conoce como *psicoanálisis aplicado al arte* que, según André Green (1992), "es una de las enfermedades infantiles del psicoanálisis". En otras palabras, con el psicoanálisis aplicado, el analista practica el reduccionismo, es decir, la obra de arte como un otro, como un desconocido, se reduce a representaciones, conceptuales o personales, familiares al intérprete que, entonces, confirma la validez de los modelos que partió. Y, en esta medida, ese círculo se queda narcisisticamente garantido. En resumen, la interpretación de una obra, basada únicamente en la libre asociación, revela más sobre el intérprete que sobre la obra, como le sucedió a Freud (1914) en su primer encuentro con la escultura de Moisés de Michelangelo. Sin embargo, sabemos que Freud no se limitó al contacto con las emociones – admiración y terror – que la obra despertó en él. Fue más allá, realizando un estudio original con los recursos teóricos conceptuales disponibles en su época, ampliando su comprensión de la obra y de sí mismo.

Lo que Freud escribió sobre el Moisés de Michelangelo vale para todos nosotros que apreciamos el contacto con las artes. Es decir, en la relación con una obra, debe haber un primer tiempo – *el tiempo de la experiencia* – segundo el cual la percepción del espectador se encuentra con la realidad sensible que se le presenta sin reconocer en ella formas y contenidos fijos. Y, en este sentido, ya sea que el psicoanalista esté frente a obras de arte, esté frente a sus pacientes, cabe a él suspender sus prejuicios y esperar la manifestación de las formas de ser de los demás para, entonces, elaborar una interpretación. En esta medida, entiendo la *experiencia* como una apertura silenciosa hacia lo que no somos nosotros mismos y que en nosotros se hace decir;

o sea, la experiencia es lo que nos abre a todo aquello que es otro y nos exige *creatividad* para que de este desconocido posamos obtener algún conocimiento (Frayze-Pereira, 2010).

Así, considerando que el punto fundamental para cualquier reflexión o investigación sobre arte es la propia obra de arte, debemos admitir que ella inicia el debate, suscita interpretaciones, articula el diálogo entre artista y espectador y requiere alguna teoría que le otorgue legibilidad, respetando su singularidad.

Y, en principio, no es muy diferente lo que observan Christopher Bollas (1992) y Julia Kristeva (1993) para la clínica psicoanalítica. O sea, si cada paciente es una singularidad que debe ser acogida, cada situación clínica es un "microcosmos específico" y "cada tratamiento se convierte en un idiolecto, una obra de arte" que requiere del intérprete un trabajo creativo "en el interior del continente freudiano". Por lo tanto, para cada paciente, para cada sesión, se debe proponer una interpretación implicada con aquel paciente, en aquella sesión y en aquel momento del proceso. Y, en este sentido, ya sea frente a pacientes o a obras de arte, corresponderá al psicoanalista dejar surgir la poética que encarnan para, entonces, considerar las teorías compatibles que podrán respaldar la interpretación. Y cuando el ser a interpretar no sea un paciente, sino una obra de arte, según Civitarese (2019), el proceso transferencial también deberá ser respetado como definidor del campo de implicación afectiva y emocional *entre-dos*, es decir, entre intérprete y obra de arte, entre psicoanalista y analizando.

A partir de estas consideraciones iniciales, podemos comenzar a pensar en lo que el Arte tiene para ofrecer a la Psicoanálisis. Y, en pocas palabras, lo que las obras nos ofrecen o nos enseñan es que el pensamiento no puede fijarse en uno de los polos de las dicotomías tradicionalmente conocidas (visible o invisible, cosa o conciencia, sujeto u objeto). Por el contrario, lo que las artes nos enseñan es que el intérprete debe moverse en un campo *entre-dos*, de modo que la experiencia y el pensamiento se articulen, cada uno pasando por dentro del otro, cada uno remitiéndose al otro sin cesar. Y, según la filósofa Marilena Chauí (1994), la realidad que impide la fijación en uno de los polos de cualquier dicotomía es la del propio cuerpo, es decir, un ser sensible que es al mismo tiempo lo que siente, que es sensible mientras siente, es decir, que es capaz de reflexionar. Se trata de una reflexión corporal que trasciende la dicotomía sujeto/objeto y que transforma la percepción que tenemos sobre cómo ocurre el conocimiento.

O sea, necesitamos entender que el "cuerpo reflexivo", tal como presentado por Merleau-Ponty (1964) a lo largo de su extensa obra, transforma el modo en que entendemos el conocimiento del mundo, de cosas, de otros y de nosotros mismos. Es el cuerpo reflexivo, es decir, un ser visible-vidente, tocante-tangible, que suena-sonoro que, por su propia naturaleza, trasciende la dicotomía sujeto-objeto. Por ejemplo, cuando una de mis manos toca la otra, ¿cómo se puede considerar a una como sujeto y a la otra como objeto? En la experiencia de ver, ¿cómo determinar quién ve y quién es visto, si el cuerpo no es ni simplemente cosa vista ni solo vidente? Es la ambigua experiencia reflexiva del cuerpo consigo mismo, con las cosas y con los otros, la que revela la mezcla de la distinción sujeto-objeto. Y, como Merleau-Ponty demuestra, son las artes moderna y contemporánea las que constituyen el campo privilegiado en el que esta experiencia ambigua ocurre de manera más evidente.

A partir de ahí, podemos decir lo que las artes nos enseñan. Ellas nos enseñan sobre la imposibilidad de un pensamiento desencarnado, pensamiento abstracto que "manipula las cosas y renuncia a habitarlas" – como afirmó Merleau-Ponty (1964). O sea, lo que el artista muestra al psicoanalista es básicamente cómo trabaja en el campo simbólico, es decir, trascendiendo lo inmediato y encontrando para él un sentido nuevo por intermedio de una acción orientada hacia lo posible. En esta medida, al frecuentar el campo de las artes, como espectador, el psicoanalista acaba se situando entre ellas y de esta situación es él quien sale transformado. El deberá renunciar a su condición de sujeto del conocimiento positivo, separado del objeto, tendrá que abandonar la adhesión a los procedimientos metodológicos consagrados para abordar ese objeto, por lo tanto, deberá abandonar una práctica de psicoanálisis aplicada y adquirir una postura compatible con un *psicoanálisis implicado*, como yo lo entiendo, es decir, como *trabajo en un campo entre-dos*, entre experiencia y pensamiento, el Yo y el otro, el sujeto y el objeto, el arte y el psicoanálisis.

Dicho esto, podemos preguntarnos cómo pensar la relación entre vida y obra, por ejemplo, entre la vida del artista y las obras que creó.

Como se sabe, esta cuestión retoma un antiguo tema de la Teoría del Arte (el tema de la "vida del artista"), abordado por primera vez, en el siglo XVI, por Vasari (Bazin, 1986). Y, considerando esta problemática, hace algunos años, realicé una investigación con artistas plásticos para registrar historias de vida artística (Frayze-Pereira, 2005). En este sentido, acompañé algunos artistas en sus talleres, realizando entrevistas y observaciones, durante aproximadamente cinco años. Y, a respecto de ellos, puedo decir que son artistas consagrados, de varias generaciones, con inserciones variadas en el medio artístico, en el mercado de arte nacional e internacional, trabajando con lenguajes como pintura, grabación, cerámica, fotografía y instalación. Y, aunque muy diferentes, del punto de vista de sus obras, ellos revelaron algunos aspectos comunes. Por ejemplo, todos acabaron mostrando estar en busca de sí mismos a través del proceso de trabajo y, para todos ellos, sus obras formaban parte de sus familias. Además, dado mi interés en la vivencia singular de cada artista durante su proceso de trabajo – vivencia que casi siempre los artistas suelen ocultar a terceros (es su secreto) – transformo mi posición como pesquisidor en la de testigo de los aspectos dolorosos, rememorados por ellos, en una situación de cercanía afectiva creciente. Así fue como me convertí en depositario de secretos personales, transformando mi propuesta de investigación en una demanda de escucha por parte de ellos que, durante la semana, me llamaban por teléfono, invitándome a ir a su taller, porque tenían algo para mostrarme, lo que casi siempre era algo para hablarme personalmente. Y, en este sentido, los secretos compartidos por los artistas, además de las descubiertas perceptuales y técnicas presentes en el proceso de creación de sus obras, se referían a cuestiones familiares, casi siempre relacionadas con el arte.

Por ejemplo, en una determinada ocasión, una artista me dijo que decidió divorciarse de su esposo porque la triangulación entre ella, su obra y su esposo se volvió insoportable, porque ella "no podría vivir separada de su obra, pero podía vivir separada de su esposo". Y este fue un secreto que no reveló durante el proceso de divorcio. Otro ejemplo: de los artistas entrevistados, algunos tenían hijos que se encaminaron para las artes, comenzaron una carrera y luego la abandonaron por razones oscuras, rodeadas por los entrevistados de un aura de misterio. Y uno de los artistas, al mencionar que tenía dos hijos que se convirtieron en artistas como él, también se quedó vacilante al revelar que consideraba a uno más talentoso que el otro y, a veces, incluso más talentoso que él mismo. Y para este artista, dado que todo creador tiene su maestro, que surge en un momento crucial de la existencia, cuando se define el talento, la excepcional capacidad para el trabajo artístico, esta situación con sus hijos era problemática. ¿Cómo podría haber sido "maestro de dos hijos tan desiguales, un más talentoso que el otro, siendo precisamente el menos talentoso el que tuvo más éxito?". Esta situación era considerada un secreto de familia, revelado para mí con angustia, atravesado por rivalidad y envidia del padre hacia los hijos. Y la cuestión del secreto resultó ser indicativa de una temática mucho más amplia.

Efectivamente, según Denise Morel (1990), psicoanalista que realizó una investigación sobre el proceso de creación en familias de artistas, es posible encontrar, en una misma familia, un "portador de talento" y un "portador de síntomas", o, todavía, un único miembro que puede ser el portador de una doble función, siendo genial y loco, por ejemplo. El hecho es que, en la mayoría de las familias, encontramos rastros de cosas más o menos claras o confesables sobre las cuales los interesados guardan silencio y cuya existencia, a veces, se olvida. Es en este sentido que, en una entrevista, los secretos son evitados, pasan por pesados silencios, que invariablemente se refieren a situaciones que convierten todo lo relacionado con la persona involucrada en un tabú, un tema a ser negado, como el suicidio de un antepasado, un abuso sufrido, la violencia cometida por otro... No es el caso de abordar aquí la cuestión de los niveles de secreto, la cuestión de la necesidad psíquica de áreas secretas como se ha discutido en el psicoanálisis por Piera Aulagnier (1976). Es importante señalar, sin embargo, que la mayoría de las tensiones en las familias de estos artistas no son traumáticas, pero engendran un traumatismo psíquico si no se pueden pensar. Entonces, la imposibilidad de pensar el acontecimiento bruto produce una separación entre el supuesto acontecimiento y el pensamiento sobre él que será rechazado por el sujeto. Esta falta de integración determinará una transmisión a lo largo de las generaciones de parcelas no elaboradas del acontecimiento transformado en tabú. Se trata de una "transmisión transgeneracional" cuyos efectos se reconocen en el bloqueo de la circulación de fantasías o en la aparición de síntomas. Y son estos los que a menudo atormentan al artista y lo asaltan hasta que sea capaz de transformarlos en una obra de arte. Sabemos que es propio del artista buscar las palabras adecuadas, las imágenes más expresivas, los sonidos más significativos, como señala Denise Morel, para "intentar expresar lo inexpresable, representar lo irrepresentable o hacer resonar el silencio de lo no dicho". En esta medida, le corresponde a él, sea o no portador de síntomas, pero sin duda portador de un talento, transformar los acontecimientos brutos, considerados traumáticos, en una imagen asimilable.

Así, en calidad de observadores-participantes de su época, los artistas contemporáneos trabajan con los lenguajes de la fotografía, del cine, del vídeo y de las instalaciones, que se utilizan como recursos privilegiados para dar forma a lo transitorio, a la precariedad y a la parcialidad de las situaciones vividas por ellos en secreto. En esta medida, experimentando los fundamentos de la cinematografía, como la edición de imagen y de sonido, la búsqueda de nuevas soluciones narrativas entre el documental y la ficción, ellos elaboran cuestiones muy diversas, como de la supresión de la palabra y la inaccesibilidad de ciertos discursos; la purga y la semiparálisis provocadas por traumas personales; la naturaleza precaria de la identidad individual y la ambigüedad del contacto entre los miembros de una familia o incluso la reinvención de esa relación como forma de estar en el mundo. Así, algunos de los artistas que entrevisté llegaron a hacer propuestas plásticas relacionadas con la elaboración de estas problemáticas personales. Sin embargo, dado el compromiso que adquirí con ellos, no sería posible comentarlas públicamente, ya que la exposición de sus obras revelaría inevitablemente sus identidades. Por lo tanto, decidí considerar obras de otros artistas que pude observar en exposiciones de arte contemporáneo. Son obras sin ningún glamour. Pero la actitud artística adoptada por los artistas recuerda de cierta manera al trabajo en psicoanálisis. A continuación, presento algunos ejemplos[3].

El primero de ellos es el trabajo de la artista inglesa Gillian Wearing. Utilizando el vídeo y la fotografía desde principios de la década de 1990, esta artista aborda a extraños en la calle o a través de anuncios clasificados en periódicos, invitándolos a colaborar con ella para crear narrativas sobre personas reales. En parte inspirada en los *reality shows* en los que las personas son filmadas dentro de sus propias casas, Wearing explora la divergencia entre la identificación privada y la expresión pública, entre aquellos aspectos de sí mismos que las personas intentan ocultar y aquellos que quieren revelar. Muchas

3 Las obras que se mencionarán a partir de este momento están disponibles en internet. El lector interesado en verlas puede escribir el nombre del artista y el título de la obra para acceder a las imágenes comentadas en el texto.

de sus obras se centran en cuestiones relacionadas con situaciones vividas en secreto por miembros de una misma familia.

En 2005, como parte del programa del Museo de Arte Moderno de París, esta artista presenta el resultado de un video-proyecto elaborado desde 2000, titulado *Trauma*. En un espacio bastante reducido, los espectadores se agolpeaban para ver un vídeo en el que personas ocultas tras máscaras extrañas, casi inafectivas, relatan sus experiencias traumáticas de la infancia, marcadas por abandono, humillación, violencia física y abusos sexuales. Son individuos comunes, seleccionados por la artista para participar del proyecto. Las máscaras no solo sirven para preservar la privacidad y el anonimato de las personas, sino también para evocar de manera paródica la cuestión compartida por todos ellos: una infancia morbidamente perdida en el seno de sus propias familias. Presentado en un ambiente confesional claustrofóbico, el vídeo, directo y opresivo, puede llevar a los espectadores al límite de lo insoportable. Y no por casualidad, algunos se retirarán, visiblemente inquietos, antes de que terminara la proyección. Y este trabajo, como casi toda la obra de Gillian Wearing, busca retratar de manera perturbadora las relaciones interpersonales dentro de las familias inglesas, urbanas y contemporáneas, denunciando las implicaciones perjudiciales para la identidad de los individuos cuando no pueden decir no a las violaciones sufridas en el seno de la familia y a la servidumbre hacia los demás, sus parientes cercanos.

Es importante recordar que la relación entre el tema de la familia y el lenguaje visual, existe desde los inicios de la fotografía, en el siglo XIX. Pero, en el arte contemporáneo, según el crítico de arte Hal Foster (1996), los trabajos que utilizan este lenguaje reflejan la postura del artista contemporáneo que se aleja de la actitud del artista moderno, porque es análogo a la del repórter o del etnógrafo, como testigo crítico de su propia época.

Otra artista importante en esta línea de trabajo es Candice Breitz. Originaria de Sudáfrica y radicada en Berlín, ella pretende cuestionar los estereotipos y las convenciones visuales de la cultura de masa. Apropiándose de fotografías y fragmentos visuales de películas y videos, Breitz los recontextualiza en encuadres desprovistos de cualquier glamour.

En una instalación concebida específicamente para el Castello di Rivoli, en Turín, y para la Bienal de Venecia, en 2005, la artista cuestiona las funciones materna y paterna, considerando las familias contemporáneas. La instalación se llama *Mother+Father* y cuestiona el canon de creencias sobre la familia ideal, tal como lo produce la industria cinematográfica, pudiendo convencer al público de aceptar lo que ven en la pantalla como realidad. La madre es aquella que vive de renuncias y se deprime. Y el padre es el hombre económicamente exitoso, no siempre satisfecho con ese éxito, sobreprotector con respecto a los hijos, pero no siempre con respecto a la esposa. Según sugiere Breitz, Hollywood compone un *cast* de personajes idealizados que pretenden moldear al espectador a su imagen. En estas muestras, ella utiliza imágenes de actrices y actores famosos para la sección *Mother* y para la sección *Father*. Recortadas de sus contextos fílmicos originales, las imágenes que registran las actuaciones de los actores y actrices componen un nuevo montaje, en pantallas separadas, una para cada intérprete, pero todos al mismo tiempo, unos frente a otros. Es decir, cada actor/actriz es presentado en un fondo negro, separado de sus compañeros de escena. Sin embargo, manteniendo las actuaciones originales de cada uno, se desarrolla una interacción diabólica en la que todos prácticamente dicen las mismas cosas unos a otros, acompañadas de un repertorio de gestos que es básicamente idéntico. Las madres hablan con madres y los padres con padres. Y en este cara a cara violento, la estereotipia de los papeles desempeñados por las madres y los padres de la familia hollywoodense aparece claramente. Además, la desconstrucción que Breitz lleva a cabo con el reciclaje de las imágenes tiene como objetivo capacitar al espectador para percibir el falso *self*, para criticar el uso de las imágenes en los medios de comunicación y para reflexionar sobre los motivos subyacentes a ese uso. Asimismo, también denuncia la hipocresía que caracteriza a las películas sobre familias contemporáneas en las que los secretos permanecen sin decirse porque no pueden ser escuchados.

Otro ejemplo, sobre el cual cabe un comentario más extenso, nos lo ofrece la obra de la francesa Louise Bourgeois. En San Pablo, por ejemplo, en el Museo de Arte Moderno, hay una obra de esta artista – una escultura de bronce, una araña inmensa que se ha vuelto famosa, ya que se ha instalado en numerosos espacios públicos de todo el mundo, como una especie de homenaje globalizado y singular a la madre de la artista, que falleció cuando esta era muy joven. El nombre de la pieza no es araña, pero precisamente *Maman*. Y, como era costumbre de la artista registrar en un diario anotaciones sobre sus obras, detallando impresiones, recuerdos y aspectos de su proceso constructivo, sobre *Maman*, ella escribió lo siguiente: *Mi madre era deliberadamente paciente, inteligente, razonable, sutil, calmante, delicada, indispensable, sabía y útil como una araña…* (Tranberg, 2001). Podemos pensar que hay cierta ironía en este testimonio, considerando hasta qué punto las características mencionadas son compatibles con los monstruos creados por la artista, expuestos en lugares públicos. Es decir, Louise engrandece a su madre con la poderosa figura de la araña. Y, en principio, estas piezas pueden sugerir que la familia y la maternidad son cuestiones importantes para esta artista. Pero, ella narra la historia de su familia como una novela que comienza así – *Fui criada en un ambiente familiar disfuncional y promiscuo, en el que nadie hablaba de sexo. Superficialmente, el sexo no existía. Pero, en realidad, no se pensaba en otra cosa. Mi padre dormía con cualquiera, incluida Sadie, la tutora inglesa que vivía en nuestra casa* (Tranberg, 2001).

Louise nació en París, en 1911, y vivió en Nueva York durante muchos años hasta su muerte, en 2010. En Francia, su familia poseía y operaba una empresa de tapicería, lo que permite hacer analogías entre el telar de las tejedoras, incluido el de su madre, y las telarañas y arañas que pueblan su obra. En sus narrativas autobiográficas, la artista indica que el dolor es su campo de trabajo y materia para su poética. Al respecto, ella dice – *No se puede negar la existencia de los dolores. No propongo remedios o excusas. Simplemente quiero mirarlos y hablar de ellos. Sé que no puedo hacer nada para eliminarlos o suprimirlos* [...]. *Lo que puedo hacer es darles forma y significado.* Y son varios los incidentes dolorosos recordados por la artista en la factura de sus obras. Por ejemplo, en cierta ocasión su padre recortó la figura de una niña en la cáscara de una naranja. Sosteniéndola en el aire y llamando la atención de todos, el observó – *¡Esta es Louise, que no tiene nada entre las piernas!* Ante la intensa sensación de humillación ante la risa de todos, la respuesta de la artista fue tomar un pan blanco, amasarlo con saliva y modelar con él la figura de su padre para, luego, cortarle las extremidades con un cuchillo. Mucho más tarde, Louise crea piezas inspiradas en el recuerdo de esta primera solución escultórica. Se puede pensar que sus operaciones artísticas son elaboraciones de acciones agresivas sobre ciertos objetos, es decir, operaciones que pueden haber sido organizadas por un movimiento de reparación, de restauración del objeto percibido como amenazado o destruido fantasiosamente.

Así, por ejemplo, la artista crea la monumental instalación en látex *The destruction of the father* (1974). Sobre ella, la artista escribió una fábula. Ella dice – *Hay una mesa de comedor... El padre se está pronunciando, diciéndole a la audiencia cautiva lo grandioso que es... Esto sucede día tras día. Un tipo de resentimiento crece en los niños. Llega el día en que se irritan con su constante agresión verbal. Hay tragedia en el aire. Él ya ha dado este discurso demasiadas veces. Los niños lo agarran y lo ponen sobre la mesa. Y él se convierte en la comida. Lo dividen, lo desmembran y lo comen. Y así él es liquidado... Tratase de un drama oral... Entonces él fue liquidado, de la misma manera en que había liquidado a sus hijos* (Bourgeois, 2000, p. 115). Aún es posible asociar la instalación con la cueva de un depredador con estalactitas, estalagmitas, una presa medio devorada o un escenario de teatro de marionetas que representan la cuestión del canibalismo. De cualquier manera, se puede decir que *The destruction of the father* es la escena ficticia de un crimen recuperado por el arte.

Podríamos pensar que estamos frente a una artista portadora de síntomas, cuya obra permite asociaciones entre arte y locura, que se prestaría a una lectura psicoanalítica. Sin embargo, esta lectura sería obvia dado que la artista es lectora de Freud, Lacan y, sobre todo, de Melanie Klein, una referencia importante en su obra. *The destruction of the father*, por otro lado, se inspira en el Freud de *Totem y tabú* (1913). Pero, además, cabe recordar que la artista está políticamente involucrada con el movimiento feminista, desde la década de 1960, que no escribe libros ni defiende tesis académicas, pero es autora de una obra que discute el lugar de la mujer en un mundo artístico falocéntrico. Fue después de la muerte de su esposo, el historiador del arte Robert Goldwater, padre de sus tres hijos, que comenzó a revisar su pasado traumático desde la perspectiva del feminismo. *The destruction of the father* resulta de ese período. Y, como afirman los críticos, Bourgeois es la única capaz de crear arte conceptual que se presenta como erótico. En el retrato realizado por Mapplethorpe – *Playful mother* (1982) –, la artista empaqueta otra obra de sí misma – *Fillette* (1968) – un objeto concebido a través del surrealismo como un objeto abyecto, en el sentido de ser ambivalente, es decir, cuando está colgado por un alambre, es un objeto que despierta repulsión, un pedazo de carne castrado; sin embargo, en el regazo de la artista, parece un objeto de amor. Y ella misma dispensa cualquier interpretación psicoanalítica convencional, al exponer su conexión personal entre el bebé y el falo. Además, se puede decir que, con esta obra, desde una perspectiva psicoanalítica, Bourgeois también propone una apropiación del falo simbólico.

O sea, al analizar el recorrido de Louise Bourgeois, podemos quedar perplejos ante la presencia de concepciones psicoanalíticas en la elaboración de su obra. Así, en la fotografía hecha por Mapplethorpe, al presentarse como madre de la muñeca-falo, sosteniendo el objeto bajo el brazo, Louise realiza un desplazamiento de la madre patriarcal hacia la madre juguetona y agresiva. Y, al dar forma a la fantasía de agresión hacia el falo-bebé, demuestra cómo la artista-madre puede convertirse en sujeto a través de la agresividad. En este sentido, es importante recordar que la imagen fotografiada por Mapplethorpe se convirtió en un ícono de las exposiciones del conocido grupo *Bad girls* en Los Ángeles y Nueva York. Realizados por primera vez en las décadas de 1960 y 1970, estes eventos construyeron una genealogía de las *Bad girl's mother* y, posteriormente, en 1990, la genealogía de las *Bad girl's daughters*. Y Louise es considerada la madre de todas las *bad girls* que han constituido un matrilinaje artístico extenso y bien conceptuado, que incluye, además de a Louise Bougeois, a innumerables artistas de renombre como Yoko Ono, Cindy Sherman, Rachel Witheread etc. Estos nombres representan artistas que, desde la década de 1960, han constituido una gran familia artística a través de la cual el poder masculino en el campo del arte no fue excluido, pero bastante cuestionado.

Así, en la fotografía de Mapplethorpe, Louise se convierte en la imagen de la madre que sonríe irónicamente ante la sobrevaloración patriarcal del falo, parodiando la metonimia del niño y el pene, en cuyas manos el falo se convierte en un simple pene, es decir, pierde su condición de significante privilegiado para convertirse en más de un objeto, entre otros, de agresión y de deseo. Esta no es una fantasía psicoanalítica *per se*, pero antes, una fantasía artística provocadora que cuestiona el psicoanálisis. Y, en esta medida, como señala la crítica de arte Nixon (1997), se puede decir que no fue una "madre mala", figura fálica poderosa y persecutoria que llevó Louise a tornarse artista (por ejemplo: la litografía *Bad mother*, 1997); ni tampoco en una "madre completamente buena", figura idealizada y nutritiva (por ejemplo: la escultura *Bread*, 1998). Por el contrario, ella se convirtió en una artista poderosa gracias a la actividad ambigua entre la buena y la mala, es decir, la actividad de una "madre suficientemente mala". Esta conclusión, sin embargo, no puede ser generalizada. Por ejemplo, una de las artistas brasileñas contemporáneas más importantes, Anna Maria Maiolino[4], desarrolló la serie "Fotopoemação". Con este trabajo, ella crea poemas visuales a través de actos performativos capturados en fotografías. Estas piezas fueron creadas en el contexto represivo de Brasil en la década de 1970, abordando cuestiones políticas desde la perspectiva más sutil de la subjetividad y su condición de mujer.

En la foto *Por um fio*, de 1976, la artista se autorretrata junto a su madre y su hija, unidas por un hilo de fideos, con cada extremo en la boca de una de ellas. En este hermoso retrato de tres generaciones de mujeres unidas por algo muy simple, Anna transforma en arte este elemento sencillo que, de manera despectiva y limitante es, en general, indicativo de la condición y del lugar doméstico de la mujer en la familia tradicional. Pero, "no hay como no pensar, aquí, en la fuerte conexión del cordón umbilical – una conexión física que, después de cortada, se convierte en un vínculo emocional y psicológico, misterioso y poderoso" (Videoarte *Por um fio/By a Thread*). En este caso, Anna Maiolino puede ser vista como una mujer que se convirtió en artista gracias a una acción artística lo suficientemente buena, que la sitúa en un campo temporal *entre dos*, es decir, entre hija y madre, entre pasado y futuro, en el presente.

En resumen, las manifestaciones artísticas contemporáneas, que mencionamos brevemente, muestran que un tema candente es la relación arte/vida atravesada por secretos relacionados con la vida familiar. Con los lenguajes de la fotografía, de video, de escultura y de instalación, no solamente para presentar el tema, pero sobre todo para problematizarlo, las artistas cuestionan el campo simbólico que

---

4 Anna Maria Maiolino fue honrada con el León de Oro a la trayectoria en la 60ª Bienal de Venecia de 2024.

estructura en secreto las relaciones familiares contemporáneas, las funciones de padre y madre y la identidad personal. Con esto, se queda evidente que es proprio del arte contemporáneo subvertir lo establecido y desafía al público con lenguajes que proponen algo desconocido con lo que no siempre es fácil implicarse para pensar. En este sentido, se puede establecer una analogía entre esta forma de hacer arte y cierta corriente del psicoanálisis contemporáneo que, según Civitarese (2019), renuncia a la aplicación de una rejilla de lectura y favorece la implicación con la obra, practicando la curiosidad y cuestionar los sentidos, en un trabajo que se desarrolla en un campo entre dos.

Referencias

Aulagnier, P. (1976). Le droit au secret: condition pour pouvoir penser. *Nouvelle revue de psychanalyse*, 14.

Bazin, G. (1986). *Histoire de l'histoire de l'art*. Albin Michel.

Bollas, C. (1992). *The Freudian moment*. Karnac.

Bourgeois, L. (2000). *Destruição do pai/reconstrução do pai: escritos e entrevistas 1923-1997*. Cosac & Naify.

Chauí, M. (1989). Merleau-Ponty: obra de arte e filosofia (p. 467-492). In A. Novaes (Org.). *Artepensamento*. Companhia das Letras.

Civitarese, G. (2020). *Perder a cabeça*. Dublinense.

Foster, H. (1996). *The return of the real*. MIT Press.

Freud, S. (1974). Totem e tabu. En S. Freud, *Edição standard brasileira das obras psicológicas completas de Sigmund Freud* (Vol. 13, 13-194). Imago.

Freud, S. (1974). O Moisés de Michelangelo. En S. Freud, *Edição standard brasileira das obras psicológicas completas de Sigmund Freud* (Vol. 13, pp. 249-280). Imago.

Frayze-Pereira, J. A. (2005). A pesquisa do campo artístico como extensão da clínica. En L. Barone (Coord.), *A psicanálise e a clínica extensa* (pp. 401-416). Casa do Psicólogo.

Frayze-Pereira, J. A. (2010). *Arte, dor: inquietudes entre estética e psicanálise* (2ª ed). Ateliê.

Green, A. (1992). *Révélations de l'inachèvement*. Flammarion.

Kristeva, J. (1993). *Nouvelles maladies de lâme*. Fayard.

Maiolino A. (2020). *Arte por um fio (By a Thread)*. Disponible en: https://artsandculture.google.com/asset/por-um-fio-fotopoema-cao-series-anna-maria-maiolino/LAH-gVc3-ahieA?hl=it

Merleau-Ponty, M. (1964). *L' oeil et l' esprit*. Gallimard.

Morel, D. (1990). *Ter um talento, ter um sintoma*. Escuta.

Nixon, M. (1997). Bad enough mother. En R. Krauss et al. (Eds.), *October, the second decade, 1986-1996* (pp. 156-178). MIT Press.

Silva, M.C.P. (2003). *Herança psíquica na clínica psicanalítica*. Casa do Psicólogo.

Tranberg, D. (2001). *Louise Bourgeois "Spiders", Rockfeller Center*. Cleveland Plain Dealer. www.nycjpg.com/2003/pages/0526.html, retrieved on google on January, 30th, 2007.

4. Intimidad[1]

Addys Attías de Cavallin

Intimidad: entre lo privado y lo público

Intimidad, del latín *Intimus,* superlativo de dentro o de más adentro.

Intimidad como deseo o intento de conectarnos desde nuestro mundo interior al de otro, ¿convertirse en el otro?

Lo íntimo atañe a nuestras verdades y no verdades, con lo particular que me define, lo simplifico con el: Yo-me-mi-conmigo. Lo auténticamente mío, cuerpo, pensamientos, sentimientos, soy todo eso que me define.

Para tocar el concepto de intimidad, debemos colocar la incompletud; desde ese concepto cabe la intención de la intimidad con otro, como un intento de llenar nuestra falta, nuestra condición de seres separados. Hoy la inmediatez intenta borrar la separación entre lo público y lo privado. Lo privado pasó de moda, pareciendo que para validarlo le quitamos la esencia haciéndolo público; aquí la tecnología tiene tal fuerza que parece borrar las fronteras y lo íntimo entra en el mundo publicitario maquillado con lo esperado en este momento, la "sociedad del espectáculo", necesitando entonces disfrazar

---

1 Presentado en el 2º Encuentro ENTRE – Arte y Psicoanálisis – Pareja y Familia: lo íntimo y lo público, organizado por la Comisión de Psicoanálisis de Pareja y Familia – Fepal (CPFP-Fepal) el 26 de noviembre de 2022.

y decorar lo que vamos a mostrar con la consigna a pertenecer a ese mundo bello y feliz, con el mandato de dejar afuera lo doloroso, los fracasos; eso les sucede a otros. Y parece resultar inmoral no ser liviano, alegre, necesitando el reconocimiento de la manada; aun así, continúa "el malestar en la cultura" por la exigencia del éxito que nos coloca en la tensión de llegar a la meta que establecen otros, y además, parecemos necesitar graficarlo con "la foto oficial" de la plenitud. Sin embargo, podemos encontrarnos con el síndrome del impostor por brotes, donde tambalea nuestro autorrespeto y puede aparecer una alerta que se introduce en los síntomas del ataque de pánico.

En esa gerencia de la felicidad lo íntimo quedó invadido por el mandato de silenciar el error y el sufrimiento, negando que la intimidad está precedida del anhelo de llenar nuestros vacíos y que la experiencia dramática de la soledad cursa con un sentimiento omnipresente de abandono, que revela ser casi un conocimiento único de nuestra condición de seres separados.

Es entonces la intimidad una conexión con ese otro interno o externo "respetando su enigmática y misteriosa existencia, más allá de nuestro control" (Goldiuk, 2017).

Quiero hablar de ese héroe de la intimidad: el amor.

Amor que tímidamente podemos preguntarnos si pasó de moda o tiene la apariencia que le corresponde hoy: deseo, anhelo, goce, alternancia. Sin embargo, el amor continúa protagonista en ese otro espacio íntimo que es nuestro consultorio. Allí no hay rubor.

Julia Kristeva se preguntaba si hablamos hoy de la misma cosa cuando hablamos de amor.

¡Amor es ese grandioso nombrado como Todo en los momentos apoteósicos del inicio, o el horror del Nada ante el primer descalabro!

En el amor se da el vínculo del nosotros, con una pregunta: "si el deseo es voluble, está loco por la novedad, es inestable por definición… entonces ¿qué es lo que nos empuja al amor, a soñar con la pareja eterna, con promesa de fidelidad, de alianza duradera, como deseo, como necesidad libidinal?" (Kristeva, 1991).

Esa es la pregunta.

En el recorrido de lo íntimo en la pareja, a pesar de… parecer estar presente y vigente el concepto tradicional de la capacidad de soportar la diferencia (lo distinto no es disarmonía ni el desacuerdo es desamor).

En el amor de pareja encontramos que éste se aleja de muchos de nuestros ideales, ya que el adaptarse a las necesidades del otro es un reto constante y escurridizo. Así, la pareja es una lucha de poder, con la dinámica dominación-rendición, juego inevitable. (Aulagnier, 1994). Además, debemos recordar que las relaciones de poder están presentes en todo vínculo (Berestein, 1989).

Encontramos también que el deseo y sus vaivenes van a introducir malestar en el vínculo, ya que aquél puede transitar un camino diferente al amor.

Parece entonces que la pareja es una experiencia anormal en el sentido que no se ciñe a una norma modelo, y en ella, además, se despliegan altas dosis de regresión, especialmente si está basada en el enamoramiento, lo que la vuelve en gran medida incompatible con la individuación adulta.

Encontramos en las parejas la necesidad de hacer alianzas que vienen a estar constituidas por investiduras estables entre los miembros; la pareja define lo que está permitido y lo que está prohibido, intercambio, simple acomodación… pero esto no es algo simple, es un proceso de escuchar los acuerdos designados por los procesos intrapsíquicos de cada miembro, y allí se da el trabajo de retirar de la consciencia ciertas representaciones en aras de sostener el acuerdo.

Alizade (1991) expresa su concepción del amor como afecto complejo, cumplimiento de un deseo totalizador imposible, sentimientos de placer, displacer, transgresión, sufrimiento. Es el amor como metáfora de un ideal de vida sin angustias ni temores, pero al mismo tiempo el amor tiende su anzuelo engañoso que diviniza el deseo por el otro.

El núcleo que emerge como básico en la pareja es lo sexual, allí está colocado el deseo y hoy en el empuje del nuevo estilo, la sexualidad se va de escapada en el vínculo amoroso, se escurre intentando borrar los límites externos, surge el terror al atrapamiento por el otro, y la defensa que aparece es la multiplicación del encuentro sexual que tiende a querer borrar dichos límites.

- ¿Pánico a perderse en la intimidad con el otro?
- ¿Es la necesidad de conservar un aislamiento afectivo protector?
- ¿De qué nos estamos defendiendo, de quedar a salvo de emociones personalizadas, del compromiso amoroso de fidelidad?

Esa sexualidad adictiva, difusa, dispersa, viene a ser vivida como impostura, como experiencia falsa: "amor líquido", que entra en la sociedad líquida designada así por el sociólogo Zygmunt Bauman.

El amor líquido no se detiene a conocer, a tejer el nosotros, en su lugar vemos personajes decadentes, trampeando el vínculo amoroso y separando los encuentros sexuales del amor. La metáfora de la liquidez enfatiza la precariedad de los vínculos humanos por el carácter transitorio, volátil.

Vínculos de rostros maquillados que ofrecen la virtualidad, surfeamos las olas... Bauman señaló que hoy no vamos nadando, sino surfeando, y como buenos surfistas uno casi no se moja y ni piensa en lo que está debajo de la tabla.

La sociedad actual se basa en el individualismo, en una forma de vida cambiante y efímera: los vínculos se forman con comienzos breves y finales indoloros, amor en episodios, promesas de amor tipo Tinder, deslizando rostros hasta encontrar al del momento, y ese extraño portador de la fantasía esperada es también portador de la incertidumbre, y tal vez también de la sospecha de peligro.

¿Y la identidad? Identidad que se recicla porque lleva fecha de vencimiento, puede ser acuosa, espumosa, gaseosa, pero allí también entra el miedo líquido, miedo que rodea a estos vínculos, desconfianza, ignorancia respecto al otro, negando que amor es conocimiento de un "tú".

De esta manera entramos en el desencantamiento en la cultura actual del ahora, del descartar por ese desencanto que nos empuja al *carpe diem*, como tiranía del momento a vivir el deseo inmediato, sin saber que el deseo viene con una obsolescencia programada, apoptosis necesaria para que entre otro deseo que está esperando: renovación y redundancia. ¡Nunca es suficiente!

Convertidos en profesionales de la flexibilidad sexual, con promesas de amor líquido por las 24 horas siguientes, hacemos un engrandecimiento al Yo, y supone un olvido del otro, avanzando en sentir que la libertad que aspira no está en alcanzar lo que desea, sino en deshacerse de lo indeseado.

Volviendo al nosotros, como lo conocíamos, vemos a la pareja con sus organizadores familiares, los, por lo menos, seis personajes en acción (la pareja parental nos acompaña), que van haciendo un recorrido, por eso de esta manera el amor es historia, no son momentos. En el nosotros construimos el vínculo hora a hora, a veces aferrados a lo que suponemos saber del otro y de nosotros mismos (como si fuera posible saberlo). En ese espacio el nosotros se enfrenta a lo diferente, a la sorpresa, es el desafío de la convivencia, del reacomodamiento permanente *versus* la "trampa de la necesidad de unificar para armonizar, negando que la pareja es el soporte de la diferencia" (Aulagnier, 1994).

Hoy hay un espacio para tocar la intimidad del adulto mayor quien no logra resistirse a la promesa de felicidad en la novedad del encuentro sin consecuencias, y el desborde juvenil que marca y seduce le puede permitir mimetizarse en el grupo que dicta la pauta, y entran coleados mezclándose en la vorágine juvenil de pasiones instantáneas, participando en el teatro de la inmortalidad y contagiándose con esos otros, atropellándo a sí mismos con contactos sin profundidad, pero que tienen el poder de desvanecer la realidad de lo finito y detener lo que va más allá del principio del placer.

Nos estamos introduciendo en lo público entonces, necesitamos el reconocimiento en los ojos ajenos, lo íntimo se convierte en aparecer para ser, mostramos al personaje en que queremos transformarnos, tan deseosos de conquistar, que no nos detenemos a pensar en cómo retener. Es una mutación de la intimidad, brindándonos a ese otro... otros, disfrutar de su lado *voyeur*.

En lo público entra la tecnología avasallante favoreciendo el desdibujar lo privado como comunicación distractora y que de alguna manera va a influir en nuestra toma de decisiones en muchos ámbitos. En los niños aparece la pantalla que cautiva y atrapa, y en los adultos, ésta se viene a agregar al espacio familiar como un tercero que solamente espera nuestra llamada y el personaje entonces nos acompaña (Netflix). Hasta nuestro paciente sustituye el diálogo propio, sus reflexiones y confidencias, por el personaje de la serie que le facilita proyectarse, y desde la "vida ajena", vidas virtuales logran matizar su cotidianidad dándole familiaridad a los personajes que siguen, donde parece más fácil hablar colocando su psique en el guion y en sus protagonistas. No sabemos si hay un movimiento en la identidad atrapada en el personaje, o si es la mayor necesidad de pertenencia a algún espacio, a tener pertenencia del protagonismo.

En los jóvenes, las tecnologías de las redes sociales permiten entender más fácilmente la teoría de Bauman, quien habla más de conexiones que de relaciones. La sociedad líquida nos muestra las emociones que no se pueden retener y el amor de hoy sin compromiso, ligero, sin entrega, enredados los conceptos de ganas y deseos como anzuelos engañosos que encubren el desprecio al amor, para mostrar un amor sensual destinado a extinguirse con la satisfacción, olvidando que para que el amor perdure necesita combinarse desde el comienzo con componentes de ternura, es decir, de meta inhibida.

Encontramos con más facilidad en este tipo de encuentro la prioridad de lo visual o lo escrito en los medios electrónicos (teléfono y otros), parodias del enamoramiento, ¿estaremos evitando cualquier eventualidad de fracaso?

La variación incesante crea encuentros con fecha de caducidad, donde el otro se desdibuja a diferencia del amor donde se reconoce al otro como distinto y separado de uno mismo.

En las pantallas de pornografía interactiva encontramos "los golosos anoréxicos", como prefiero llamarlos, ya que no se sacian y en la máquina virtual no hay angustia aparente, se elige cual mercancía es una promesa de goce *express*. Tecnología seductora que estimula la ilusión de que podemos tener la gratificación total de ideas, deseos y propósitos. Entra la interrogante si se habrá modificado el esquema de la segunda tópica de S. Freud (Yo, Ello y Superyo). Señaló que el núcleo de nuestro ser está constituido por el oscuro Ello y dentro están dos fuerzas primordiales: Eros y destrucción. Estas fuerzas sólo quieren alcanzar la satisfacción instantánea, y sin miramiento alguno, ya que obedecen al principio del placer; es entonces cuando el Yo viene a proteger, atento a mirar la seguridad apoyándose en el principio de realidad y en el Superyó, que entra cuestionando intensamente y se vuelve contra el Yo. Lo que significa que no han cambiado las tres instancias psíquicas en relación con el rumbo de las funciones, de los deseos, de la moralidad: el ello es totalmente amoral, el Yo se empeña en ser moral y el Superyó puede ser hipermoral, cruel, lo que va a crear en el Yo angustia, angustia, de castración con sus respuestas de defensas maníacas y de negación, así nos colocamos en el lugar del tropel.

Claudio Laks Eizirik (1997), psicoanalista de Porto Alegre, en 1997 señaló que el Yo está inundado de presiones sociales que pueden entorpecer y confundir el camino de la función Yoica, de la capacidad de juicio y reflexión de las consecuencias, de la capacidad de prever, interrogando también al Superyó.

Me gusta la metáfora que utilizó Freud del caballo brioso (ello) y el jinete con sus bridas (el Yo). ¿Cómo lo vemos hoy? Un tropel de briosos caballos siguiendo cuerpos o pantallas, y un jinete arrastrado por el empuje de la sociedad que se va llevando esquemas y señales, tentándolo a borrar su capacidad de pensar y empujándolo al pasaje al acto, atropellado por el ello con sus promesas de placer instantáneo. Y el jinete con la brida representando al Yo, que también contiene al Superyó, no sabe a dónde va.

¿Dónde queda ese Yo que debe enfrentar la fuerza superior del ello… y si sucumbe? Aparecerán entonces los sentimientos inconscientes de culpa. Ese sentimiento puede ser mudo para la persona, quien no se siente culpable, sino que va a experimentar vacío, tristeza, ansiedad, depresión: "el componente destructivo se ha depositado en el Superyó y se ha vuelto hacia el Yo" (Freud, 1923-25).

Somos esos golosos del placer sexual cuerpo a cuerpo, o cuerpos a cuerpos, en todas sus posibilidades como un desborde de las defensas maníacas que pueden impedir lo contacto con el espacio interno. Para Winnicott (1993) este espacio no es algo con lo que nacen los seres humanos, tiene que madurar con el tiempo y contar con un ambiente que lo permita. En ese espacio interno va a estar la capacidad para el sentimiento de culpa, que significa sostener y contener. Abarca la condición para preocuparse por ese otro, otros, y para estar a solas, sin el pánico a estar en contacto con uno mismo que nos empuja a la gratificación inmediata.

Deseo incorporar las ideas de McLuhan (1964), "el medio es el mensaje", refiriéndose a cómo formateamos el foco del contenido.

Entender los medios como una caja de herramientas muy útiles y así, además, todo contenido está determinado por el medio. Por ejemplo, hoy estamos telefónicamente en canal abierto con quien se quiera y donde esté. Un ejemplo que vuelve irrefutable la teoría de McLuhan (1964) es el recordado experimento del Washington Post que buscaba demostrar si en la hora pico la gente era capaz de apreciar la belleza. Joshua Bell, uno de los mejores violinistas y utilizando su costoso violín del siglo XVII, se puso a tocar de incógnito casi como pordiosero en el metro de Washington. De 1.097 personas que pasaron en ese lapso, siete se detuvieron a escucharlo, y solamente una lo reconoció. El ambiente hizo que nadie percibiera la interpretación sublime.

Focos continuos de contenido, donde la palabra enviada lleva al teléfono a una nueva expansión, creando la necesidad de pensar en nuevas trabas éticas. En esta "aula sin muro" (McLuhan, 1964), que formatea el foco del contenido, observamos cómo la máquina ha modificado las relaciones. Sin embargo, esta máquina hace "que el contenido de un medio sea como el apetitoso trozo de carne que se lleva el ladrón para distraer al perro guardián de la mente".

- ¿Estamos entonces en la era de mayor ansiedad?
- ¿Somos la extensión del ojo, del oído?

La máquina ha modificado las relaciones con nosotros mismos.

Finalmente, la cultura como tradición heredada preocupada por el desarrollo y maduración del individuo está siendo revisada (¿cuestionada?) por los movimientos de la tendencia cultural a la adaptación inmediata que trae también un movimiento y cambios en el papel de la familia, del vínculo de pareja, de la crianza de los hijos. Allí, por ejemplo, la madre, mujer polifacética recargada y sobre exigida, necesitando la incorporación de figuras que la sostengan en su rol: abuela, tía, niñera; y en ese lugar materno de cuatro personas para llenar la función me gusta dividirlo, y así ofrecemos al hijo una cuarta parte de mamá. El padre, no siempre a su lado, atropellado también hoy por los esquemas de la masa, mueve su papel de guiatura en los hijos, borrando la asimetría que crea enfrentamientos e intenta callar la amenaza a su ley nombrando a los hijos "amigos", condenándolos así a la orfandad.

Agreguemos que, al estar atropellados por la centrífuga de la cultura al narcisismo, nos desligamos de los roles y nos diluimos en la masa, y el deseo de voluntad propia se ve aniquilado llevándonos al sufrimiento por la pertenencia a ese contexto social y allí queremos y necesitamos representar nuestro mejor papel: "todos estamos bien". El fracaso y el intentar entender el malestar pasó de moda, dando lugar al representante hoy de ideal: estoy completo, cada día tengo más seguidores y más *likes*. Gusto, luego existo.

Luis (Juan, Pedro, José…) se ha abierto a compartir su sexualidad con la pornografía interactiva pagada, y se atreve, probablemente por estar conmigo en la modalidad virtual, hablarme de esta manera: "es increíble, no quedo sin probar nada (describe la experiencia) y agrega que tal vez yo estaba un poco escandalizada". Yo le dije, ¿si no sería que había silenciado algo que según su criterio podría escandalizarme? Me respondió: "me falta decirte algo, quedo extenuado, pero no tan satisfecho". Le pregunté ¿sabes por qué? Me respondió, "quisiera mucho más".

Conclusiones

En el estilo de la sociedad de hoy, cuando todo pasa con mucha fuerza se diluyen propuestas y teorías que se van alejando y despareciendo, aún tengo la esperanza de que quedan algunos islotes sólidos. Allí pueden estar los refugios de las tradiciones, del contrato amoroso, de la vinculación con la familia nuclear; son valores antiguos que pueden ser reformulados en términos de los avances de hoy.

Y sobre el gran protagonista de la intimidad, el amor, puedo decir, como dicen Puget y Berestein (1989), "los vínculos del amor están en dualidad, Yo y otro". Recordando que ningún Yo puede bastarse a sí mismo, y ningún Yo puede colmar al otro, ningún otro puede sustituir al Yo, pero ningún otro puede colmar al Yo.

Al decir de Unamuno, el amor es hijo de la ilusión y el padre de la desilusión. Y agregó que el hombre vive en tensión permanente entre lo que piensa y lo que siente, entre el deber ser y el querer hacer... y lo que necesita y lo que se le aparece.

O como dice Freud, el hombre normal no es sólo mucho más inmoral de lo que cree, sino mucho más moral de lo que sabe.

Referencias

Alizade, M.A. (1991). *La sensualidad femenina.* Amorrortu editores.

Aulagnier, P. (1994). *Los destinos del placer.* Paidós.

Bauman, Z. (1999). *Modernidad líquida.* Paidós.

Freud, S. (1923-25). *El Yo y el ello* (Tomo XIX). Amorrortu editores.

Freud, S. (1927). *El malestar en la cultura* (Tomo XXI). Amorrortu editores.

Freud, S. (1937). *El aparato psíquico y el mundo exterior* (Tomo XXIII). Amorrortu editores.

Goldiuk,H.(2017).Intimidadylacapacidaddesufrirlasoledad.*Temasde psicoanálisis.* https://www.temasdepsicoanalisis.org/2018/01/31/intimidad-y-la-capacidad-de-sufrir-la-soledad-1/

Kristeva, J. (1991). *Historias de amor.* Siglo XXI.

Eizirik, C.L. (1997). *Psicoanálisis y cultura. Algunos desafíos contemporáneos.* Libro anual de psicoanálisis. Tomo XXIII. Escuta.

McDougall, J. (1998) *Las mil y una caras de Eros. La sexualidad humana en busca de soluciones.* Paidos.

McLuhan, M. (1964). *Comprender los medios de comunicación. Las extensiones del ser humano.* Paidos.

Puget, J., Berestein, Y. (1989). *Psicología de la pareja matrimonial.* Paidós.

Spivakow, M. (2011). *La pareja en conflicto. Aportes psicoanalíticos.* Reseña por Espeleta, S. *Revista Internacional del Psicoanálisis.*

Zukerman, P., Berestein, P., Kogan, J. (2017). Intimidad en los vínculos familiares. Reflexiones a partir de diversa. *Psicoanálisis* - Vol. XXXIX - n. 1 y 2 - 2017 - pp. 213-270.

Encuentro ENTRE – Literatura y psicoanálisis

Pareja y Familia a través del tiempo: ficciones y realidades

5. Las familias como conjuntos ligados por experiencias, testimonios y relatos: un cuento posible[1]

Federico R. Urman

...cada palabra dice lo que dice, y
además más, y otra cosa.
Alejandra Pizarnik

Mamá vestida de encaje
tocaba piano en el caos.
Murilo Mendes

L. Tolstoi empieza *Anna Karenina* con estas palabras: "Todas las familias felices se parecen unas a otras; pero cada familia infeliz tiene un motivo especial para sentirse desgraciada. En casa de los Oblonsky andaba todo trastornado". Y Ambrose Bierce comienza de este modo uno de sus relatos: "Una mañana de junio de 1872, temprano, asesiné a mi padre, acto que me impresionó vivamente en esa época. Esto ocurrió antes de mi casamiento..." (*El club de los parricidas*). El autor caracteriza al amor como una "insania temporaria curable mediante

1 Presentado en el 3º Encuentro ENTRE – Literatura y Psicoanálisis – Familia y Pareja a través del tiempo: ficciones y realidades, organizado por la Comisión de Psicoanálisis de Familia y Pareja (CPFP-Fepal) el día 29 de abril de 2023.

el matrimonio, o alejando al paciente de las influencias bajo las cuales ha contraído el mal" (*Diccionario del diablo*). Anne Carson escribe "una conversación entre iguales; no hay nada tan difícil de lograr en este mundo de *habeas corpus* porque (dice Keats) se nos ha agotado toda la maravilla la curiosidad y el miedo" (*La belleza del marido*, 2002). En un poema, Jorge Luis Borges lamenta haber defraudado las expectativas que sus padres pusieron en él (*El remordimiento*, 1976). Sufrimientos de pareja y familiares, violencia en la relación parento-filial, tratos abusivos, amores no correspondidos (retribuidos), la literatura siempre ha tenido lo que contar acerca de las parejas y familias. Freud valoró el talento y la misteriosa capacidad del escritor de penetrar en las profundidades del alma humana y en transmitir los sentimientos personales y sociales, las verdades profundas del hombre. Los reconocía como *la analyse*, analistas profanos, y, entre ellos, destacaba la presencia de los poetas, de aquellos con especial capacidad creativa para jugar con las palabras. Pues los poetas acampan en los bordes del lenguaje, en sus senderos más riesgosos e inexplorados, y desde estas angostas cornisas exponen y se exponen, allí donde la palabra se hace música, donde el silencio es escansión, grito, ruido, susurro, caricia. Y habla de las soledades pobladas y del nosotros en lucha. Como G. Boído: "Hay que cuidarse de la derecha porque es diestra/y de la izquierda cuando siniestra". O: "La poesía no se vende/ porque la poesía no se vende". O: "Entre tu cuerpo posible/y tu cuerpo, / sólo mi mano cabe. Entre mi mano posible/y mi mano/sólo tu cuerpo cabe" (Urman, 1982).

El psicoanálisis freudiano ha tenido, por su parte, en la literatura no sólo uno de sus "múltiples intereses", sino el poder de afectarla desde su propia producción. Un ejemplo de esto es el concepto de "novela familiar del neurótico" (Freud, 1909), una fantasía o protofantasía que supone universal, tal vez el último producto de esta especie, y que tiene el poder de enlazar, en un relato, las otras fantasías primitivas previas. Esta novela familiar es un mito épico y sería como la novela de todas las novelas. Las aventuras de estos héroes y villanos concentran mucho de las lecturas de la preadolescencia y adolescencia, y dan la base argumental de los *comics* con los que estamos familiarizados.

Las fantasías desiderativas son una materia prima compartida por los escritores y por las personas y conjuntos que fabrican con ellas síntomas preocupantes y restricciones caracteriales. Este enlace es el que permite realizar un *análisis aplicado* en la medida en que emplean los hallazgos clínicos para la comprehensión de obras literarias. Freud interpretó de este modo obras de Shakespeare, Sófocles, Hoffmann, Dostoievski, Jensen y otros. Muchos psicoanalistas lo han seguido en este camino. Recordemos, por ejemplo, os análisis de J. Lacan (1966) de *La carta robada* de Poe, el de M. Klein(1955) sobre *Si yo fuera usted* de Julien Green, el de E. Pichon-Riviere (1992) sobre el conde de Lautreámont, el de M. Langer (1949) sobre *Viaje al centro de la tierra* de J. Verne y los de cuentos infantiles llevados a cabo por B. Bettelheim (1975).

Volviendo a S. Freud, sabemos que realizó muchas reflexiones sobre la creación literaria. Se interrogó sobre el papel motivador de frustraciones y pérdidas reales; sobre el particular placer que despierta su lectura y sobre sus efectos en el lector que la relacionó con las experiencias lúdicas; hizo observaciones sobre el tratamiento poético de las perturbaciones psíquicas y sobre las características de ciertos afectos estéticos; propuso distintos criterios acerca del papel que desempeña la sublimación; sugirió estilos narrativos predominantes en los adolescentes. Sólo los menciono, porque, por razones expositivas, no me voy a detener en ellos. Por otra parte, son teorizaciones que naturalizaron una familia nuclear burguesa patriarcal cuya solidez, luego de un siglo, ha sido profundamente alterada.

Quisiera ahora dirigir el curso de estas reflexiones a los aspectos que más nos pueden tocar en nuestra labor psicoterapéutica, cuando trabajamos con familias (y con otros conjuntos y aún pacientes individuales). ¿Qué resaltar del encuentro con la literatura en este terreno? En primer lugar, recordaría que establecemos escritos de nuestra experiencia, y que el relato de lo que consideramos material analítico integra lo que denominamos historia clínica. La historia clínica médica es el relato que realiza el profesional de lo que le pasa al paciente. La historia clínica psicoanalítica es el relato que establece el terapeuta de lo que acontece entre él y el paciente (conjunto o individual). *Nuestro relato es un producto de coautoría vincular* (Urman, 2021). Recordemos que la técnica del cadáver exquisito, juego surrealista que suma versos escritos sucesivamente por sus participantes, es un ejemplo de texto de autoría múltiple. Resaltemos dos aspectos del historial: 1) es una construcción ficcional elaborada con las migajas de lo vivido en la clínica, que el dispositivo terapéutico instituido hizo posible. Encuentran allí lugar la realidad psíquica, las verdades vinculares creadas en inmanencia entre todos los que integran la experiencia y, ocasionalmente, la verdad histórica (Freud, 1937) de alguno de ellos. Este carácter ficcional es el que, lejos de desautorizar, valida su significación y eficacia terapéutica. 2) En la clínica, la historia se configura desde lo que va aconteciendo en cada sesión, entre terapeuta y paciente. El presente funda, una y otra vez, pasado. Resalto acá una paradoja que Borges observara: los prekafkianos llevaron en su obra a Kafka, pero es Kafka quien, desde su obra, da pie retroactivamente a la invención de los prekafkianos como categoría o clase.

Dejemos atrás la narrativa de lo que pasa, y que consignamos como cronistas o escribanos implicados en la situación. Atendamos ahora a la experiencia. ¿Con qué nos encontramos en el encuentro? ¿Qué hacen los pacientes cuando, desde el despojamiento de nuestra atención flotante, no esperamos nada? Vemos que nos cuentan (y se cuentan) los cuentos acerca de lo que los pone mal o les causa malestar. Estos relatos – suelen ser quejosos y reiterados – están organizados de tal modo que nos presentan un agente del sufrimiento grupal y el resto, las víctimas que padecen esas conductas. Ya no son la familia que eran. ¿Qué familia eran? Hay lazos de sangre en muchos casos, y lazos de parentesco, pero prefiero considerar familia a dos o más personas de distinta generación que se presentan y/o son reconocidos como familia, que comparten relatos y experiencias testimoniales. Por ejemplo, la monoparental conformada por un adulto y un hijo adoptivo. Volvamos a la situación clínica.

Estos relatos que nos interpelan incluyen la episteme actual, la *zeitgeist*, el espíritu o mentalidad de la época, aquello que puede ser interrogado o relatado en los relatos, discurso que nos subjetiva como sujetos sociales y que afecta nuestra manera de sentir, pensar y actuar.

Decíamos que insisten en relatos que no pueden dejar de repetir, aunque resulten improductivos para aliviar el sufrimiento que padecen; otras veces realizan un canon de monólogos aburridos, o se arrojan palabras hirientes que no los dejan pensar y que los lastima vincularmente; o, airadamente, exigen compensaciones que sólo provocan un silencio desolado. Estas narrativas verbales, que siempre tienen algún carácter performático, suelen estar acompañadas, como en las familias con niños y/o adolescentes, con lo que expresan a través de juegos, modelados, dibujos y todo tipo de actos, realizados en forma individual o conjunta.

Considero estas presentaciones, que se hacen ante (con) nosotros, como otro implicado en la situación que nos instituye, junto con la familia, en un "barajar y dar de nuevo", es decir, como un desafío que procura encontrar una salida, una nueva manera de percibir, interrogar y pensar lo que entre todos vamos haciendo. Apostamos a instituir una condición inédita al modo de la propuesta de María Dolores Ara: "Tengo los ojos nuevos/de un abierto perene".

Esperamos, entonces, una inesperada ocurrencia que descoloque, que ingrese sorpresivamente y se haga lugar, aunque moleste, incomode e inquiete por parecer amenazante. ¿Qué hacer con ese sentimiento paranoide? Lo pensamos entre todos. Si paranoide sugiere la sensación angustiante de estar perseguido ante una circunstancia en la que se está efectivamente perseguido, intentamos aclarar ese peligro. La que va a verse amenazada, cuestionada, es la organización que la familia construyó al comienzo del encuentro. Una disociación que separa al paciente designado del resto, presuntamente sano o no conflictivo. Pero este acontecimiento que ahora fisura esa estructura: ¿es una buena o mala noticia? Si el concepto de ambivalencia no se hubiera ya inventado, habría que crearlo para dar cuenta de esta experiencia. El dejar las cosas como están tiene una ventaja: se trata de mantener lo ya instituido, sabido y vivido, la comodidad de lo habitual del equilibrio logrado, y el confort de lo anticipable. Pero el costo es alto, pues el sufrimiento por el que se consulta es generado, inconscientemente, por la dinámica patógena que espontáneamente siguen reiterando. Aunque estemos compartiendo ese riesgo al participar del encuentro, los beneficios del mantener el *statu quo* van a generar resistencias hacia las nuevas vivencias que el dispositivo aspira a generar. Se interpondrán vallas ante las novedosas situaciones subjetivantes vinculares que pudieran configurarse. El tratamiento no consiste sino en el devenir de esta lucha entre relatos reflexivos subjetivantes que llevan a nuevas acciones y a complejizar los vínculos y los relatos previos defensivos que insisten en conservar lo establecido, aunque el precio sea el empobrecimiento subjetivo de todos. Unos relatos propiciarán la incomodidad del fluir de la vida, la apertura del contacto con lo extraño, diferente y extranjero, la convivencia con desconocidos (y con lo desconocido en uno mismo), los otros insistirán en el valor de lo idéntico y semejante, de la complementariedad que unifica y completa, con la atemporalidad de las esencias y la certeza de los destinos ya trazados, de los fundamentos únicos y últimos. Una narrativa se abrirá a lo abierto incierto, al hacer cooperativo y a la distribución de saberes, poderes y responsabilidades. Otra se centrará en el individualismo, en las ventajas del hacer capitalizante, en la jerarquización que impone obediencias pasivas, en las conveniencias personales y las ventajas de asegurarse posiciones de éxito marquetinero.

En ciertas ocasiones tienen poder patógeno la falta de relatos compartidos, como en casos de adopciones o de hijos productos de fertilizaciones asistidas; en otros, lo desorganizante y traumático proviene de la imposición de relatos apasionados que no respetan las necesidades y posibilidades psíquicas de los hijos, como cuando son reveladas infidelidades paternas o cuando, en ciertos divorcios controversiales, cada padre intenta adoctrinar a sus hijos desde sus razones y, desde esa alianza, busca desacreditar o difamar a la expareja conyugal.

Observamos también, en nuestra clínica, que actualmente las pantallas tienen tal poder subjetivante que logran desplazar el papel subjetivante de los relatos literarios, en su oferta de tramas y personajes con los cuales es posible identificarse.

Al intervenir en la sesión podemos considerar estos destinatarios posibles: 1) el mundo interno de uno de sus integrantes, con las relaciones de objeto que establece el yo; 2) lo intersubjetivo, es decir, lo que liga los distintos yoes que están interactuando, de acuerdo a lo que llamamos la lógica del Uno; 3) lo que hacen y hacemos entre todos en el devenir de la sesión, y que nos lleva a una posición del estar siendo coyuntural, albergando diferencias, lo que denominamos, con Berenstein (2007) y Puget (2015), lo vincular, que implementa la lógica del Dos, que acentúa el descentramiento, lo presentacional, el principio de incertidumbre y el poder de expandir territorios subjetivantes de creciente complejidad.

Veamos dos ejemplos de relatos que se presentan, y son desmontados y construidos de tal modo que nuevos contactos y praxis significantes son ahora posibles.

Los padres de un escolar consultan porque el hijo tiene problemas de conducta en el colegio y a ellos mismos no los respeta. ¿Cómo desafía lo que el padre le indica? Su propio padre, ante faltas aún menores, le pegaba, y él no quiere hacerlo. ¿Por qué no obedece a su madre y la insulta si le insiste en hacer algo que había aceptado realizar?

¿La culpa es de ellos porque, como hijo único, no le ponen límites? Ya tranquilo, el hijo a veces les pide perdón, pero otras veces justifica su proceder. Esta situación inicial de desconcierto, sufrimiento y desaliento es un buen punto de partida, sólo que no seré yo quien aporte una guía para perplejos, al modo de Maimónides.

Esta consulta expone una situación social actual frecuente: los padres y los maestros ya no son reconocidos como figuras de autoridad indiscutible. Se hace necesario analizar lo que va pasando entre todos y examinar qué impide la creación de una normativa compartida con firmeza y flexibilidad, criterios en el que todos participen, convenio de convivencia abierto y que necesitará ratificarse o rectificarse en cada ocasión que se muestre necesario, ya que si este acuerdo se mantiene coyunturalmente es porque, siendo diferentes y desacordando, va mostrando su insuficiencia (y su poder) en cada momento en que las circunstancias vuelven a cambiar. En esta experiencia todos colaboramos cuando nos damos cuenta. Una estrategia de cuidados y respetos se irá construyendo. El hijo comprobará entonces que puede controlarse, ser reconocido y demandar por las buenas lo que sea prudente pedir y que, apostando al amor, algo tiene para dar. La madre aprenderá a hacerse respetar, en nombre de sus derechos, por el hijo, y también por el marido, al advertir cuánto ha callado por sumisión. Y el padre recapacitará sobre su tentación de dominar, sobre su dificultad en escuchar a los otros y en aceptar sus propias inconsistencias ante lo legal (estos padres, en mi experiencia, tienden a trampear en relación a los honorarios y a los horarios).

En una ocasión atendí a una pareja en la que uno de los puntos conflictivos eran la *frecuencia* de las relaciones sexuales, que eran mutuamente satisfactorias. Él era un escribano y abogado y ella era una colega que trabajaba también en recursos humanos. Comentaban, con inteligencia y humor, que para cada uno "demanda" tenía connotaciones particulares. "Yo pertenezco a una familia católica y la de ella es judía, pero no nos conflictúa". No había problema con esos diez mandamientos. ¿Quién tenía razón? ¿El que decía que sufría por una presión que vivía como un molesto acoso? ¿O quien lamentaba que el otro fuera menos receptivo a sus pedidos, ya que su tensión sexual lo incomodaba? ¿Qué justicia salomónica esperaban de mi parte? Además, ¿existe un "metro patrón" sexual? Llamativamente, aunque usaran el "nosotros" para referirse al malestar sexual, era un nosotros que me evocaba un conocido chiste: "Ellos se querían: él se quería y ella se quería". No podían, en sus relatos, superar el muro narcisista, y tomar otra perspectiva, pasando del Uno al Dos. Si aceptaban que la palabra demandada era multívoca, ¿por qué no considerar que "relación sexual" era una experiencia no predeterminada? Si fuera una construcción conjunta, creada para ser inventada momento a momento, eran ambos responsables de constituir ese amoroso cuerpo vincular, como decía J. Puget. En mi opinión, ése es el alcance del deseado "hacer-juntos-el amor". Tal vez sea ésta la única fidelidad que cuente: la que apuesta al encuentro sexo-afectivo. El resto es cumplir como hábito, una faena erótica para descargar sustancias sexuales (en lunfardo: echarse un polvo).

Fueron descubriendo que si el amor, como la poesía, sopla cuando y donde quiere, lo que compartían era el desafío de escuchar ese llamado, para sentir las brisas de las ganas. Con los relatos que encontraran, hasta el misterioso borde en que se acaban las palabras o son los cuerpos los que tienen la palabra.

La palabra inesperada que, aconteciendo, nos mueve y nos conmueve, entonces, en la clínica vincular como en la poesía, es como la rosa. No tiene por qué.

Referencias

Berenstein, I. (2007). *Del ser al hacer*. Paidós.

Bettelheim, B. (1975/1994). *Psicoanálisis de los cuentos de hadas*. Crítica.

Bierce, A. (1894/1974). *El club de los parricidas*. La Mandrágora.

Bierce, A. (1935/1991). *El diccionario del diablo*. Leviatan.

Borges, J. L. (1976). El remordimiento. En *La moneda de hierro*. Sudamericana.

Carson, A. (2002). *La belleza del marido*. Lumen. 2003

Freud, S. (1909/1951/1979). La novela familiar del neurótico. *A.E.*, vol. X. También en *Revista de Psicoanálisis*, vol. VIII, 1.

Freud, S. (1937/1980). Análisis terminable e interminable. *A.E.*, vol. XXIII.

Klein, M. (1955/1999). Sobre la identificación. En *El sentimiento de soledad y otros ensayos*. Horme.

Lacan, J. (1966/2002). El seminario sobre "La carta robada". En *Escritos 1*, Siglo XXI.

Langer, M. (1949). Viaje al centro de la Tierra (Julio Verne): una fantasía de adolescente. *Revista de Psicoanálisis*, vol.VII,1, p. 3-9.

Pichon-Riviere, E. (1992). *Psicoanálisis del Conde de Lautreamont*. Argonauta.

Puget, J. (2015). *Subjetividad discontinua y psicoanálisis*. Lugar.

Tolstoi, L. (1877) Anna Karenina, Continente, Buenos Aires.

Urman, F. (1978/1982). Pared. En *Memoria y balance 2*, con E. De Izaguirre y otros. Stilcograf.

Urman, F. (2021) Un sentido particular y especifico del ir jugando y dibujando en la clínica vincular. Tesis Maestría en Familia y Pareja. Instituto Universitario de Salud Mental.

Urman, F. (2022) Los cadáveres exquisitos aman seguir bebiendo vinos nuevos. En *Controversias online en Psicoanálisis de Niños y Adolescentes*, n. 31, pp.56-63.

6. Una mínima aproximación histórica[1]

María Dolores Ara

La literatura es una de las formas que adquiere la respuesta por nuestra inquietud sobre el mundo. ¿Quiénes somos? ¿De dónde venimos? ¿A dónde vamos? Son las preguntas esenciales para conocer y conocernos. Cada libro esconde la comprensión profunda de la realidad que buscamos, para llegar desde allí a la verdad que da sentido. En este trabajo vamos a seguirle la pista al tema de la pareja y la familia en un viaje muy breve que recorre la mirada literaria sobre un asunto que nos atraviesa desde la raíz: la construcción de la pareja y la formación de la familia como núcleos de infinidad de historias que nos atrapan.

El origen de la literatura occidental es un mito. Los mitos constituyen paradigmas de todo acto humano significativo. Es la manera en que la imaginación se apoderaba del dominio de una realidad que no era atrapable por el pensamiento racional, pero encerraba las claves de la vida emocional de los hombres. Detrás de los hechos observables hay una fuerza oculta que aparece en forma de símbolo y al descifrarse revela la textura auténtica de la realidad. El mito no es una fábula para entretener, el mito es un enigma que esconde verdades profundas que se muestran a través del trabajo de la imaginación. La

1 Presentado en el 3º Encuentro ENTRE – Literatura y Psicoanálisis – Familia y Pareja a través del tiempo: ficciones y realidades, organizado por la Comisión de Psicoanálisis de Familia y Pareja (CPFP-Fepal) el día 29 de abril de 2023.

aparición del *Logos* nunca ha podido desplazar al mito como instrumento para averiguar de qué va la vida. Cuando hablamos de mito aquí, estamos hablando de ficción literaria.

La literatura que trata el tema de pareja y familia para mostrar su tejido más hondo, que suele ser el más oscuro, se sostiene sobre dos pilares que son fuente de conflicto en esos espacios: la mujer y el poder. Ambos son factores determinantes en el desarrollo que tomará cada historia. Son motores de la acción, detonantes del rumbo que seguirá la anécdota. Mujer y poder aparecen como ingredientes de los que depende la trama invisible de las relaciones familiares que comienzan en la pareja. Y todo conduce a la transgresión, a la ruptura del canon. La literatura nos va a contar qué anida detrás de las fotografías hermosas de familias perfectas.

Griegos

La tragedia griega centra su propósito en recrear el momento en que el hombre se aleja de la virtud. En mostrarnos la falla trágica que lo expulsa de la obtención de la felicidad, que lo separa de su alma y lo condena al aislamiento, que es morir. Así vemos a *Edipo*, inmerso en la transgresión que no pudo evitar por falta de atención al vaticinio del oráculo. La de Edipo es la familia "maldita" que aparece ya en los orígenes de nuestra ficción: parricida incestuoso que no puede detenerse por ambición de poder. Si sabe que se casará con su madre y matará a su padre, las decisiones son obvias: no tener trato con ninguna mujer mayor que él, no agredir a ningún hombre con edad suficiente para ser su padre. Pero el trono de Tebas es apetitoso e incluye desposar a la reina. Y como Edipo se cree más allá del alcance del destino, golpea con soberbia a un anciano que resulta ser Layo, su padre.

Una de las hijas de Edipo con Yocasta, madre y esposa a la vez, es Antígona. Acerca de ella se escribirá una de las tragedias más influyentes en todo el orbe y que lleva su nombre. Antígona desobedece a la orden de dejar sin sepultura el cadáver de su hermano Polinices, muerto a puñaladas por su otro hermano Eteocles, quien también fallece en ese lance fratricida. Creonte, el nuevo rey y tío de los cuatro hijos de Edipo sentencia injustamente a favor del primero, que será enterrado con honores. Antígona se rebela contra la ley de la *polis,* defendiendo el vínculo familiar como algo sagrado que está por encima de cualquier otra consideración. Antígona será condenada a morir enterrada en vida por su rebeldía. La idea va más allá de enfrentar familia y ley; el valor de la tragedia que Antígona protagoniza habla de libertad. De la difícil articulación entre el ejercicio de la libertad moral y el sometimiento necesario que regula la convivencia social. Esa relación tensa entre ambos sistemas: la familia como núcleo de la identidad personal privada, y la sociedad como cobijo de la identidad pública marcarán muchas de las obras literarias posteriores.

Medea es la madre *horribilis.* La mujer que enamora a Jasón y con sus artes mágicas lo convierte en el héroe que obtiene el vellocino de oro. Medea abandona su tierra, lo ayuda en todo, usa sus hechizos para elevarlo. Pero Jasón la traiciona, y eso la transforma en un ser salvaje, irracional y despiadado que urde la venganza más espantosa: dar muerte a sus hijos para que Jasón quede completamente arrasado por el dolor. Medea aniquila el vínculo, destruye con saña la pareja y la familia. Comete el crimen imperdonable, dar muerte a quienes les dio vida. Transgresión y herejía. Medea no quiere reducirse al papel de madre y abandonar el papel erótico. No quiere ser rebajada en su rol de mujer seductora. No conoce un camino que no sea la venganza y se vuelve monstruosa descuartizando a los niños. Se lleva por delante todo el aparato público y privado del eje pareja-familia: inflige una herida irrecuperable a la pareja y hace volar por los aires el núcleo familiar. No se arrepiente. Jasón tiene la culpa por haberla humillado. Los dioses la salvan de la justicia de los hombres y se la llevan al Olimpo. Pasional, independiente y radical, Medea no encaja en los convencionalismos. Bárbara y obcecada, rompe el paradigma de la madre tierna y la esposa dulce. Medea nos revela lo femenino brutal que no se resigna a un segundo plano, sin importar qué tenga que hacer para demostrar su fuerza.

Shakespeare

Saltamos de los griegos al siglo XVII, para adentrarnos en la trama familiar de la mano de Shakespeare. El dramaturgo describió en sus tragedias la experiencia de familias turbias acosadas por el mal desde sus entrañas. *Hamlet* es la historia del joven príncipe de Dinamarca que regresa a su país al conocer la noticia de que su padre ha sido asesinado por su tío y su madre, que son amantes, y le han arrebatado el trono que le corresponde.

¿Cómo seguir adelante con una familia de ese calibre? El famoso monólogo que comienza: "Ser o no ser..." alude al dilema que acosa al personaje, entre seguir viviendo en medio del horror o morir para acabar con ese sufrimiento.

Ricardo III es el último aspirante al trono en línea sucesoria, lo que resuelve asesinando a los 11 herederos que lo anteceden para lograr ser rey. Es el representante del pragmatismo moral de la modernidad: el fin justifica los medios. Aborrecido por su madre, a la que, a su vez, aborrece, mata a sus hermanos, primos y sobrinos, se casa con sus esposas hasta que la consciencia le reclama su condición desalmada. Shakespeare es el primer escritor que sitúa el conflicto humano dentro de su ser y no fuera. Por fuera no pasa nada. Todo ocurre en el interior del ser humano y aparece afuera como consecuencia.

En *Macbeth* encontramos a la figura de la mujer fatal. Lady Macbeth es el mal en estado puro y corrosivo. Empuja a su esposo a asesinar al rey para hacerse con la corona, y ella misma comete los crímenes que corresponde ante los escrúpulos que llenan el alma, en principio noble, de Macbeth. Ella comanda las acciones perversas. Él acepta. La ambición los pierde: a él lo asesinan los caballeros fieles al rey, ella se suicida. Él sufre el mal que comete. Ella se siente orgullosa de ser el mal. En apariencia son una pareja virtuosa, que se ama y se apoya. En el fondo vive el monstruo agazapado.

El Rey Lear es la más "familiar" de sus obras. El monarca, llegado al final de su vida, reparte el reino entre sus tres hijas, preguntándole a cada una cuánto lo aman. Mientras las dos mayores responden con expresiones hipócritas, Cordelia, la menor, dice la verdad sin exageraciones. Lear se enoja y la exilia. Las hijas mayores le arrebatan el trono con malas artes y el rey, arrepentido, cae en la locura. Cordelia muere y Lear después de ella, herido de dolor y culpa. La ceguera del rey (recordemos a Edipo) conduce a la injusticia y al caos. Dentro de la familia se manipula, se engaña, se miente por y para obtener poder. Ese es el legado de Shakespeare desde 1600.

Romántico-realistas

En el siglo XIX el tema de la pareja adquiere un puesto preponderante dentro de la literatura romántico-realista. La sociedad de doble moral ha hecho del matrimonio una negociación mercantil que enlaza poder y dinero, expulsando a los sentimientos. Madame Bovary y Anna Karenina, las heroínas de Flaubert y Tolstoi, deciden no encajar en el molde ejemplar y ejemplarizante de la mujer decimonónica. Supeditan el rol de esposas y madres al de mujeres apasionadas que desean sentir placer y disfrutar del goce erótico. Ambas sitúan la pasión por encima de las estructuras sociales, culturales y religiosas, y ambas pagan el precio de esa decisión escandalosa. Ambas se suicidan. Ambas son víctimas de una sociedad opresiva. Ya Jean Austen se había adelantado al tema denunciando en sus novelas que el origen de la familia era similar a una venta de ganado en una feria: las mujeres se entregaban al mejor postor sin que ellas pudieran oponerse.

Contemporaneidad

En el siglo XX, la literatura norteamericana se engalana con dos Premios Nobel literarios que exponen en su obra la autopsia del sueño americano que ha sucumbido después de venderse como el ideal supremo de orden y libertad. W. Faulkner (2013) lo gana en 1949 y J. Steinbeck (2004) en 1962 retratando sagas familiares violentas y heréticas bajo el signo de la impronta puritana. La rigidez, el dogmatismo, la severidad, la anulación del principio de placer, el convertir en pecado todo goce del cuerpo, la santidad inalcanzable genera monstruos. La familia retratada en *El ruido y la furia* no se priva de nada: el incesto, el odio entre hermanos, el alcoholismo, la violencia física, la prostitución, componen un mosaico que da al traste con la visión edulcorada que los Estados Unidos han vendido de su *american way of life*. El título de la novela está sacado de *Macbeth*, cuando este dice que la vida es un cuento contado por un idiota, lleno de ruido y de furia, que no significa nada. Alude a la primera parte de la novela donde el narrador es un muchacho con deficiencias cognitivas que cuenta en un monólogo incomprensible lo que ve en su familia. Es el enfermo que está sano. Los demás son lo contrario.

Al este del Éden de Steinbeck nos devuelve a Medea. La *madre horribilis* es aquí, el personaje de Kate: la maldad condensada en un ser sin alma que da a luz gemelos, los abandona y se dedica a la prostitución sin reparos, además de asesinar a sus padres y a todo el que se le atraviese. La obra revisa y actualiza el episodio de Caín y Abel en dos generaciones sucesivas, donde la preferencia arbitraria del padre por uno de los hijos desemboca en una marea de conflictos llevados por el desamor, la envidia, los celos para narrar cómo la debilidad del bando de Abel no es capaz de aceptar al Caín inevitable que se lleva por dentro. El Bien solo puede ser definido desde el Mal, y hace falta coraje para lidiar con esa comunión de opuestos. El título de la novela nos descubre un asunto esencial: todos pertenecemos a la estirpe de

Caín, somos sus descendientes. Y estamos confinados a vivir al este del Paraíso, como ordenó Yahvé.

Philip Roth y Jonathan Franzen, en *Pastoral americana* (1997) y *Las correcciones* (2001), respectivamente, hacen añicos el entramado familiar que se desmorona en las novelas anteriores. Siguiendo la perspectiva de sus antecesores, desnudan al límite las turbias relaciones intrafamiliares con una variante: la historia de estas familias se inscribe en un marco cotidiano, común, que hace todavía más evidente que la perfección familiar anhelada es un mito que crea distorsiones aberrantes.

Pastoral americana cuenta la historia de los Levosky, familia judía inmigrante que inicia una saga de prosperidad, en el país de todas las bondades. Comienza con el abuelo fundador de la empresa, luego el hijo exitoso, pero ya con manchas morales que anuncian la caída; y finalmente, la nieta: terrorista antisistema, revolucionaria y rebelde que quiere dinamitar la estructura a la que se supone, debe devoción. La fuerza de lo prohibido, la tentación, el equívoco que deja una herida insoluble traza la frontera que nos habla de lo ya dicho: la perfección es insoportable e inhumana. En la escena final de la novela se caen todas las máscaras y vemos un disparate colectivo desarrollarse en la cocina de la casa familiar. Sátira y parodia de la vida ejemplar de la familia norteamericana.

Las correcciones es el relato de la vida de los Lambert, una familia común y corriente de clase media que está metida en la fantasía de unión perfecta creada por la madre, quien no acepta la menor intromisión en el cuento que ella sola ha inventado. Su obsesión es que sus hijos vayan a cenar en Navidad y a partir de allí se desarrolla una historia de humor negro donde nada es lo que parece. Gary, el hijo mayor es un paranoico que niega su depresión y su matrimonio roto. Chip, el del medio, es un fracasado, un crápula que va de amante en amante, incluyendo la seducción a una alumna, hecho que ameritó su expulsión de la academia. Denise, la única mujer y la menor es chef, llena de dudas y dilemas emocionales, pero la más sensata y a la que nadie hace caso. Todos son personajes incómodos, difíciles, destructivos y muy inquietantes. Llenos de poses, retorcidos, plagados de secretos (el padre, Alfred, el del secreto mayor), de temas tabúes que los aíslan e impiden la comunicación y afecto familiar.

El siglo XXI se abre, entonces, con novelas que exhiben las grietas de la familia que se cree infalible. La literatura más reciente remata la autopsia del cadáver de la familia y su *status quo* impecable. O que se lo cree. Desde la sátira ácida se convierten en testimonios incisivos y críticos del núcleo familiar y de la pareja. También en el título de la novela de Franzen se esconde una visión amable del futuro: tenemos mucho que corregir, pero no es imposible. La literatura nos muestra los errores y desde allí nos invita a hacer lo que sabemos que es deseable hacer: transformarnos y transformar.

Latinoamérica

En América Latina, el tema de pareja y familia en la literatura ha estado supeditado al tema principal que preocupa al escritor, como voz de la sociedad, que es la violencia en el marco del subdesarrollo. La literatura latinoamericana explora el carácter tribal de la sociedad y su carga brutal de violencia que genera abismos infranqueables para su superación. La pareja y la familia no conocen otro lenguaje que el de la agresión que se manifiesta en todos los órdenes. Si necesitamos un ejemplo conocido universalmente, mencionaremos sin duda, a *Cien años de soledad* de Gabriel García Márquez como un compendio de la presencia aplastante de la violencia que desde el individuo va ampliándose a todas sus relaciones hasta construir un universo de barbarie, donde está incluido el incesto como tabú que sigue rigiendo todos los miedos y las maldiciones.

Referencias

Faulkner, W. (2013). *El ruido yal furia*. Alianza Editorial.

Franzen, J. (2012). *Las correcciones*. Salamandra.

Roth, P. (1997). Pastoral Americana (p. 198). Alfaguara.

Steinbeck, J. (2004). *Al este del Edén*. Tusquets.

Encuentro ENTRE – Antropología y psicoanálisis
El mundo pos pandemia

7. Transgeneracionalidad y cultura en la clínica psicoanalítica

David Léo Levisky

En el curso de un proceso analítico surgieron sentimientos que llevaron al paciente a hacer la siguiente afirmación: "Soy cristiano, pero me siento judío". Sentimientos que salieron a la superficie, que dejaron de ser enigmas indescifrables, convirtiéndose en representaciones de conflictos que pueden ser interpretados, descifrados por medio de otros materiales inconscientes.

El proceso psicoanalítico puede dar sentido a algunos de los componentes enigmáticos que se manifiestan como síntomas que generan ansiedad, miedos, inseguridad, cierto estado persecutorio, así como atracción por una cultura ajena a su vida cotidiana, el judaísmo. La historia pasada y lejana ha involucrado varias generaciones. Contribuyó a la aparición de un universo simultáneamente extraño, un pasado-presente en las profundidades del inconsciente. A lo largo del proceso psicoanalítico se formaron vínculos hasta el punto de llenar vacíos en un pasado olvidado, en un proceso histórico-cultural.

La búsqueda de comprensiones más profundas y complejas, de los diferentes factores que se integran y articulan a lo largo de la vida de cada uno, conforma una intrincada red de memorias diferentes que se inscriben en diferentes niveles del consciente, el preconsciente y, principalmente, el inconsciente, objeto principal del psicoanálisis.

La vida instintiva genera experiencias que se configuran como imágenes. Estas, cuando alcanzan niveles de representación, se organizan como redes lingüísticas que se estructuran en varios niveles inconscientes. Pueden llegar a la conciencia a través de la sintaxis verbal y corporal. Estos elementos mnémicos, los imagos, son el resultado de procesos tempranos de vinculación histórico-afectiva, experimentados por el sujeto a niveles intra, inter y transsubjetivo. Se forman vínculos o alianzas afectivas inconscientes (Kaës, 2015) entre los sujetos de la relación. Alianzas que se producen gracias a diferentes procesos psíquicos como las identificaciones, las identificaciones proyectivas, el contrato narcisista de Piera Aulagnier, la ensoñación de Bion que participan en las transmisiones identitarias. Freud también abordó la transmisión psíquica en "Tótem y tabú" (1913), "Duelo y melancolia" (1917). Existen básicamente dos tipos de transmisión psíquica: intergeneracional y transgeneracional.

Transmisión intergeneracional, según Trachtenberg (2021, p. 250): "Es un trabajo psíquico de elaboración que concierne al sujeto y al grupo, favoreciendo las transformaciones y conduciendo a una diferenciación, a una evolución entre lo que se transmite y lo que se hereda". Trabajo psíquico que permite a cada generación situarse en relación con las demás, percibiendo, incorporando, respetando e introduciendo diferencias. El sujeto es a la vez heredero-beneficiario y transformador de lo que le ha sido transmitido gracias a su singularidad. Freud (1973) en la "Introducción al narcisismo" sugiere que el sujeto está ligado a una cadena generacional como eslabón de transmisión en el proceso de preservación y transformación de ese conjunto de características incorporadas a través de la relación con los padres y el entorno. Trachtenberg (2021, p. 253) considera que la herencia transgeneracional tiene características invasivas. Transmite secretos o traumas familiares a las generaciones futuras o descendientes sin ser conscientes del pasado que generó sufrimiento psíquico. Son "mandatos inconscientes que se transmiten de generación en generación". Son contenidos del proceso histórico-afectivo, fáctico y simbólico de sus antepasados y su entorno. Estos incluyen leyendas, mitos, utopías, creencias, religiosidad, formas de amar y odiar, roles y funciones definidos en cada sociedad y cultura. Conjunto de elementos que se integran en el Yo a través de los procesos de subjetivación. Elementos transmitidos de generación en generación a través de tradiciones, hábitos y costumbres que movilizan motivaciones profundas e irracionales de sujetos y culturas. Son reflejos de procesos históricos, tecnológicos, climáticos y económicos, entre otros, que generan, a lo largo del tiempo, transmisiones y transformaciones a la descendencia de manera compleja, con sus singularidades y particularidades, dentro de lo colectivo compuesto por numerosos círculos de influencia concéntricos y descentralizados (Ogden, 1996).

La clínica psicoanalítica revela la existencia de elementos mnémicos que se transmiten de generación en generación a través de incorporaciones, proyecciones, identificaciones proyectivas que no adquieren el estatus de una representación lingüística verbal. Estos elementos incorporados están presentes y interfieren en la estructura, dinámica y economía del funcionamiento psíquico. Una hipótesis que surge del proceso de libre asociación de ideas. Los elementos mnémicos y las lagunas, a lo largo del proceso analítico, dejan de ser cuerpos extraños al Yo para convertirse en componentes significativos cuando se observan en el curso del proceso histórico del sujeto y de su familia y cultura. Son manifestaciones asociativas de transferencia/contratransferencia que indican y sugieren la presencia de elementos del pasado, presentes en el inconsciente, presionando e interfiriendo en la mente y el comportamiento del paciente.

Las transmisiones psíquicas de generación en generación se conocen desde hace mucho tiempo. Freud hizo referencia a ellas en "Tótem y tabú", señalando que nada de lo que ha sido retenido por el sujeto puede permanecer completamente inaccesible ni para la generación posterior ni para la anterior, incluso si se transmite a través de los síntomas. Por otro lado, en "Introducción al narcisismo" enfatiza la existencia de aspectos no explícitos en la transmisión psíquica con respecto a la impotencia del individuo frente a la inevitabilidad de la intersubjetividad.

El individuo quiere ser su propio fin, pero está dentro de una cadena de transmisión psíquica determinada, en parte, por otros. Así el individuo asume para sí deseos y traumas de los antepasados, siendo este un medio para mantener la psique de las generaciones anteriores.

Cuando el material transmitido es incorporado y representado, participa de la red mnémica de elementos lingüísticos y simbólicos, configurando las actividades psíquicas en redes de sistemas, que constituyen mentalidades con sus formas específicas de pensar, sentir, expresar, ser y actuar. Sabemos que la construcción del sujeto psíquico precede a su nacimiento, ya que la subjetividad individual depende del imaginario presente en el contexto histórico-social y de las proyecciones inconscientes de los padres, a partir de las relaciones tempranas entre bebé, madre, padre y cuidadores. Nadie es totalmente libre y autónomo, ya que la civilización interfiere en el modelado de la expresividad genérica constitucional, afectiva, social y cognitiva de las pulsiones.

Käes y colaboradores, al hablar de transmisiones psíquicas, muestran tres tipos de memoria: 1) la del sujeto con la singularidad de su historia; 2) el de las especies, que Freud llamó la herencia arcaica de la humanidad; 3) la de los conjuntos transsubjetivos que sustentan nuestra identidad y nuestras "pertenencias" a los grupos.

Todas estas memorias están interrelacionadas, aunque cada una de ellas tiene su propia configuración y autonomía. Hay que hacer una distinción, ya que el tiempo histórico no corresponde al tiempo psíquico. Cada una de estas memorias tiene sus tiempos de duración, transformación, intensidad e interferencia en los procesos dinámicos intra, inter y transpsíquicos por medio de distintas e innumerables redes de intercomunicación, similar a lo que ocurre con las redes neuronales. Dichas redes se organizan temporal y espacialmente por medio de una dinámica asociativa cuya racionalidad, difícil de alcanzar, puede darse tras un largo y arduo trabajo investigativo de las correlaciones inconscientes y conscientes que se producen en la relación transferencia/contratransferencia.

Los hechos históricos se pueden ordenar cronológicamente, es decir, a lo largo del tiempo. Sin embargo, los hechos psíquicos no siguen esta misma lógica, ya que dependen de múltiples relaciones, continuas o no. Ni todo pasado es un recuerdo único y simple, ya que está influenciado por múltiples experiencias reales o fantasmáticas que transforman los hechos históricos. Los iconos de un contexto pueden ser los mismos que los de otro, pero sus significados dependen de las redes asociativas a las que están vinculados, así como de los elementos de la cultura de esa comunidad.

Foucault hizo una contribución inestimable a la comprensión de las herencias culturales individuales y colectivas al estudiar las interferencias recíprocas entre el texto y el contexto.

Puget (2000) distingue entre memoria individual y memoria social y sentido de pertenencia. Se tratan de conceptos que amplían las bases de comprensión de los procesos que ocurren a niveles subjetivos, como lo demuestra el psicoanálisis de las configuraciones vinculares. Configuran aspectos singulares y colectivos dependientes de las alianzas (vínculos) que se establecen en los diferentes espacios de subjetivación.

La percepción del significado de la cruz de Cristo para una comunidad cristiana particular en la Edad Media Central como cuerpo de Cristo, dentro del concepto de reliquias, difiere de la del momento actual en el mundo occidental como representación simbólica de una fe. En ambos los casos y a pesar de las diferentes valoraciones la cruz sigue presente en la cultura como símbolo del cristianismo; elemento de transsubjetividad. Esta representatividad es capaz de conectar con otros significantes de las múltiples redes lingüísticas que conforman la mente humana al estructurar la singularidad del propio ordenamiento de los significantes dentro de la sintaxis mental del sujeto (Levisky, 2007; Franco Júnior, 2021).

El material mnémico transmitido puede sufrir transformaciones lentas en el tiempo histórico, tan lentas que puede adquirir un carácter aparentemente estable y constante como elemento intrínseco de la naturaleza del ser. Este parece ser el caso del complejo de Edipo. Son registros lingüísticos pertenecientes al mundo perceptible y semántico de las experiencias emocionales que, al incorporarse, forman parte de lo que Freud (1973) denominó "arquitectura del alma". Arquitectura afectiva que permite a los individuos de un determinado grupo sentirse fraternos a través de semejanzas hasta el punto de sentirse pertenecientes a ese grupo o comunidad, aunque las historias de vida de cada uno sean totalmente diferentes, pero unidos por ciertos rasgos mnémicos y afectivos.

La transmisión del material mnémico es siempre directa, es decir, se transmite de una generación a la siguiente a través de los padres y el contexto. El bebé lo incorpora y transforma gracias a su capacidad de subjetivación y a la interferencia de fantasías inconscientes previamente almacenadas, contenidos transmitidos por los padres/proveedores y por el contexto. Se forman nuevas y complejas redes mnémicas. En la transmisión de este material, pueden producirse lagunas mnémicas debido a representaciones que permanecen encriptadas o se representan de forma rudimentaria, no reconocibles por otras imágenes y sistemas semánticos del sujeto. Contenidos que pueden sufrir "saltos generacionales", es decir, que se originan en generaciones anteriores a las de los padres del paciente cuyo secreto, trauma o enigma se transmite. Estallan en el paciente como una manifestación sintomatológica o de carácter. Tales residuos mnémicos pueden generar sentimientos de vacío, extrañamiento, inseguridad como algo intrusivo, inadecuado y amenazante para el ego; uno de los componentes descritos por Freud (1973, p. 2483) como "extraño", el "ajeno o siniestro". Son sentimientos que interfieren con los aspectos integrados y articulados de la personalidad e identidad del sujeto. Generan angustia intensa y sentimientos persecutorios ante algo indecible, porque no están suficientemente representados o reprimidos. Después de una o varias generaciones, estos residuos mnémicos pueden encontrar caminos asociativos que conducen a representaciones y codificaciones capaces de expresarse a través de síntomas somáticos, *acting out*, núcleos psicóticos o como cuerpos extraños al Yo influyendo en la subjetivación del sujeto (Imbasciati, 2004).

Frente a esta fenomenología inconsciente, no siempre es posible encontrar conexiones con la biografía del paciente, sino que se relaciona con la historicidad familiar y cultural de los antepasados.

Ejemplifico esta situación relatando el caso de un paciente adulto joven, hijo de una familia tradicional cristiana. Está profundamente motivado para convertirse al judaísmo. Asiste a cursos de historia y tradición judía, actividades comunitarias, y sus amigos más cercanos son judíos. Su familia está conmocionada por esta actitud. No sabe que tiene antepasados judíos en su familia, aunque sabe que su ascendencia lejana es de origen portugués. Tiene conocimiento histórico que muchos judíos fueron convertidos a la fuerza durante la Inquisición portuguesa. El paciente sabe de familiares que se declaran antisemitas.

Sus asociaciones conducen a fantasías primitivas de atacar a los padres, especialmente a las madres, a las que consideraba extremadamente controladoras y profundamente religiosas, inspiradas por los ideales cristianos. En la infancia, desarrolló una profunda relación de amor y odio hacia su madre. Un cuadro de asma bronquial lo acompaña hasta el día de hoy y se manifiesta en situaciones de miedo, inseguridad y angustia. Las diferencias de opinión y la organización de la vida crean un clima de guerra. Continúa relacionándose con muchos judíos. A menudo asocia ideas inspiradas en figuras judías; incluso con su psicoanalista, que sabe que es judío. Mi hipótesis es que la cultura y las experiencias inconscientes del psicoanalista interfieren con la captura del material encriptado.

En una de las sesiones, surgió un sentimiento de sentir a Cristo en la cruz mientras se esforzaba por responder a los anhelos familiares, acompañado de sentimientos de culpa por traicionarse a sí mismo al tratar de colocarse como un hijo ideal, sumiso y castrado.

La revelación de tal contenido fantasmático lo liberó de varios temores, como la relación que establecía entre la sumisión y la posibilidad de ser homosexual. Una condición que abrió espacio para la integración y expresión de la sensibilidad femenina concomitante con su masculinidad. Podía llegar a ser fiel a sus sentimientos aliviando los temores de represalias por parte del objeto amoroso, ahora menos idealizado y menos perseguidor. Podía expresarse e identificarse con un padre sensible y femenino, sin tener que esconderse o travestirse de sí mismo y del objeto de identificación.

Con la evolución del proceso analítico, se puso de manifiesto la existencia de parientes cartesianos, profundamente identificados en el pasado con el integralismo y el nazismo. Personas con evidentes prejuicios contra los judíos y teniendo que relacionarse con ellos, porque no podía evitar invitarlos a su boda por motivos sociales. Su prometida es profundamente católica, exigente y perfeccionista. Los desacuerdos entre ambos y los problemas profesionales han generado mucha ansiedad. Pretenden casarse sólo por civil.

La idea de convertirse al judaísmo parece haber sido abandonada, pues ya no habla de ella. Desde que comenzó a salir con esta chica dejó de asistir a cursos sobre judaísmo. Sin embargo, trae numerosos ejemplos de personalidades judías del mundo artístico, científico, filosófico y profesional que lo inspiran.

En una de las últimas sesiones, el material sobre la persecución de los judíos durante la Segunda Guerra Mundial surgió como el contenido de sus asociaciones. Cuando se le pregunta si tiene noticias de la persecución sufrida por su familia en algún momento, dice que no tiene conocimiento de tal situación. Inmediatamente, responde espontáneamente: "No sé nada sobre mi origen, pero me siento judío". Impresionado por la respuesta, surgen en mis recuerdos datos sobre la historia de los nuevos cristianos en la Península Ibérica. Judíos que, para sobrevivir, tuvieron que incorporar el cristianismo como defensa; obligados a reprimir profundamente su pasado judio, identificándose con el perseguidor. Otros se disfrazaron de cristianos para practicar secretamente actividades judaizantes. Recordé que en muchas regiones de Brasil y Portugal hay personas que conservan comportamientos como cerrar ventanas y encender velas los viernes por la noche, "comportamientos judaizantes" del pasado, sin tener ningún conocimiento del judaísmo y antecedentes judíos en sus familias.

La manifestación espontánea de mi paciente movilizó en mí el recuerdo de que algunos judíos portugueses asimilaban el pensamiento cristiano, mientras que otros se "travestían" como cristianos para sobrevivir.

En la sesión siguiente a la que acabo de describir, el paciente revela una sensación de gran alivio, alegría y libertad. Afirma haberse librado de un gran peso. A continuación, relata dos sueños: en el primero, recuerda un momento de su adolescencia en el que su profesor de violín le advirtió de que si quería ser un buen violinista tendría que dejarse llevar. Asocia este pensamiento con su admiración por el gran violinista judío Yehudy Menuhin, cuya obra acaba de adquirir importando una colección de sus mejores conciertos. En el segundo sueño, que ocurrió en la misma noche, un monje dominico lo persigue, y él, para escapar, trepa por una enredadera, y cuanto más alto sube, más grande se vuelve el monje, así como el sentimiento que lo amenaza.

En la relación transferencia/contratransferencia, emergen conflictos entre tendencias judías y cristianas, un matrimonio deseable y amenazante, una relación analítica conflictiva judío/cristiano, complementada por la idea de un esfuerzo interno por integrar y articular aspectos contradictorios del yo. En su proceso asociativo, recuerda el movimiento social internacional "Convivencia" que tiene como objetivo acercar a cristianos, judíos y musulmanes.

Es posible que este paciente conserve en su inconsciente elementos mnémicos residuales de una historia vivida por sus antepasados, judíos de Portugal, perseguidos por la Inquisición. Se plantea la hipótesis de que hay experiencias profundamente reprimidas, transmitidas de generación en generación. En el momento actual, y tras años de análisis, habría sido posible acceder a una red de significantes capaces de dar sentido a este material, previamente disociado en las redes de comunicación interna.

Estas reminiscencias reprimidas, encriptadas o encapsuladas podrían tener una sintaxis propia, que solo se comunicaría con los demás elementos de la red asociativa tras la ruptura de resistencias profundas o tras la construcción de eslabones comunicativos en la cadena lingüística, inicialmente inexistentes. La elucidación de evidencias significativas, que involucran motivaciones profundas y enigmáticas, vinculadas a su posible conversión al judaísmo, habría contribuido a la reconstrucción de tales vínculos mnémicos. La hostilidad dirigida especialmente a la figura materna profundamente cristiana podría, entre otras cosas, estar ligada a este pasado histórico. Esto nos ayudaría a pensar cuando dice: "Me siento como una familia cuando estoy en el ambiente judío"; "Dicen que tengo humor judío, no sé qué es eso, solo sé que mis pequeños chistes a menudo generan este tipo de comentarios por parte de mis amigos judíos; otros piensan que soy raro".

"Parece que has salido del armario", le digo. El acto de travestirse socialmente, de ser un camaleón, de querer complacer a todos, estaría ligado a una necesidad inconsciente de protegerse de la revelación de aspectos peligrosos y profundamente reprimidos del yo, cuyos ruidos fueron capturados de alguna manera. Hay una excitación peligrosa que presiona y amenaza la propia identidad como sujeto y género, debido a la interferencia en la discriminación de los aspectos constitutivos del Yo primitivo. Elementos no integrados en el Yo o olvidados en algún rincón de la red mnémica, en busca de significantes lingüísticos cuya emergencia fue facilitada por el proceso psicoanalítico. Los significantes posibles adquirieron representación y significado simbólico cuando fueron decodificados y accesibles al sistema de comunicación. Estos fragmentos arqueológicos de residuos mnémicos, a medida que se reensamblaban y reconfiguraban, llenaban vacíos, llenaban vacíos de memoria y reorganizaban recuerdos olvidados o perdidos mediante la reconfiguración de la arquitectura del alma judía.

Las manifestaciones éticas, las creencias, las utopías, los imaginarios, los vacíos inexplicables o los contenidos traumáticos cifrados o encapsulados actúan como fantasmas inconscientes indescriptibles que se inmiscuyen en la identidad y la funcionalidad mental del paciente. El proceso asociativo, la reducción de defensas y la expansión de las redes mnémicas adquieren progresivamente configuraciones que pueden alcanzar una sintaxis y una semántica expresiva diferentes a la de los síntomas y manifestar conductas incomprensibles para la lógica de la razón.

Una cierta audacia creativa en la relación transferencia/contratransferencia permite intuir y construir vínculos asociativos que, involuntariamente, conectarán con residuos mnémicos de períodos históricos profundamente reprimidos y ajenos a la historia de vida del paciente. Hay una expansión de la red de comunicación de inconsciente a inconsciente. Es en este complejo proceso de múltiples sistemas de identificación y contraidentificación que se tejen redes de representaciones significativas capaces de llenar o atenuar los vacíos mnémicos existentes. Tales rellenos pueden ser tanto fácticos como ficticios mediante la construcción de condiciones esenciales para "el reconocimiento de cualquier significado y para cualquier lectura".

En una sesión reciente, el paciente dice: "mi pregunta judía debe ser como estos genes recesivos que en ciertas circunstancias salen a la superficie y encuentran formas de manifestarse". Los fantasmas innombrables pueden transformarse en imagos simbólicas sugestivas de afectos e ideas, cuyo contenido lingüístico es capaz de comunicarse con significantes integrados en la personalidad del paciente. Cuando estos eslabones se entretejen y forman parte de una cadena lingüística, adquieren valor semántico y comunicativo en la reconstrucción histórica de un pasado presente.

La relación transferencia/contratransferencia reedita esta realidad psíquica. Vínculos que comienzan a incorporar los discursos corporales y simbólicos que emergen en la transferencia, que pueden ser elaborados y que contribuyen a la reconstrucción de la "arquitectura del alma". Arquitectura que caracteriza una determinada forma de sentir, pensar y actuar consciente e inconscientemente, en una cultura y grupo social determinado (Freud, 1973). Arquitectura que incide en la producción y reproducción ideológica, en la forma de aprehender, sentir, recordar, elaborar y actuar, fruto del encuentro interior con las "variables sociales que lo inscriben [al sujeto] en un tiempo y espacio específicos desde el punto de vista de la historia política (Bleichmar, 1999)".

Este complejo proceso construye la identidad del sujeto, a partir de la diferenciación de la relación yo/objeto, a partir de la selección, inclusión y eliminación de elementos de objetos externos e internos y partes del propio yo, gracias a los fenómenos de introyección, proyección e identificación proyectiva (Grinberg, 1976).

Dentro del conocimiento actual de las ciencias biológicas, las humanidades y el psicoanálisis, existe la percepción de interferencia recíproca entre factores externos e internos y la expresividad génica, además de la participación de lo aleatorio y lo impredecible. En la transmisión de los procesos psíquicos que configuran al sujeto psíquico, los procesos históricos están siempre presentes y las identificaciones de los elementos de las cadenas mnémicas y asociativas son complejas y de difícil acceso. El paradigma mencionado por el paciente sobre la expresividad génica puede ayudar en la comprensión de los fenómenos que involucran la transgeneracionalidad como un modelo que facilita la comprensión y aprehensión del material encriptado o encapsulado.

Las transformaciones de significantes y significantes mnémicos ocurren en diferentes momentos, velocidades e intensidades. Algunos son muy rápidos y se transforman como cambios en la moda, otros muy lentos y de origen lejano, adquiriendo un carácter aparentemente atemporal y permanente, como si fueran inmunes al proceso histórico.

Las corrientes mnémicas son comparables a las corrientes oceánicas que pueden ser cálidas o frías, rápidas o lentas, difusas o convergentes. Las corrientes mnémicas. Pueden ser significativos o no, dependiendo de los enlaces perdidos, latentes, fluctuantes, desconectados o inconexos, identificados en diferentes profundidades del aparato mental. Son imagos que muchas veces no se comunican entre sí, aunque están presentes en las memorias inconscientes e interfieren en la irracionalidad de los conflictos, en las aberraciones de los comportamientos, en las inconsistencias entre partes del mundo interior y en las relaciones con la realidad objetiva.

El psicoanálisis es una oportunidad única, que contribuye al rescate y creación de vínculos entre experiencias e imagos en el tejido de una nueva red, o la red perdida, que el sujeto comienza a incorporar histórica y culturalmente. Las fantasías, las más profundas, son el resultado de restos mnémicos resultantes de experiencias individuales, grupales, intergeneracionales y transgeneracionales, y se puede decir que: "Lo que recibimos de nuestros padres son herencias que no elegimos y que, la mayoría de las veces, transmitimos (Blay, 2001)".

Cuando hablamos de recuerdos, pensamos en el tiempo. Sin embargo, "el tiempo no existe, aunque miremos el tiempo circular del reloj en busca de una comprensión del tiempo lineal de la vida" que, según Lennon, John, sucede mientras hacemos planes para el futuro. Según Bosi (1992), el tiempo es una "máquina de abolir el tiempo", en palabras de Lévi-Strauss, porque la apariencia de irreversibilidad hace que se presente como perenne (Novaes, 1992). Heráclito, filósofo presocrático, habría sugerido que la vida es como el fuego, siempre está en movimiento, y que no es posible bañarse dos veces en el mismo río, porque el tiempo la hace diferente porque está en movimiento. Los restos mnémicos llevan consigo las contradicciones del tiempo: perennidad y mutabilidad, y es gracias a esta condición que podemos entender la Antigua Grecia, porque algo de ella está dentro de nosotros y por lo tanto somos capaces de reconocerla (Vernant, 1999).

Referencias

Blay, R.L. (2001). *Tempo, família e cultura: o despertar para um novo milênio*. IV Congresso de Psicanálise das Configurações vinculares e III Encontro Paulista de Psiquiatria e Saúde Mental.

Bleichmar, S. (1999). Entre la producción de subjetividad y la constitución del psiquismo. *Revista del Ateneo Psicoanalítico*, 2.

Bosi, A. (1992). O tempo e os tempos. En A. Novaes (org.), *Tempo e história*. Companhia das Letras.

Foucault, M. (1998). *A ordem do discurso*. Loyola.

Franco Jr., H. (2021). *Em busca do paraíso perdido: utopias medievais*. Ateliê Editorial/MNEMA.

Freud, S. (1973). Totem e tabu. En S. Freud, *Obras completas* (v. II, pp. 1745-1850). Biblioteca Nueva.

Freud, S. (1973). Introdução ao narcisismo. En S. Freud, Obras completas (v. II). Biblioteca Nueva.

Freud, S. (1973). Duelo y melancolia. En S. Freud., Obras completas (v. II). Biblioteca Nueva.

Freud, S. (1973). Lo siniestro. En S. Freud., *Obras completas* (v. III). Biblioteca Nueva.

Freud, S. (1973). Discurso a los miembros de la sociedad B'nei Brit. En S. Freud., *Obras completas* (v. III). Biblioteca Nueva.

Grinberg, L. (1976). *Teoria de la identificación*. Paidós.

Imbasciati, A. (2004). Um suporte teórico para a transgeracionalidade: a teoria do protomental. *Revista Brasileira Psicanálise*, 38(1), 181-201.

Käes, R. (1993). Introduction au concept de transmission psychique dans la pensée de Freud. En Käes, R.; Faimberg, H.; Enriques, M. & Baranes, J.-J., *Transmission de la vie psychique entre generation*. Dunod.

Käes, R. (2015). *L'extension de la psychanalysee pour une métapsychologie du troisème type*. Dunod.

Levisky, D. (2007). Um monge no divã – a trajetória de um adolescer na Idade Média Central. *Casa do Psicólogo*.

Ogden, T. (1996). *Os sujeitos da psicanálise*. Casa do Psicólogo/Clínica Roberto Azevedo.

Puget, J. (2000). Traumatismo social: memoria social y sentimiento de pertenencia: memoria social – memoria singular. *Psicoanálisis APdeBA*, 32.

Trachtenberg, A.R. (2021). Herança Intergeracional; Herança Transgeracional. En Levisky, R.B., Dias, M.L., Levisky, D.L. *Dicionário de psicanálise de casal e família*. Blucher.

Vernant, J.P. (1999). Os gregos inventaram tudo. *Folha de S.Paulo*, Caderno Mais.

8. La pandemia y el pandemonio: crisis de la persona en el Brasil contemporáneo[1]

Luiz F. D. Duarte

Suspendidas desde 2023, las ominosas amenazas de la pandemia de Covid-19 y del gobierno Bolsonaro que mantuvieron a Brasil sin aire desde 2019 se pusieron más claras las características de la crisis en la que hundió la experiencia vital personal de la gente del país. Ya sea entre aquellos que se entregaron a la manipulación populista de aquel tiempo, ya sea entre aquellos que lo resistieron. Un punto marcante de ese periodo histórico es la combinación entre un grave evento sanitario y una gestión específica de la administración nacional – fenómeno poco común y tremendamente desafiador para el análisis. Por eso, al ser solicitado a hablar del fin de la pandemia, no veo cómo no hablar al mismo tiempo del fin de aquella gestión y de sus permanentes secuelas e implicaciones.

Esa disposición es aún más justificada porque la pandemia afectó a toda la población del planeta, del mismo modo que lo hizo la diseminación del populismo de derecha que avanzó por el mundo,

1 Versión completa del texto presentado en el 4° Encuentro ENTRE - Psicoanálisis y Antropología – El mundo pospandemia, organizado por la Comisión de Psicoanálisis de Pareja y Familia de Fepal (CPFP-Fepal) día 18 de mayo de 2024.

con muchas características semejantes entre las variantes nacionales, entre las cuales, por suerte, no están los negacionismos sanitarios de que se tratara aquí. La imagen de la enfermedad implicada por el fenómeno de una pandemia involucró – en distintos sentidos y direcciones – a la evaluación del rumbo más amplio del país, gravemente polarizado entre los que apoyaban y los oponentes de una configuración política completamente inesperada en el comando de la nación. Era común la diseminación de una jerga patológica/terapéutica para describir o juzgar los hechos generales de la vida nacional, de manera que la idea de "crisis" se confundió con la misma idea de "enfermedad". Así, de parte de los progresistas y de parte de los conservadores, se consideró, se verbalizó, y se acusó a los antagonistas como tomados por una afección maligna capaz de trastornar el sentido común regular. Lo que hoy es llamado "polarización" intensa de la nación implica un juicio polarizador generalizado – aun para quienes participan como observadores críticos asentados en los recursos de las ciencias humanas.

Llama la atención cómo esa polarización de la vida político-ideológica se produjo en paralelo a la gravísima patologización de la vida real y cotidiana en el manejo de la amenaza de contaminación por el virus de la Covid-19. La pandemia se extendió a lo largo de tres años por todo el planeta, afectando a los más remotos sitios habitados. La fácil contaminación por la vía aérea y alta letalidad hicieron inconfundible aquella experiencia sanitaria, movilizando inmensas esperanzas en la capacidad terapéutica de la biomedicina. La vida cotidiana fue duramente afectada, llevando a una profunda desorganización del mundo público y privado – con implicaciones en las condiciones de reproducción de una parte de la población.

Estas condiciones llevaron a una intensificación de la inseguridad respecto al presente y al futuro, desde la amenaza más concreta de la muerte hasta la amenaza a la sociabilidad común extrafamiliar (incluso en el ámbito de la familia extendida), y a la exacerbación de una convivencia intrafamiliar casi prisional.

La inseguridad y la intranquilidad se duplicaron en función de las dudas cuanto a la profilaxis y terapéutica de la enfermedad, en función de las polémicas muy tempranamente desencadenadas y diseminadas en la población entre el saber científico y el sentido común laico y médico-clínico.

Como en el caso de Brasil, hubo la coincidencia temporal entre la pandemia y el gobierno Bolsonaro, con su ethos anti-intelectualista, populista, reaccionario, se produjo un estímulo oficial a la desconfianza respecto a la pesquisa científica, universitaria, en favor de toda una suerte de fantasías de sentido común, alimentadas incluso por una buena parte del grupo médico-clínico.

La desconfianza cristalizada sobre todo en la vacuna (proveniente de un inédito esfuerzo de pesquisa científica mundial), se diseminó fácilmente por Internet, el nuevo gran medio de comunicación pública – más generalizado, más fácilmente accesible y menos controlado de lo que todos sus precedentes (Cesarino, 2022). Las *fake news* se multiplicaron largamente, constituyendo lo que se llamó "negacionismo" de la vacuna que acompañó las resistencias a la política de restricción de contacto social – bajo el argumento de la necesidad de mantenimiento de la vida económica, personal y colectiva.

El sentimiento de inseguridad y miedo se intensificó inevitablemente en la dimensión de las redes más inmediatas de relación como la familia y las congregaciones religiosas, no solamente en función de las amenazas inmediatas de contagio físico, sino también en función del desafío representado por la preservación de los vínculos en el contexto de la necesidad de aislamiento. Muchas iglesias – notadamente las pentecostales – se manifestaron contrarias a las restricciones de circulación y aglomeración, argumentando la necesidad de calor moral garantizado solamente por la comunión en los espacios considerados sagrados.

La defensa del vínculo intenso entre los miembros de las familias nucleares se combinó – en aquel contexto – con la cruzada promovida por el populismo de derecha y por los liderazgos pentecostales contra la modernización moral, en intenso curso a lo largo de las últimas décadas. Varios temas morales controversos merecen una redoblada atención y vigilancia, tocando los niveles de administraciones mundiales, estaduales hasta las federales: el aborto (ya garantizado en ciertas circunstancias), la protección de grupos subalternizados, como las mujeres, los niños, los LGBTQIA+, los indígenas y los quilombolas; la entrada en la educación pública explícita crítica de temas como la sexualidad adolescente, los derechos femeninos, la homofobia y el racismo; la restricción de la violencia policial, la extensión de recursos pecuniarios públicos a personas en situación de debilidad social (el programa llamado "Bolsa Familia", por ejemplo) etc. A pesar de que algunos de estos tópicos se caracterizan, aparentemente, por la dimensión económica, ellos merecen el oprobio de la crítica de la derecha de la misma forma que los temas inmediatamente morales por ser vistos como ventajas indebidas a sujetos que les parecen inmerecedores.

Un intenso y silencioso trabajo de blindaje contra los efectos vistos como dañosos de la resistencia a la pandemia y de la resistencia a las amenazas a la reproducción moralmente impoluta de la familia y de la infancia pasó a ejercerse en conjunto – haciendo efervescer una amplia parte de las redes virtuales. El lenguaje de la "enfermedad" permeó a esa resistencia aguerrida, asociando la pandemia y la "relajación" moral en un único Armagedón.

En ese período ocurrió la formación de una "masa" en el sentido examinado por las ciencias humanas desde finales del siglo XIX. Freud, por ejemplo, examinó con atención a esa figura social en *Psicología de grupo y análisis del Yo* (1976 [1921]), aprovechando la reflexión pionera de Gustave Le Bon en su *Psicología de las multitudes*

(2019 [1895]). Se trataba allí de la hipótesis de la proyección del deseo colectivo de la masa en la figura de un líder y de la suspensión de las capacidades discriminatorias de la reflexión racional ocurrida en ese proceso. La novedad de esa masa de sujetos sensibles a la doctrinación populista en el período examinado fue su formación en el mundo virtual, lo que seguramente le impuso características muy peculiares comparativamente a sus predecesoras.

A los muchos estímulos al logro de la influencia populista en la masa constituida, utilizados con maestría por el gobierno Bolsonaro y sus seguidores, se sumó la pandemia, fenómeno cargado de efectos sensibles desafiadores y amenazadores. Es fundamental un ambiente hostil para disparar y hacer florecer a una ideología de la desconfianza, de la denuncia y del confronto. Nada mejor para eso que una nueva enfermedad de contornos controvertidos.

Las interpretaciones de esa configuración de valores y comportamientos que fueron acumulando en los últimos años subrayan determinadas condiciones materiales de reproducción social como disparadores, así como determinados procesos psicológicos a ellas asociados (Mouffe, 2002; Laclau, 2005; Graciano Jr., Goulart y Frias, 2021; Castro Rocha, 2021).

La más citada de las condiciones propiciatorias es seguramente la de la frustración de expectativas socioeconómicas positivas. Como destaca una literatura política importante, tienden a ser vividas como más graves las situaciones de frustración de expectativas que el padecimiento de malas condiciones de reproducción en sí (Duarte y Martínez-Moreno, s/d, p. 16). En el caso brasileño, el período en cuestión se caracteriza por la muy generalizada sensación de interrupción de una fase de crecimiento de las oportunidades de autoafirmación identitaria y de ascenso socioeconómico que se extendió por una década hasta el año 2015. Las controvertidas manifestaciones de masa de 2013 y el *impeachment* de la presidenta de la república en 2016 habían empezado a demarcar para gran parte de la población el fin de un ciclo virtuoso de los gobiernos del Partido de los Trabajadores (PT), transformado, al final – desde su condición de gobierno de "situación" – en chivo expiatorio del derrumbe socioeconómico que le siguió.

En el mundo popular, el período de bonanza había configurado condiciones de autoafirmación respaldadas en un sentimiento de lucha reconocida y sancionada por las fuerzas del Estado. Al empezar a fallar las trayectorias ascendentes de esa considerable franja de una pequeña burguesía, surgió un sentimiento generalizado de injusticia comparada en relación con las acciones del Estado de protección social. La manutención de los beneficios sociales universales básicos pasó a ser vista como premio a la inacción o a la pereza, en contraste con las restricciones al crédito y la reducción de la demanda de consumo que pasaron a afectar a los pequeños emprendedores.

Al mismo tiempo, el crecimiento de la miseria urbana profundizó las condiciones de expansión de las redes del crimen organizado, aumentando las tasas de violencia en los arrabales de las ciudades (incluso en las más pequeñas y con extensiones hasta el campo), lo que consolidó una asociación moral entre el crimen, la "permisividad" con respecto al uso de drogas y la restricción a la acción policial violenta. También por ahí la resistencia a la modernización liberal clásica se cristalizó.

Es necesario aportar a nuestro cuadro el hecho de que las expectativas y las prácticas sociales ya venían modificándose profundamente desde los años 1980. El fenómeno del crecimiento geométrico de la adhesión a las denominaciones pentecostales, en detrimento del catolicismo popular y de los cultos afrobrasileños, se debe a un conjunto complejo de factores, entre los cuales interesa aquí particularmente la dimensión de intensificación de la vida de la familia nuclear (en detrimento de las redes de parentalidad extensa, del compadreo y de la vecindad) y la utilización de las oportunidades de entreayuda propiciadas por la vida congregacional. Una parcela importante del ethos pentecostal enfatiza la lucha individual por la afirmación socioeconómica – como es claro en los segmentos que cultivan la llamada "teología de la prosperidad" (Mariano, 1966; Lima, 2007).

La adhesión a la resistencia a las medidas de contención de la pandemia se basó principalmente en el temor de acentuada disminución de la actividad económica, sobre todo en los niveles más micro, del pequeño negocio, empleo o actividad profesional – lo que no dejaba de involucrar actividades ilícitas de todo tipo. De manera general, toda restricción del aparato del Estado a la "libertad" empresarial era así entendida como ilegítima, sea en lo que respecta a la protección del medioambiente, sea en la preservación de los derechos de poblaciones tradicionales, sea en el control de la producción, circulación y consumo de mercancías consideradas impropias o dañosas – una vez más, ocurriendo aquí una paradójica conjunción con los intereses del crimen organizado, tanto en tráfico de drogas como en el contrabando o en la explotación ilegal de recursos naturales.

La generalización radical de las controversias asociadas a la pandemia y a su control garantizó una aglutinación a nivel nacional de muchos de esos focos, favorecida por la capilaridad de las redes evangélicas y por la omnipresencia de los recursos de la comunicación digital. Siguiendo la tendencia de la concentración de la vida moral en la unidad familiar nuclear en un extremo, y en las redes congregacionales, en el otro, ocurrió una especie de universalización de la sociabilidad, percibida por los mismos participantes como un poderoso empoderamiento, llevando a un sentimiento de participación en la acción política colectiva que los medios tradicionales (partidos, elecciones etc.) jamás habían permitido plenamente (Aves da Silva, 2023).

Sin embargo, ese sentimiento virtual no siempre correspondía a la experiencia de un contrato social favorable – al contrario. La vivencia de una ruptura de expectativas y de un descenso en las posibilidades de acumulación y consumo llevaron a la conformación de una figura sociopolítica muy recurrente en los análisis de la política del occidente moderno: la de un lumpenproletariado. Basta recordar que tanto Karl

Marx (2011 [1852]) como Max Weber (2016 [1922]) – pioneros de la sociología política – le atribuyeron un importante papel negativo en la dinámica social. Ese fenómeno, de fronteras siempre discutibles, se caracterizaría por una disposición negativa respecto a las políticas de modernización y ciudadanización, en función de su asiento socioeconómico, de la inseguridad resentida respecto al futuro colectivo, y del predominio del resentimiento respecto a los segmentos entendidos como favorecidos y privilegiados. Los populismos de todo matiz se sostienen fuertemente en esa matriz psicosocial, constituyendo una fuerza motriz fundamentalmente conservadora.

Es cierto que esa configuración se nutrió fuertemente de las amenazas aportadas por la pandemia, sea en sí misma, sea por las controversias relativas a su contención. Los sentimientos de inseguridad y miedo fueron absolutamente – y con justas razones – generalizados; pero acrecidos, en esos amplios segmentos sociales, de una percepción de injusticia y de intervención ilegítima del Estado, conformando un cuadro de resentimiento ampliamente susceptible de adhesión a la pauta negacionista y reaccionaria de la política populista prevalente en el periodo.

Los análisis que buscan ser abarcativos acerca de las características de la vida social de un país tan amplio y complejo como Brasil, todavía aún más en un periodo tan conturbado, no pueden dejar de incidir en generalizaciones muy temerarias – pero, aun así, inevitables y necesarias. Hasta ahora se buscó explicitar lo que es considerado, por amplia literatura (que incluye pesquisa etnográfica original), como esclarecedor respecto al segmento más desafiador de la sociedad nacional: el de los sujetos y grupos que reaccionaron a la pandemia acordes con las pautas de la política populista de derecha que centralizaba el escenario nacional en la época.

Hay todavía dos dimensiones para aclarar. La primera es que el ethos de esos segmentos sensibles a la predicación populista no se resume a dimensiones negativas, sino también a otras tantas que se pueden llamar "afirmativas" – aun cuando no se las pueda considerar "positivas". La segunda es la de esbozar un análisis de las características de la reacción a la pandemia y al populismo de derecha por otra gran cuota de los sujetos nacionales, sea por una indisposición pasiva, sea por una actitud de efectiva indisposición progresista. El perfil de esta otra cuota parece ser todavía más complejo y variado de lo que se analizó hasta acá; tal vez nada más que por configurarse más próximo y menos esquematizable que el "incómodo" segmento antiprogresista.

Parece evidente en todo esto que la distribución societaria entre "clases" o fracciones de clases, entre grupos de ethos o de estatus, sea relevante para la comprensión de los fenómenos en examen, pero insuficiente para aclarar su profundidad y extensión. Hay efectos relativos a la posición en las generaciones y en los géneros, en el momento de las trayectorias de vida, en la atribución familiar de la herencia genealógica o en la localización dentro de una fratría. No todas esas dimensiones han sido estudiadas, apareciendo frecuentemente nada más que como señales dispersas en pesquisas acerca de religión, acerca de aptitudes políticas o acerca de dinámicas familiares. De cualquier forma, sería imposible revisar aquí tantas otras pistas.

Se trata entonces del tema de las dimensiones "afirmativas" del ethos de los segmentos susceptibles a la predicación populista. El resentimiento que pasó a caracterizarlo en el periodo en análisis solo hace sentido si se toma en cuenta – como ya se ha afirmado – el hecho de que anteriormente se habían sentido activos en un proceso de autoafirmación o ascensión social. Sus componentes se veían como autores de su vida, sumando el protagonismo en las iglesias y en las redes virtuales con el empoderamiento oriundo de actividades "autónomas" en el plano económico (pequeña producción mercantil, pequeño comercio, operación de vehículos y máquinas, provisión de servicios técnicos o profesionales, ejercicio de funciones eclesiales, cables electorales, contrabando, participación en pandillas o milicias etc.). La categoría "emprendimiento" resume hace por lo menos tres décadas ese estilo de vida, revelador de un intenso individualismo, manifestado en el alejamiento de la mayor parte de los vínculos atribuidos, heredados – como los de la parentela o de la vecindad de origen – y en el privilegio de los vínculos adquiridos – como los de la neofamilia o de las congregaciones de conversión religiosa. El significante "libertad" expresa, sobre todo, la posibilidad de hacer caminos distintos de aquellos que una condición original podría hacer prever y de no encontrarse con impedimentos en esas vías de afirmación. La intervención del Estado es objeto de intensa desconfianza, la cual se manifiesta incluso en las actividades más banales, como se llegó a verificar en el Estado anti-Estado del populismo bolsonarista: se podían reducir los controles sobre la condición de vehículos, sobre la adquisición de armamento personal, sobre la vigilancia protectora del medio ambiente o del patrimonio cultural, sobre las condiciones del ejercicio de la educación infantil o sobre las manifestaciones de racismo u otros prejuicios discriminantes.

En este momento, es necesario agregar a esa información el hecho de que mucho de lo que se ha descrito aquí acerca de ese universo lumpen popular se encuentra también en segmentos de las élites económicas y políticas del país, frecuentemente oriundas de trayectorias recientes bien sucedidas de ese emprendimiento de base (Lima, 2007 y 2008). Para ellos, convergen fracciones descendientes de las élites dirigentes pasadas, entusiasmadas con el descontrol general de una sociedad en cuyo seno ya no encuentran reconocidas sus identidades atribuidas. En ese otro plano, ya no se encuentra la intensa adhesión a valores y redes explícitamente religiosas, sino la aproximación de cadenas letradas laicas que ofrecen claves cosmológicas generales de contenido irracionalista, apocalíptico, mesiánico y gnóstico (como en las predicaciones de Steve Bannon en Estados Unidos y de Olavo de Carvalho en Brasil). La sociabilidad de ese tipo es claramente más débil que la popular, ya que se ejerce mayormente por los medios escritos o virtuales.

Ambos segmentos fueron dura y específicamente desafiados por la pandemia. En la versión popular, la discontinuidad de las actividades sociales afectaba, de una u otra manera, el escenario de afirmación social y familiar, ya sea en el plano económico o en el plano de la sociabilidad congregacional, tan importante como estímulo y caja de resonancia del proyecto consciente.

En la versión afluente, el desafío ocurrió con igual intensidad, pero sin incidir en la sociabilidad ampliada. Produjo, antes, una demanda de recrudecimiento de la actividad intelectual de justificación de la ideología conservadora, sobre todo frente a las evidentes ventajas de que una posición irracionalista podía disfrutar en un disputado contexto de dudas y malos presagios generalizados. A ese segmento ya se llegó a aludir como una "lumpen-burguesía" – sugerencia precozmente presente en el análisis del 18 Brumario de Karl Marx.

Como se puede ver, todavía aquí la mancha emocional del miedo, de la frustración y del resentimiento tiñe las disposiciones privadas y públicas, reforzando la resistencia a la aclaración científica y al proyecto civilizatorio progresista.

La segunda dimensión referida anteriormente es la de las características de la reacción a la pandemia por los segmentos opuestos – pasiva o activamente – al populismo de derecha.

Los desafíos de la pandemia afectaron primeramente a las parejas y familias, involucrando la experiencia de miedo por los riesgos de contaminación y de enfermarse de sus miembros, la inseguridad en la educación de los hijos (con el cierre de las escuelas, por ejemplo), los desequilibrios en las ocupaciones profesionales y en los ingresos en la pareja, y la inseguridad acrecentada en la socialización afectiva-sexual adolescente.

La vida estudiantil universitaria también fue profundamente afectada, con la migración de la enseñanza al plano virtual (cuando posible) y la consecuente ruptura del convivio con los maestros y entre los alumnos, llevando a una considerable pérdida del dinamismo de la formación intelectual y profesional y aumentando la posibilidad de desequilibrios físico-morales. En el nivel de posgrado, el cierre de posibilidades de investigación (laboratorios, trabajos de campo etc.) retardó el perfeccionamiento y desincentivó carreras ya difíciles por otros motivos – entre los cuales la pérdida de apoyo financiero de parte de los órganos del Estado manipulados por un gobierno anti-intelectualista.

Los sujetos viven en el tiempo, involucrados por disposiciones direccionadas hacia el futuro, en la proyección de trayectorias, de proyectos más o menos conscientes (Velho, 1994). Las amenazas de la pandemia y del populismo gestor de la nación impusieron una grave desconfianza con respecto al futuro, fértil en perturbaciones fisicoquímico-morales de todo tipo. Se agregaban a esas amenazas inmediatas la consciencia de la creciente presencia de epidemias (Sida, Ébola, fiebre aviar, dengue, chikunguña etc.), la generalización de la violencia pública, los riesgos planetarios de fascistización del orden político, la destrucción del ecúmeno colectivo (involucrando la hipótesis del Antropoceno), la emergencia de desarrollos tecnológicos cada vez más perturbadores de las perspectivas de empleo y profesión (como en el caso de la IA).

Aunque la amenaza sanitaria de la pandemia y la amenaza política de la pandemia se hayan detenido en el año 2023, muchas de las condiciones que caracterizan su periodo de confluencia siguen presentes en la actualidad. La arraigada polarización política entre el populismo de derecha y una visión progresista del mundo sigue presidiendo la mayor parte de la vida política del país a todos los niveles. La precariedad de la vida cotidiana profundizada por la pandemia se extiende hoy en forma de pobreza persistente, violencia generalizada, desmoralización de una gran parte de la representación política o degradación continua del medio ambiente y de las condiciones de reproducción de las poblaciones subalternas.

Se conmemoran ahora los 120 años de la Revuelta de la Vacuna, un movimiento de masas ocurrido en Rio de Janeiro, capital en aquel entonces de la reciente república, en reacción a la imposición de la vacunación obligatoria contra la fiebre amarilla, entre muchas otras iniciativas higienistas y "civilizatorias" del gobierno federal. La sensación de ilegitimidad de la autoridad del estado en la regulación de la vida privada llevó a una violenta sublevación, manipulada por los intelectuales positivistas que se oponían al crecimiento de la intervención estatal, y por otras fuerzas oportunistas. Es curioso observar cómo algunas cuestiones graves se siguen manifestando entre los dos momentos históricos: la tensión entre el orden público y la identidad privada, con sus repercusiones en la concepción del papel del Estado; el impacto de la racionalización general de la gubernamentalidad inspirada en el conocimiento científico y su entrechoque con los valores de la moralidad tradicional; el desafío de la constitución de un orden político promotor del bien público y, al mismo tiempo, defensora de los valores de la igualdad y de la libertad. Lo que es realmente inquietante es mirar como el gobierno de Bolsonaro pudo encarnar un anti-Estado que mezclaba el irracionalismo de la gestión pública con la defensa retórica de la "libertad" contra el progreso, tal como vienen actuando, de un modo general, el populismo de derecha diseminado planetariamente en ese pasaje del primero cuarto del siglo XXI.

Las crisis que afectan la vida de los sujetos contemporáneos todavía vendrán a renovarse y profundizar con toda seguridad, cuñadas por los desafíos permanentes de la cultura occidental moderna, entre las pandemias y hecatombes de la naturaleza, por una parte, y los pandemonios de la razón y del desatino, desorden y de la libertad, por otra.

Referencias

Alves Da Silva, W. (2023). *Os remédios da nação: da controvérsia medicamentosa no contexto da pandemia de Covid-19 no Brasil.* Tese de Doutorado, Programa de Pós-Graduação em Antropologia Social, Museu Nacional/UFRJ.

Castro Rocha, J.C. (2021). *Guerra cultural e retórica do ódio: crônicas de um Brasil pós-político,* Editora Caminhos.

Cesarino, L. (2022). *O mundo do avesso: verdade e política na era digital.* Ubu Editora.

Duarte, L.F.D.; Gomes, E.C. (2008). *Três Famílias: identidades e trajetórias transgeracionais nas classes populares.* Editora FGV.

Duarte, L.F.D.; Gomes, E.C.; Menezes, R.A., Natividade, M. (orgs.) (2008). *Valores religiosos e legislação no Brasil. A tramitação de projetos de lei sobre temas morais controversos.* Editora Garamond.

Duarte, L.F.D.; Martínez-Moreno, M.J. (2023) Configurações da pessoa em contextos contemporâneos de populismo de direita: uma pesquisa incômoda. Submetido a publicação no dossiê Hacia la ampliación de los límites de la antropología: etnografías de alteridades incómodas. *Vibrant.* https://www.academia.edu/96429673/MNA872_ANTROPOLOGIA_COGNITIVA_DISCIPLINA_Configura%C3%A7%C3%B5es_da_pessoa_em_contextos_contempor%C3%A2neos_de_populismo_de_direita_com_vistas_ao_caso_brasileiro_

Freud, S. (1921). Psicologia de grupo e análise do ego. En *Obras psicológicas completas de Sigmund Freud: edição standard brasileira.* Imago.

Gracino Jr., P.; Goulart, M.; Frias, P. (2021). Os humilhados serão exaltados: ressentimento e adesão evangélica ao bolsonarismo. *Cad. Metrop.*, 23(51), 547-579.

Laclau, E. (2005). *La Razón Populista.* Fondo de Cultura Económica.

Le Bon, G. (2019). *A psicologia das multidões*. Martins Fontes.

Lima, D.N.O. (2007). "Trabalho", "mudança de vida" e "prosperidade" entre fiéis da Igreja Universal do Reino de Deus. *Religião e Sociedade*, 27(1).

Lima, D.N.O. (2008). *Sujeitos e objetos do sucesso: antropologia do Brasil emergente*. Garamond.

Mariano, R. (1996). Os neopentecostais e a Teologia da Prosperidade. *Novos Estudos CEBRAP*, 44, 24-44.

Marx, K. (2011). *O Dezoito Brumário de Luís Napoleão*. Boitempo Editorial.

Mouffe, C. (2002). La "fin du politique" et le défi du populisme de droite. *Revue du MAUSS*, 2(20), 178-194.

Velho, G. (1994). *Projeto e metamorfose: antropologia das sociedades complexas*. Jorge Zahar Editor.

Weber, M. (2016). *Economia e sociedade. Fundamentos da sociologia compreensiva*. Editora UNB.

Plenaria 34º Congreso Fepal – TRANSITORIEDAD E INCERTEZAS

Amor/amores: transitoriedades e incertezas en los vínculos

9. ¿El fin del amor o la caída de una ilusión?[1]

María Laura Méndez

El amor fue un afecto humano muy extendido hasta
Las primeras décadas del siglo XXI.
El proceso de su desaparición fue acompañado
de una transformación en el significado de
la palabra. [...] Pero ¿qué fenómenos específicos
produjo mientras existió?
Juan José Becerra (2023)

Nos pareció oportuno este epígrafe porque sintetiza algunas de las cuestiones que queremos trabajar en este ensayo.

En principio nos preguntamos si creemos en el amor, lo que nos lleva a otro interrogante: ¿se trata de una creencia? Estos interrogantes, como tantos otros no tienen una respuesta única ni definitiva, se trata sólo de perspectivas que pueden ser útiles para pensar otras.

En principio sostenemos dos cuestiones, los conjuntos sociales no existen sin un complejo entramado de creencias y deseos, tal como lo pensó Gabriel Tarde a fines del siglo XIX (Tarde, 2011). Y al mismo

1 Trabajo presentado en el 34º Congreso FEPAL – Transitoriedades e Incertezas. 2022 en la plenaria 4: Amor/Amores: transitoriedades e Incertezas en los vínculos.

tiempo no podemos sostener la idea de amor como un concepto abstracto, fuera del contexto epocal y territorial de su emergencia.

Por consiguiente, sostenemos que esta palabra tan mentada con la que se menciona un concepto es una de las tantas abstracciones que ha construido e impuesto la cultura occidental moderna, colonial y capitalista y que producen efectos en todas las formas de vida, sus ideologías, sus teorías y sus prácticas, y que por otro lado encubren siempre relaciones de poder. Por otra parte, es necesario establecer que los conceptos son performáticos y por eso producen efectos, son incorporales que penetran los cuerpos.

La primera tarea es situar el concepto en situaciones singulares, es decir sin *a prioris* determinantes, señalando que se da en un **entre** a la manera de un vínculo, que se construye junto con otros vínculos que se entraman en la vida social. En el imaginario de la cultura occidental este vínculo debe ser para siempre, es decir, queda inscripto en un horizonte de fijeza que deniega de las mutaciones. Debe ser interminable, sin embargo, todo vínculo que se construye puede tener duración, siempre que entendamos que la duración se da en un devenir de diferencias en movimiento constante, es decir que durar requiere una transformación permanente (Bergson, 2017).

La idea que prevalece sobre el amor tiene, en parte de su génesis, en la concepción cristiana del amor, que requiere sacrificio y renuncia, que se basa en un relato que inaugura la falta, el pecado, el castigo, la culpa y la deuda impagable. Nietzsche va a decir que requiere del sacrificio de la vida, que vuelve a ésta resentida, vengativa y, en muchos casos, cínica. El amor romántico, aunque mundano, lo emula.

La base de éste es una prolongación del amor profesado a un Dios único y todopoderoso, que se transforma en una forma de egolatría resultante del individualismo que se constituye cuando se rompen los lazos sociales de pertenencia a un grupo y a un territorio, cuyos límites son reconocidos, y a una manera de pensar y sentir el mundo de manera compartida, es decir cuando existe alguna forma de comunidad visible. Así surge el individualismo, se concibe a un individuo que nace como tal y que debe unirse a otros para formar la sociedad, a esto se le agrega que la forma de hacer estos lazos es la competencia, necesaria para la existencia y perdurabilidad del capitalismo.

En este contexto emerge el concepto de "amor romántico", en tiempos complejos, como todos los tiempos, porque convergen ideas e imaginarios diversos, híbridos que en algunos casos son composibles y en otros, no. En este caso, perduró la idea de un tiempo como eternidad estable, en el que los cambios son vividos como peligrosos porque se alejan de una esencia inmutable y se acercan al caos. Junto con la concepción de individuos aislados y constituidos de una vez y para siempre, dotados de razón que les permite ser libres sin necesidad del contacto con los ostros que también habitan mónadas aisladas, como veremos esta concepción se extiende a la idea de una forma de familia, considerada como célula básica de la sociedad.

A estas maneras de pensar el amor atrapado en estas redes, se le agrega la idea de posesión ligada también a la de dominio, constituyendo así un imaginario que supone darle fundamento a los valores y a las prácticas que atraviesan la vida cotidiana; se adquiere una fe en la creencia de estos ideales, que al no poder ser alcanzados se tornan en experiencias de fracaso y en muchos casos cuadros de angustia y depresión.

¿Cómo pensar el amor fuera de estos parámetros del romanticismo ingenuo? Es necesario construir una genealogía que dé cuenta de la hegemonía de este sentimiento. En principio, plantear que surge de una transformación del amor platónico, que se basa en una abstracción y una idealización, entendiendo que la persona amada es inalcanzable, y de esta manera garantiza que el amor perdure sin alterarse. El amor romántico también tiene como fundamento la idealización, pero a diferencia del platónico, puede aspirar a consumar la unión carnal con la persona amada, teniendo en común la convicción de que el estado de enamoramiento que emerge a la manera de una revelación fulgurante perdure intacto en el tiempo.

Este imaginario, como vemos, tiene como premisa la idea de que todo puede permanecer igual, que la permanencia es un valor superior a la transformación al movimiento y a la mutación. Estas ideas provienen de considerar al Ser metafísico o al Dios teológico como inmutables, y por consiguiente idénticos a sí mismos. Es así como esta concepción se basa en la idea de identidad de los sujetos, que presupone un concepto de sujeto como sustancia inmutable que soporta atributos, lo que nos remonta a Aristóteles, y que por otro lado está dotado de razón que lo libera del exceso de las pasiones. Todas son ilusiones que merecen ser revisadas y en la mayoría de los casos desterradas del ámbito del conocimiento y de las creencias, trabajo muy complejo, aunque beneficioso para lograr algún grado de bienestar en nuestros convulsionados campos sociales.

Lo cierto es que este fundamento del enamoramiento y del amor romántico sirvió de fundamento en el proceso de la ruptura de los sistemas de parentesco. Mucho ha trabajado la antropología clásica sobre esta forma de organización social, presente de una y otra forma en todas las diversas configuraciones socio-históricas, pero que adquieren relevancia a partir de la obra de Lévi-Strauss a mediados del siglo pasado, debido a su exhaustivo estudio etnológico de muchos de éstos. Si bien hoy podemos cuestionar algunos de sus presupuestos, es sin duda el primer análisis sistemático de lo que él denomina sociedades hojaldradas, a-centradas y con múltiples estratos que entraman diversas relaciones. Justamente los sistemas de parentesco constituyen uno de esos estratos que, si bien están relacionados con el resto, ninguno de ellos opera de manera hegemónica. Esta gran complejidad no pudo ser abordada por los etnógrafos europeos, que carecían de herramientas teóricas para comprender el nivel de complejidad que presentaban, sólo proyectaron su imaginario reduccionista en la descripción de estas sociedades y, por no tener herramientas conceptuales para entenderlas, las calificaron de salvajes o bárbaras.

Uno de los principales méritos de la obra de Lévi-Strauss es haber considerado que no existe una forma de familia, que sea la que se corresponde con la supuesta naturaleza humana, que estas formas son siempre el efecto de la producción de distintos conjuntos sociales. Son equipamientos colectivos, diríamos hoy que depende del entramado de distintos agenciamientos de enunciación y de los cuerpos; pero lo que queda claro en su obra es que para que exista la familia, primero tiene que existir la sociedad.

Cuando estos sistemas se transforman en la Europa de los siglos XII y XIII, había que encontrar algún fundamento que sustituyera las formas de intercambio y reciprocidad para conformar la alianza, institución que ya no se daría entre grupos que garantizaban su funcionamiento, sino entre sujetos individuales que carecían de las garantías que sus grupos de pertenencia les ofrecían. La elección sería entonces libre e individual, sin imposiciones colectivas, pero también sin soporte.

Los sistemas de parentesco surgen para evitar, mediante divisiones en grupos, clanes. Linajes, la endogamia y garantizar la exogamia mediante las formas de intercambio preestablecidas entre ellos, es decir, además de ampliar las relaciones garantizaban también una forma de intercambio genético que evita en todas las especies, vegetales y animales, su degeneración y extinción.

Es cierto que en nuestro modo de existencia se necesita de una regla externa, explícita, diría Lévi-Strauss, que la regule. Su error fue pensar que se trataba de la prohibición del incesto; ésta no fue necesaria, más cuando se conforman estas uniones individuales que no garantizaban necesariamente la exogamia, se pensó además que la razón evitaría las uniones incestuosas intrafamiliares, cosa que como es sabido no sucedió, salvo para algunos pocos sectores que pudieron comprender la forma abstracta de esta supuesta Ley.

Cuando los lazos de las diversas formas comunitarias se rompieron, fue necesario fundar uniones familiares heterosexuales que garanticen la procreación, es así como estas uniones son legitimadas por la Iglesia, y que cómo dijimos se basan en el amor, en una forma de amor que también se relaciona con la idea del amor divino, es decir que este sentimiento, que se volverá hegemónico, tiene una doble connotación, por un lado se basa en la atracción sexual, es decir de los cuerpos, y por otra es santificado, porque evidencia que al ser creados a imagen y semejanza de ese Dios Judeo-cristiano somos capaces de tener ese sentimiento al igual que el creador. De paso evidencia nuestra superioridad frente a lo existente, porque somos la única especie que puede experimentarlo, o eso creemos.

Varias fueron las consecuencias que hoy pueden ser consideradas como los pilares de una supuesta civilización, que se autoadjudicó y se adjudica, un lugar de superioridad por sobre todas las otras formas que los habitantes de la tierra inventaron para vivir en ella sin destruirla ni aniquilarse. Pero todas estas estrategias fueron deslegitimadas para justificar su conquista y dominación, siempre en nombre de un supuesto bien abstracto.

El proceso de desaparición de loa sistemas de parentesco se dio junto con otras transformaciones que corrompieron los modos de vida medieval, sus ritmos y sus maneras de resolución de conflictos y tensiones, si bien ya bajo el dominio micro y macropolítico de la Iglesia, se conservaron distintas prácticas marginales que la iglesia calificó de herejías, brujerías y sacrilegios, pero que tuvieron peso en los sistemas de creencias y en las diversas prácticas sociales, pese a las terribles persecuciones de que fueron víctimas.

A la vez que se dan estos hechos, comienza a introducirse una nueva práctica de intercambio, el comercio, que produce varias transformaciones que darán lugar al surgimiento del capitalismo, porque esta nueva forma inventa que el intercambio debe producir ganancia, y que ésta es acumulable, igual que lo era la gracia para ir al cielo, pero en este caso para gozar en la tierra a la vez se requiere de un elemento escaso como medida única para las transacciones, denominado equivalente único. Por lo tanto se modifica la idea de valor, ya no existirán los sistemas múltiples de intercambio, por medio de valores diversos, dado que éstos suponen formas muy complejas no unificadas, se pone en evidencia en esta instancia también, el funcionamiento de la lógica de lo UNO.

Otras consecuencias se produjeron a partir de estos cambios, entre otros una uniformación de la medida de tiempo, creación de lo que conocemos como reloj, en sus distintas variantes, así como también el calendario, habiendo tomado el creado por los romanos, como una manera de dividir el año, en meses y semanas más o menos regulares, se impusieron estas mediciones porque los comerciantes de distintos puntos geográficos las requerían para sus operaciones.

Como efectos posteriores pero derivados de estas transformaciones, de la gran empresa de expansión colonial, la explotación de las poblaciones esclavizadas y la extracción de las riquezas de sus territorios ese capitalismo que sólo obtiene sus beneficios del comercio dio lugar al surgimiento de una nueva forma de capital que es el capital financiero.

Al mismo tiempo se produce la expulsión de los territorios feudales de gran cantidad de población, que al decir de Marx salen desnudos, sin lazos, habiendo perdido sus formas de conocer, de amar, de sentir, de vivir con otros, sólo les queda, aunque disminuidas, sus fuerzas para trabajar. De esta confluencia entre la desterritorialización y descodificación de esa población errante también resulta la descodificación de ese monto de dinero sin destino y de la invención de la máquina de vapor, que permitió el pasaje de la manufactura para las grandes industrias.

Estas transformaciones que se pueden narrar en pocos renglones no fueron sin grandes sufrimientos físicos y psíquicos, siendo mucho más graves en los continentes colonizados por haberse llevado a cabo de formas mucho más violentas y generando rupturas totalmente inesperadas, y también producido formas de resistencia hasta hoy, 532 años después del desembarco europeo en nuestras tierras.

Estas transformaciones, a la vez, tuvieron sus efectos en el campo de las ideas, ya no se podían plantear los problemas bajo el modelo aristotélico-tomista, si bien muchas de sus premisas perduran. Se necesitó repensar la sociedad, rotas las diversas formas comunitarias.

La más extendida fue considerar que la sociedad está conformada por individuos aislados, que nacen como tales y que conforman la sociedad mediante un contrato que supone la donación de su voluntad. Ideas creadas por Hobbes en el siglo XVII, enfrentando a la competencia feroz de las sociedades comerciales que traficaban esclavos, supone entonces que los hombres son poseídos por el deseo, deseo de todo, y como todos quieren todo, es necesario que exista una instancia que lo reprima por medio de la instauración del miedo, crea la figura del Estado centralizado y lo denomina Leviatán, uno de los nombres del demonio en el Antiguo Testamento. Estas ideas fueron las que hegemonizaron a la producción de la filosofía política y cuyas consecuencias vemos hoy reflejadas en los usos de la violencia casi inimaginables.

¿Cómo las conciliamos estas ideas con el amor? nos lleva a pensar en la extrema fractura entre los diferentes niveles de los campos sociales y también entre los estratos de saber que quedan desvinculados entre sí y a la vez de las prácticas cotidianas. El amor parece quedar restringido al ámbito privado que se separa completamente del ámbito público o por lo menos así queda idealizado; esta separación es utilizada como uno de los elementos de las políticas de subjetivación.

Pareciera que en ese proyecto que inaugura la modernidad, algo falló, o tal vez bastante, sin duda una de las cuestiones es la producción de conceptos abstractos separados de la experiencia, y muchas veces ajenos a ella, como si pertenecieran a otra esfera. Esta abstracción, emparentada con la idealización, permitió que se universalizaran sin tener en cuenta las condiciones singulares de su emergencia y los efectos de su imposición como verdades absolutas, que reemplazaron a las verdades reveladas de las religiones monoteístas, aunque éstas perduran y constituyen enclaves dogmáticos y totalizantes.

Uno de estos conceptos es el de sujeto, que, aunque ha sido adjetivado de diversas maneras conserva sus principales características, es individual, autónomo, libre etc. Su origen proviene de la proposición aristotélica de considerarlo como sustancia que es soporte de atributos, o sea, que su conformación es gramatical y va a formar parte de la gramática de las lenguas occidentales, por lo tanto, muy difícil de erradicar, aunque desde allí pasó a formar parte de los discursos de la filosofía y luego de las ciencias llamadas sociales, sin que se cuestione su peso epistémico (Nancy, 2014).

Este concepto está articulado con la idea de unidad y de identidad, que tampoco son cuestionadas, una proviene de la lógica de lo UNO y la otra posee una génesis más compleja, pero no se la puede desprender del fijismo y de la determinación, conceptos corroborados por la física clásica.

Dentro de la producción de la filosofía racionalista occidental Spinoza, es el único pensador que plantea que no somos sustancia, (sujetos, *hypokeimenon* en términos aristotélicos) sino relaciones con diferentes ritmos de velocidad y lentitud, compleja idea que fue denostada. Y aún lo es, por considerar que estamos atravesados por fuerzas, que no siempre reconocemos y que estas afectaciones en los cuerpos de todo lo vivo aumentan y disminuyen la potencia de acción; siendo los afectos relaciones diferenciales en función del grado de potencia que efectúan.

Por consiguiente, siempre estamos envueltos o en medio de relaciones de poder, éstas no fueron reconocidas como tales por la epistemología clásica, su denegación permite que el ejercicio del poder pueda ser visto como amor, como cuidado, como beneficio, como progreso y no como imposición que produce actos de obediencia y sometimiento.

Estas fuerzas denegadas se convierten en efectos negativos, y de esa manera hace que quienes quieren conservar el poder las impongan. Tanto Spinoza como Nietzsche van a considerar que "los tiranos, los sacerdotes y los esclavos nos quieren tristes", es decir, nos despotentizan para que su vulnerabilidad no se vea expuesta. Al hablar de esclavos, se refieren a todos aquellos que están capturados por alguna posición dogmática; sea religiosa, ideológica o teórica agregamos nosotros.

No resulta casual que en estos binarismos extremos el amor se convierta en odio, conservando la intensidad, o tomando como ejemplo las visiones míticas en Eros y Tánatos, aclarando que en el caso de los relatos míticos estos términos nunca son absolutos, porque los aparentes binarismos se disuelven en las múltiples versiones. (Lévi-Strauss, 1992).

¿Cómo hacer para deconstruir este binarismo? Sabemos que no hay recetas magistrales o que estas han fracasado, pero también cabría preguntarse, ¿qué formas no hemos probado?

Creemos que una de ellas es la práctica de formas de solidaridad colectiva que se puedan convertir en prácticas constantes, que nunca se den por definitivas o terminadas, que no queden atrapadas por posiciones fijistas o por la ilusión de que pueden ser progresistas.

Los ideales de la Revolución Francesa, Libertad, Igualdad y Fraternidad, no tuvieron el mismo grado de efectuación, si bien las ideas, aún muy abstractas de libertad e igualdad, trajeron y siguen trayendo consecuencias como luchas muy diversas, desde los movimientos de emancipación política de los territorios coloniales hasta las múltiples luchas de sectores minoritarios, especialmente las distintas formas de feminismo que han producido importantes transformaciones en la vida cotidiana.

No pasó lo mismo con el ideal de fraternidad, que se opone a las formas de relación social de la competencia que impone y necesita el capitalismo y que carcome las prácticas sociales en pos de un individualismo que se intensifica y promueve el aumento de la violencia.

De esta manera la fraternidad se limita a los que se consideran "iguales", hombres blancos, heterosexuales, normales, ambiciosos y eficientes. ¿Qué pasa? ¿Qué lugar tenemos los que nos consideramos fuera de loa binarismos: hombre/mujer, blanco/negro, normal/anormal, ambiciosos/sin objetivos? ¿Se pueden construir prácticas solidarias con la intensificación de los binarismos que producen grietas insalvables, ubicándose en extremos que deniegan de las diferencias, siendo ésta la única forma de producir prácticas democráticas en todas las instituciones, que permitan la circulación de las relaciones de poder?

Estos amplios sectores de la población que quedan excluidos, vidas precarias al decir de Judith Butler (2008), que no merecen ser dueladas, pues no contribuyen al mundo de la acumulación desmedida y del poder ilimitado.

Pareciera que estas consideraciones son ajenas al tema del amor, sin embargo, ningún sentimiento queda por fuera de estos procesos maquínicos, al decir de Guattari, que atraviesan todas las prácticas, y que también responden a otro binarismo de la modernidad, privado/público, creado para justificar el espacio de la familia nuclear aislada. Dando por supuesto que algo pueda quedar por fuera del campo social.

Un último interrogante que se nos ocurre plantear, que es posible que quede sin respuesta, pero que sea útil para seguir preguntando. ¿Cómo podemos pensar la relación del amor con la sexualidad? Muchas veces se confunde y causa mucho sufrimiento. En una cultura que en principio excluye el cuerpo, por pecaminoso, o deja de lado las experiencias sensibles, pero que sin embargo las limita a la sexualidad, normatizada, en tanto y en cuanto se atenga a las condiciones legitimadas, el matrimonio monogámico y heterosexual.

Parafraseando a Spinoza, podríamos preguntar: ¿qué nos pasa que creyendo buscar la felicidad, nos embarcamos en situaciones de dependencia, monotonía, aburrimiento y sometimiento?

No se puede dejar de considerar los efectos que ha producido la confusión entre sexo, género y prácticas de la sexualidad, que como es lógico son epocales, pero que su supuesta normalidad proviene de las instituciones que las han regido. Es obvio que ellas deben ser objeto de regulaciones como todas las prácticas sociales, pero en este caso han sido estipuladas en base a la suposición de lo que es, o no, propio de la naturaleza humana, encubriendo relaciones del poder dominante. Estas prácticas estuvieron fundamentalmente al servicio de la procreación y se basaron en mandatos esclavizantes, en especial la maternidad, considerada como exigencia natural.

Este breve escrito pareciera que en parte es en detrimento del amor, y lo es cuando este se presenta como una forma extrema de posesión o se lo concibe bajo la forma de amor único e invariable. Con estas premisas resulta difícil considerar las variaciones que se refieren a la construcción de vínculos que aumentan nuestra potencia de acción y no excluye ninguna de las formas en que se puede manifestar, en la pareja, padres, hijos, amigos, hermanos, siempre que podamos alejarnos de sus ideales fijos.

Es imposible amar siempre de la misma manera, pero es posible construir un **entre** que tenga su base en afinidades, que no pretenda ni la completud ni la totalidad; por el contrario, que permita trazar cartografías y estrategias, siempre inciertas; que no sean siempre coincidentes, pero que tengan como objetivo el aumento de nuestra potencia y de la producción deseante. Esto es bastante difícil de lograr sin la pertenencia a un colectivo, actual o virtual, que vislumbre que puede haber otras formas de habitar el mundo, sin que dependa de un salvador y sin que se pretenda un paraíso, que permita la convivencia respetuosa con las otras formas de existencia sin la supuesta superioridad de lo humano. Sabiendo que esta tarea es interminable.

Referencias

Becerra, J.J. (2023). *Amor*. Anagrama.

Bergso, H. (2006). *Materia y memoria*. Cactus.

Butler, J (2008). *Cuerpos que importan*. Paidós.

Deleuze, G. (2021). *Derrames*. Cactus.

Deleuze, G. (2008). *En medio de Spinoza*. Cactus.

Guattari, F. (1996). *Caosmosis*. Manantial.

Lévi-Strauss. (1969). *Las estructuras elementales del parentesco*. Paidós.

Nancy, J. L. (2014). *¿Un sujeto?*. La Cebra.

Tarde, G. (2011). *Creencias, deseos y sociedades*. Cactus.

10. Desde los desamores, las transitoriedades e incertezas, hacia el amor, lo cierto y lo seguro[1]

Berta Elena Fonseca Zárate

Este encuentro llamado amor, amores, desamores (palabra añadida por mi), transitoriedades e incertezas llevan inicialmente a cuestionar a qué se refieren todas estas palabras asociadas entre sí.

En el Diccionario de la Real Academia Española (DRAE), el significado de la palabra *transitorio* es pasajero, temporal, perecedero, fugaz; por otro lado, *certeza* significa conocimiento seguro y claro de algo. Y aquí estamos hablando de no certezas, o sea de lo no seguro, de lo no claro, de lo que se puede terminar, ser pasajero y fugaz. De la misma forma, amor es, en su primera acepción, sentimiento intenso del ser humano que, partiendo de su propia insuficiencia, necesita y busca el encuentro y unión con otro ser.

De las primeras adquisiciones que hace un bebé y que dependen de lo que hacen sus cuidadores son la seguridad, lo predecible, el ritmo y la estabilidad. Todo esto es parte de ese sostén con sus primeros contactos, con ese mundo externo, y que va a estar estableciéndose

1 Trabajo presentado en el 34° Congreso FEPAL – Transitoriedades e Incertezas. 2022 en la plenaria 4. Amor/Amores: transitoriedades e Incertezas en los vínculos.

constante y continuamente dentro de ese niño. O sea, todo esto constituye la base sobre la que se va a construir todo el andamiaje del desarrollo normal del psiquismo de cada niño o niña. Para que esto suceda son indispensables una madre y un padre (o el objeto que los reemplace) dispuestos y conectados con ese niño desde antes de que nazca. Con sus necesidades y demandas.

Si durante el desarrollo esos objetos presentan fallas que van más allá de lo que ese niño puede tramitar, las bases donde se construyen su *self*, su identidad, su percepción de sí mismo y de los otros, su capacidad de sostenerse él mismo, van a tener fallas estructurales, en algunos casos muy difíciles de superar o reparar, en otros menos lesivas.

También, el desarrollo va a estar expuesto a dos fuerzas intensas: la de regresar a su estado primordial, arcaico, y la de avanzar hacia recorrer todas las etapas de ese desarrollo. De la misma forma, para este avance hacia adelante el infante necesita de ese ambiente sostenedor y de esos objetos interesados auténticamente en él.

Cuando se dan este tipo de fallas en sus objetos, en ese niño se producen lesiones profundas que encontraremos presentes de muy diferentes formas en su transcurso de vida. Hasta el punto de poder sentir que todo lo construido se derrumba. Es como si todo el andamiaje que ha construido a través del tiempo pendiera de un hilo que puede romperse ante la mínima falla de sus objetos amorosos más significativos.

Sin embargo, también se ven esos movimientos internos tendientes a ir hacia adelante, a recuperar lo perdido o lo dañado en el camino. A construir lo faltante. A reparar lo perdido nunca obtenido.

Para poder ilustrar un poco mejor esto, relataré unas notas sobre un paciente que asistió a análisis en forma irregular, debido a su trabajo, durante 4 años.

Este es un paciente que está en la década de los 50 años. Muy elegante y cuidadoso con su presentación. Enviado por un colega neurólogo, a quién consultó inicialmente por haber presentado tres episodios de intensa agresividad, lo que lo llevaron a pensar que está muy enfermo orgánicamente. Además, el neurólogo me dice que es un hombre líder y muy inteligente.

En la primera sesión, el paciente se explaya con fruición contando sobre su juicio, dedicación y éxitos desde que estaba en el colegio y durante todo el transcurso de su historia laboral. Es profesional con tres maestrías. Pensionado ya, de una institución estatal muy importante, y ahora trabaja en el mismo sector como muy alto ejecutivo de una transnacional. Sin embargo, en ninguno de esos trabajos se ha sentido cómodo y contento. Tiene muchas reservas y diferencias de criterio con los jefes. Nunca ha compartido almuerzo o reunión social alguna con sus compañeros de trabajo.

Como cosa secundaria, cuenta que está separado y tiene dos hijos; que tuvo una novia por 5 años, ahora tiene otra.

La razón de acudir al análisis es que le dan unos "ataques terribles": estaban en una reunión grata de la familia de A., la novia actual, e inicialmente, él vio que estaba un señor que podría ser conveniente que A. conociera por su trabajo, entonces fue y se lo presentó; luego, cuando él bailó con la hermana de ella, A. le reclamó por estar coqueteando con su hermana y porque a él le interesaba la esposa del señor, no el señor. Esto lo enfureció de tal forma que le dio una cachetada, y luego se fue. Pero se quedó en el piso inferior del edificio. La novia bajó y le repitió la acusación. Y él le repitió la cachetada.

Yo sentí que él sólo estaba tratando de agradarle a la familia de A. de todas las formas posibles, y ella lo acusaba de estar urdiendo engaños. Y que para él esto, fuera de sentirse airado e irrespetado, lo hirió profundamente. En ese momento hablamos de esto, lo que lo llevó a recordar cómo, en general, sus papás eran muy nerviosos y no los dejaban salir, y si lo permitían en algún momento eran muy estrictos con el tiempo. La idea que tenía era que "si se alejaban de ellos, los 'mataban'". Una única vez, siendo ya adolescente, él se atrevió y salió con sus amigos, con quienes encontraron unos caballos y los montaron. Su papá apareció allí y lo golpeó violentamente delante de sus amigos. Este evento marcó un cambió definitivo en la relación entre los dos: se tornó serio con su papá y nunca volvió a hablarle de sus cosas. A los 26 años, en su reunión de bienvenida (llegaba de estudiar en el exterior), se volvieron a pelear, y se golpearon los dos.

Recuerda a un padre muy bravo, desconectado de él, y una mamá muy sometida al padre y también desconectada y ausente. Aun, en este momento del análisis, no va a visitarlos con frecuencia. No le dan ganas. También tiene un hermano, con quien la relación también es muy pobre. Ese hermano es mujeriego y malo para los negocios.

Respecto a su grupo familiar, por cuestión de los negocios de su padre, debieron trasladarse al extranjero cuando él era un niño. Allí, inicialmente le tocó hacer mucho esfuerzo para no ser discriminado por su nacionalidad. Para lograr ser aceptado le tocaba tratar de negarla, aún sintiéndose obligado a cambiar su acento que lo delataba. Hasta que finalmente pudo encontrar un grupo de amigos muy cercanos con los que se sentía muy cómodo, aunque le molestaba la idea que tenía de que todos ellos tenían mucha plata y su familia no. Era feliz en ese grupo (el mismo del evento de los caballos). A los 16 años, la situación de negocios cambió para su papá y debieron retornar a su país. Para él fue perder todo. Ese país que dejaban se le convirtió en su paraíso perdido, sinónimo de libertad; mientras que su país, en la imposibilidad de ser él, de falsedad, de pérdida.

Al finalizar la segunda sesión, y ya de pie, contó que ese día había dudado si ponerse el pañuelo en el bolsillo del saco, pues yo podría pensar que estaba dándoselas de algo, aunque a él le agrada usarlo.

Cree que va a morir muy solo y que muy pocas personas van a asistir a su entierro.

En las relaciones íntimas es capaz de controlarse hasta estar seguro de que su pareja está satisfecha.

Sus hijos nunca quisieron a su primera novia pues la culpaban de su separación. Entonces, él vivía como dos vidas: uno con la novia, y otra en el entorno de sus hijos y su ex esposa. Hasta el punto de llegar a almorzar dos veces. Pero esto no funcionaba muy bien, porque siempre alguien quedaba insatisfecho.

Actualmente, sus dos hijos, ya treintañeros, viven con él buena parte del tiempo, aún teniendo sus propios apartamentos muy cerca al del paciente. Son muy apegados a él y él se preocupa harto por ellos.

Ahora, desde un otero psicoanalítico, intentaré hacer un acercamiento a este relato.

***

Desde antes de nacer, el niño nunca está solo. Y desde que nace va a entrar a hacer parte de un grupo, aunque él desconoce esta pertenencia en este momento. Él posee un Yo primordial que en la medida que avanza en el tiempo, y gracias a los cuidados repetitivos, iguales y rutinarios de sus objetos lo dirigirá hacia la maduración, que lleva inscrita en él. Este es su grupo iniciático, del que va a depender en este proceso, y que lo irá llevando a adquirir la conciencia de ser individual, diferente de otros, pero necesitado de otros. Condición que no va a abandonar en ningún momento de su vida. Y este grupo es también el grupo primario: la familia. Como dice Winnicott (1996), la tendencia a la maduración forma parte de lo que se hereda y ese desarrollo depende de una provisión ambiental suficientemente buena, que favorece esas tendencias individuales heredadas, de modo tal que se da conforme a ellas. Estos factores, en consonancia y sintonía, le darán una continuidad que le llevará a tener un sentido de su *self*, de su propia realidad, de su propia existencia. También plantea cómo ese objeto sano (la madre, en el inicio, según Winnicott) le llevará a que pueda adquirir la posibilidad de sentir rabia ante sus fracasos, en lugar de traumatizarse por ellos. El trauma representa la ruptura de la continuidad de la existencia del individuo.

Cuando esta continuidad se rompe, se detiene el desarrollo, se lentifica o se fija y se retrasa. Sin embargo, pienso, puede continuar existiendo la fuerza y el impulso de la maduración que lleva también inscrito cada individuo en esa herencia. Y cada uno tiene recursos muy diferentes para elaborar ese trauma. Y para dar continuidad a esa línea de maduración.

Creo que para este paciente la relación con su familia está marcada por la desilusión, la decepción y el odio. Sin embargo, desde muy pequeño ha hecho muchos movimientos, con gran gasto de energía, en dirección a una búsqueda de encontrar lo perdido que debió existir y no existió para él. Para Green (1993), así como el encuadre analítico que cumple su función, debe hacerse olvidar; de la misma manera el objeto absolutamente necesario para la estructuración psíquica debe borrarse cuando no lo logra toma mal aspecto en su función de objeto. Y ese objeto se convierte en un intruso intolerable: el objeto tiene un exceso de presencia por el mismo hecho de su falta. Y sigue: esto lleva a una especie de coalescencia entre el objeto y la pulsión. Y el objeto ya no vuelve tolerable la pulsión, sino la vuelve aún más intolerable. Y, en vez de generar representaciones, lleva a la acción. Y a un sinnúmero de síntomas. Sin embargo, este paciente lucha continuamente por retomar el camino perdido y lograr llenar en alguna forma los vacíos de representación que han ido quedando en la medida que esos objetos han fallado en su función de sostén y de estructuración de su psiquismo maduro. Por eso busca incansablemente objetos que cumplan dicha función. También, dentro de esa búsqueda, necesita hallar un grupo donde pueda tener sentido de pertenencia. Como lo afirma Anzieu (1993) un grupo es una envoltura, gracias a la cual los individuos se mantienen juntos. Si no existe esa envoltura, lo que se da es un agregado humano, no un grupo. Cada grupo crea su propio entramado de reglas, costumbres y lenguajes particulares. Este conjunto de pensamientos, palabras y acciones lo lleva a construir su propio espacio interno y su propia temporalidad, que incluye un pasado, donde vemos su origen y un futuro. Esta membrana, como la piel, presenta dos caras, una hacía el exterior y es la que permite al grupo crear una barrera protectora; la otra mira hacia la realidad interna de los miembros del grupo. Es como una pantalla de grupo sobre la cual los miembros del grupo proyectan su subjetividad y la comparten. Conforman así un cuerpo imaginario que funciona como un organizador.

El grupo prínceps por excelencia de este paciente, la familia, no cumplió para él con esas condiciones de envoltura, por esto él busca insistentemente ese grupo al cual poder pertenecer. Y despliega todas sus armas seductoras para poder llegar a él. Aun cambiando su forma de hablar. O hasta almorzando dos veces, o exhibiendo a la analista todas sus destrezas y habilidades; o siendo el mejor novio para A., él mejor prospecto ante la familia de ella. Pero, cuando ella no entiende nada de esto, él paciente retorna inmediatamente al momento de fallo de sus objetos primarios, cuando tampoco lo entendieron, tampoco aprobaron su ser él mismo. Y vuelve a ese estado de intensa rabia y dolor. Que además lo llenan de culpa. Y Yo lo llamaría, que lo desconfiguran y fragmentan. Sin embargo, él busca nuevamente encontrar la integridad que ya había logrado, y para esto busca una pareja de terapeutas que le ayuden a volver a esa unidad.

Como dice Dolto (1974), no hay mejor criterio objetivo del desarrollo humano que el criterio afectivo, es decir, el comportamiento del individuo en relación con los objetos de su amor. Y, aunque en un primer momento se puede pensar en las dificultades de este paciente para hacer relaciones cercanas con sus pares y con la autoridad, hay otra fuerza en él que lucha denodadamente por lograr llenar con nuevas relaciones los vacíos de representación dejados por un objeto invasivo que, sin embargo, reaparece aún cuando los nuevos objetos actúan en forma que le retrotraen la memoria reprimida de ese objeto primario fallido.

O sea, si el desarrollo de un individuo es como una saeta lanzada hacia el futuro y si las fallas de los objetos determinantes detienen o alteran su trayectoria, también hay una fuerza intensa que le lleva a querer corregir y continuar su recorrido hacia adelante. Como dice Winnicott, la madurez del individuo implica un movimiento hacia la independencia, pero la independencia no existe. Es la búsqueda del amor. Del amor seguro, permanente, estable y no fugaz. De lo cierto. De la certeza.

Referencias

Anzieu D. (1993). *El grupo y el inconsciente. Lo imaginario grupal.* Biblioteca Nueva.

Dolto F. (1974). *Psicoanálisis y pediatría.* Siglo veintiuno.

Freud S. (1981). Psicología de las masas y análisis del Yo (1920-1921). En S. Freud, *Obras completas* (Tomo III). Biblioteca Nueva.

Green A. (1993). *El trabajo de lo negativo.* Amorrortu editores.

Winnicott D. (1996). *El hogar, nuestro punto de partida.* Paidós.

11. *Lost in translation*... o de encuentros y desencuentros[1,2]

Susana Muszkat

Ya en 2007, el sociólogo polaco Zygmunt Bauman, siguiendo lo que describió como nuevos modos de organización social – acuñando el concepto esencial de *Modernidad líquida* – nos presenta su *Vida para el consumo*, donde describe la forma en que los sujetos, a partir de su entrada masiva en las redes sociales, adquieren un estatus de mercancía que debería despertar en los demás el deseo de seguirlos, imitarlos, tenerlos como ideales.

La concepción del narcisismo, de esta manera, se evidencia ampliamente a través de la observación de cómo cada sujeto debe ser el máximo de sí mismo, como un producto en *display* para ser consumido por el deseo del otro, a través de los famosos *likes*.

Contrariamente a lo que propone el método psicoanalítico con su ética del cuidado de la intimidad de los sujetos, leemos lo que dice Enríquez, citado por Bauman, sobre la nueva forma en que los sujetos se presentan en la esfera social: "[...] lo que antes era invisible, la

---

1 El título hace referencia a la película de Sofia Coppola de 2004, que, por su temática, se presentaba como una fuerza metafórica a lo que pretendí desarrollar aquí.

2 Trabajo presentado en el 34º Congreso Fepal – Transitoriedades e Incertezas. 2022 en la plenaria 4: Amor/Amores: transitoriedades e Incertezas en los vínculos.

porción de intimidad, la vida interior de cada persona ahora debe ser expuesto en el escenario público. La desnudez física, social y psíquica está a la orden del día" (p. 9).

La mercancía ya no está definida por el producto en sí, sino que, en este nuevo orden, los productos son los propios sujetos, que serán evaluados y listados en valor de acuerdo con lo que exponen (Bauman, p. 13). El sujeto debe entonces forjar una identidad, lo que he llamado, en otro trabajo, *identidades deseadas* (2011), como un producto a comercializar, con el fin de evitar la sensación de abandono e inutilidad, ya que el valor se establece por su *grado de visibilidad.*

Si en la sociedad de los productores, cuyo sello distintivo es el trabajo, y que Bauman denominó *sólido-moderno,* la satisfacción se basaba en la promesa de seguridad a largo plazo (p. 43), evocando el principio de la Realidad de Freud, en una construcción gradual del placer postergado al servicio de una vida sólida y estable, en la Sociedad del Consumo la marca es la de *las rupturas y discontinuidades.* donde los intervalos separan los puntos sucesivos *y rompen los vínculos entre ellos* (p. 46).

En Freud (1911), este funcionamiento evoca el conocido Principio del Placer, el principio temporal de la satisfacción inmediata, de la plenitud, en una experiencia de omnipotencia donde la libido narcisista gira en torno al sujeto, y la relación con el Otro-Otro desaparece.

Es la relación con el otro, cada vez menos reconocida en su alteridad radical, y rechazada en esa misma cosa la que revela su diferencia, siendo, por lo tanto, desestabilizadora del sujeto que quiere ser *Toto.*

Es el sujeto quien sufre cuando identifica fallas y vulnerabilidades en sí mismo; quien desea garantías y previsibilidad como medio de eliminar los deslices discontinuos de la existencia.

Byung-Chul Han (2017), filósofo coreano contemporáneo, que sigue los pasos de Bauman, describe como predominante en la actualidad lo que él define como la *sociedad del cansancio.*

Con ello, seguimos la transición de una organización anterior, la sociedad disciplinaria, tal y como la define Foucault, en la que el sujeto de obediencia, sometido a las leyes, disciplinas y prohibiciones de la sociedad de control, pasa a otra en la cual la positividad y el rendimiento se convierten en mandatos.

Según el autor, "en lugar de la prohibición entran los mandamientos o las leyes, el proyecto, la iniciativa y la motivación" (p. 24). Y afirma: "mientras la sociedad disciplinaria, dominada por el **no**, genera locos y delincuentes, la *sociedad del rendimiento* produce depresivos y fracasados" (p. 25).

Para Byung-Chul, la productividad, la positividad y la asertividad son requisitos permanentes para los jóvenes que buscan encontrar un lugar para sí mismos en el mundo actual, lo que resulta en que "el inconsciente social del Deber cambia de registro al registro del Poder" (p. 25).

Así, si, como señalaba Bauman, la *sociedad del rendimiento* tenía como sello distintivo las rupturas y discontinuidades en los vínculos (se cambia de trabajo, de país, de pareja), la *sociedad del cansancio*, argumenta Byung-Chul, se caracteriza por la exigencia de productividad permanente, no admitiendo rupturas, sólo *continuidad exhaustiva*.

En un artículo anterior (2019), señalé algunas características de las formas de vincularse en la era de las redes sociales, con su fuerza de presencia y tiempo regido por la discontinuidad. Allí sugiero la transformación que presenciamos en las formas de subjetivación de los sujetos como resultado de una "centralidad de los dispositivos de la mirada, en un mundo en el que la mirada se ha convertido en el *neovalor*... en una sociedad profundamente centrada en la visión, la imagen y la pantalla" (Borges, 2019).

La imagen como valor supremo corresponde a una precariedad de vínculos, donde *likes* sustituyen la construcción de relaciones de continuidad en el tiempo y de curiosidad por el otro en lo singular y único. Las relaciones son temporales y a menudo valiosas por su naturaleza utilitaria: "¡No me aporta nada!", son expresiones comunes que escuchamos en la clínica y fuera de ella.

En la clínica con parejas, observo modelos de uniones que se asemejan mucho a los modelos de negocios corporativos.

"No había más novedad, quería nuevas experiencias con otras personas".

"Somos un buen equipo. Nos gustan las mismas cosas, los mismos restaurantes, los mismos viajes, tenemos los mismos valores de vida", me dijo una pareja, sintiéndose tranquila al poder decir que estaban casados y cumplían con un *ideal de vida adulta*, a pesar de que pasaban todo el día, todos los días, en diferentes espacios de la casa, llevaban sus cuentas y cuentas separadas y sus mascotas tenían espacios separados entre sí, en una relación de *hiperdiscriminación defensiva* del encuentro con el otro, que incluía su inexistente vida sexual.

Un joven paciente, recientemente separado, me describe cómo ha estado viendo a varias mujeres diferentes al mismo tiempo a través de aplicaciones como Tinder y variantes del mismo tipo. Me cuenta cómo en uno de estos encuentros presenciales programados por la aplicación, conversó largo y tendido con su *date*, habiendo disfrutado mucho del encuentro. Sin embargo, en la misma semana ya había programado otro *date* con otra mujer a través de la aplicación.

> **Le comento desconcertada**: ¿Y qué pasó con la mujer de la que me hablaste de aquel encuentro, del que me hablaste con tanto entusiasmo?
>
> **Y él responde**: Sí, ese *date* fue muy bueno, ¡Pero lo que realmente me gusta es el primer *date*! Así que reservo varios, porque cada uno tiene una cualidad o una forma interesante de ser y no necesito limitarme a una sola persona.
>
> En portugués, *date* puede entenderse como un tipo de encuentro con alguien especial. Pero ¿se trata de un encuentro? ¿Qué significa conocer a alguien que no sea *yo mismo*?

¿En el primer encuentro permanecen la sorpresa y el encanto de la llegada al mundo y la mirada asombrada de quien recibe al bebé?
¿Cuáles serán los efectos subjetivos de estos nuevos modos de vinculación?
¿Serán nuevos?

Por otro lado, y desde otra perspectiva, hay una pluralidad nunca jamás autorizada, de modos y modelos de intercambios y encuentros, donde los sujetos pueden ejercerse, como *sujetos de su deseo,* dentro del vasto abanico de posibilidades de intercambios afectivos/sexuales en la escena contemporánea, y no apenas sujetos de obediencia. Algo para celebrar.

Pero volvamos atrás...

Leí en internet en un periódico brasileño:

> *Un hombre de la ciudad de Campo Grande quiere ser el poseedor del récord mundial de matches en Tinder, que es cuando hay una combinación de likes entre dos personas en la red social de coqueteo más famosa de la actualidad. El empresario e ingeniero de 26 años XXXX tiene más de 55 mil matches en la aplicación y los números siguen aumentando. (Mamédio, 2021)*

Encontramos esta nueva métrica del valor propio, de la autoestima evanescente: del sentimiento de relevancia personal y de gratificación narcisista medida en *likes*, regulando precariamente la autoestima de los sujetos.

En 1914, Freud describió el *Ideal del Yo*, un sustituto del *Yo Ideal* – "su majestad el bebé" – que se ubicará en el mundo de los valores parentales y sociales, inserto en una temporalidad futura, y cuya finalidad será poder acercarse al sentimiento deseado del Ideal.

En el modelo de las redes sociales, sin embargo, hay una aparente transformación en este camino, de modo que el Ideal del Yo girará sobre sí mismo, fundiéndose *con el yo* mismo. Algo así como: "*¡Yo soy el ideal de mí mismo!*".

Se compran espermatozoides/óvulos elegidos de un *menú*, eligiendo las características valoradas por quien desea un hijo. ¿Sería tal modelo una elección para un hijo, un modelo cuyo carácter es el de la fantasía de la completitud? En mi clínica, sigo la experiencia de fracasos personales o de parejas ante la imposibilidad o dificultad de conseguir el embarazo. ¿Está el deseo de tener un hijo al servicio de la plenitud narcisista del sujeto o satisfará el deseo de un otro desconocido, singular, que interpele a los padres en su alteridad?

El avance de las ciencias, las tecnologías y la creciente virtualidad de los intercambios entre seres humanos nos da la ilusión de que se nos concede la ansiada plenitud, omnipresencia, omnisciencia (Google), en los diversos aspectos de nuestras vidas. ¿Queremos hijos hechos *a la carte*? ¿Podemos hacer hijos *a la carte*?

Antes de mediados del siglo XVIII, los matrimonios se basaban en la transmisión de herencias y bienes. En este modelo de matrimonio, los placeres de la sexualidad, disociados de la vida matrimonial y conyugal, eran ejercidos libremente por los hombres en los burdeles, obviamente no por las mujeres, ya que la dominación de los cuerpos femeninos, como hemos experimentado hasta hoy, ya era imperativa, *garantizando la correcta transmisión de las herencias*.

Poco a poco, los cambios en diferentes ámbitos establecieron a la familia nuclear como modelo, donde la elección del cónyuge se volvió romántica, basada en un ideal de encontrar en el otro "tu media naranja".

Para los sociólogos Beck et al. (2000), la libertad, en forma de individualidad, se ha convertido en obligatoria. No sólo tenemos el poder, sino sobre todo el *deber* de elegirlo todo, afirmando que lo que antes era prerrogativa de unos pocos – el acto de vivir la propia vida bajo las propias reglas – *es ahora una imposición generalizada*. Una forma de supervivencia *individualizada*, bajo la condición de una *libertad precaria*, como la llaman los autores.

Por otro lado, Massimo Recalcati (2014), en la estera del concepto de amor líquido, cuestiona la idea de las libertades del sujeto de deseo, al afirmar que: "[...] la búsqueda compulsiva de lo nuevo no es en absoluto una expresión de libertad, sino una nueva esclavitud, el resultado de un mandamiento socioideológico de '¡Disfruta!' al que el sujeto está drásticamente sometido (p. 25)".

La idea de lo Nuevo, referida por Recalcati, y entendida a través de la concreción del intercambio de parejas en las relaciones vinculares, es fuertemente cuestionada por Puget (2019), quien entiende que: "cuanto más alguien se conecta con el otro, hace un vínculo, más aumentan las diferencias". ... "Si todo coincide, es un cementerio, es como la muerte" (p. 107).

Lo Nuevo es intrínseco a la profundización de las relaciones, ya que el Otro es incomprensible en su singularidad radical.

Si, en gran medida, aún perdura en el imaginario de las personas un ideal de matrimonio – como puedo comprobar no sólo en mi práctica, sino también en las estadísticas sobre el número de matrimonios celebrados en la actualidad – en el que fantasean con garantizar la experiencia de plenitud, de estabilidad en la continuidad de su sentimiento de identidad, también podemos observar el **predominio** de la dependencia de la mirada del otro para el sentimiento de autovaloración. El énfasis está en la necesidad de verse reconocido y valorado en cada nuevo encuentro para sostener la noción de uno mismo como en un modelo de Instagram. Una mirada de pura exterioridad, sostenida solo por el momento en que se mira.

Pensemos también en el sutil deslizamiento del concepto de "conexiones con los demás". Las conexiones se dan en gran medida a través *de conexiones en redes*, intercambios de mensajes vía WhatsApp, juegos *online*, en detrimento de las relaciones entre personas diferentes y presentes, donde hay otro sujeto que nos interpela, nos desplaza y nos convoca en nuestra condición de sujeto de deseo.

Los vínculos virtuales atestiguan un cambio en el que las relaciones se sustituyen por *las conexiones*. El sujeto conectado con otro, también se desconecta sin *esfuerzo ni remordimiento*.

Lo experimentamos con frecuencia en nuestra clínica actual, donde el WhatsApp se ha convertido en un medio privilegiado de *contacto*, así como *¡Incumplimientos de contrato*!

Las actuales *cancelaciones* de sujetos, ya sea en el ámbito de las relaciones privadas o como linchamientos públicos, atestiguan una progresiva ruptura de los vínculos sociales, aunque sea a costa de la aniquilación de los otros, ahora privados de su condición de humanidad, convirtiéndose en un obstáculo para el Yo.

Del mismo modo, estamos asistiendo a manifestaciones de violencia en las redes sociales, donde no hay necesidad de involucrarse ni hacerse responsable de los efectos de lo que se dice, ya que el otro es ahora un otro virtual, eliminado a golpe de *clic*, debilitando las relaciones interpersonales y sociales.

La creciente violencia que venimos presenciando, creo, se debe en gran medida a la prevalencia de las relaciones narcisistas, donde la contrariedad del Yo se experimenta como un ataque narcisista, impidiendo la condición de empatía con la humanidad o la precariedad del otro. Algo así como: *la existencia del otro en su condición de diferencia, amenaza mi existencia*, ya que dicha existencia se sustenta en una estructura narcisista. Las relaciones en este tipo de estructura tenderán a ser más fugaces y la experiencia será de soledad.

Sabemos que un sujeto solo se constituye como tal a partir de una condición de vinculación, inicialmente con su madre o con quien realice esta función original para el bebé. Sin un sujeto libidinalmente implicado, portador de una subjetividad y del inconsciente, como lo somos los humanos hasta hoy, pensamos que la constitución de otro ser humano es inviable. El narcisismo primario descrito por Freud (1914) apunta a la condición indispensable de este Otro, para que se nos proporcione lo que coloquialmente llamamos nuestra autoestima.

También en esta misma obra, Freud articulará el narcisismo, la castración, la sublimación y la construcción del lazo social, elemento fundante del pacto civilizatorio.

En Tótem y tabú (1913), el padre de la horda primitiva, atendiendo narcisicamente a la exclusividad de sus deseos, es asesinado por sus hijos, y desde su lugar de muerte constituye un tótem, instituyendo el pacto que hará factible el vínculo social – el tabú –, condición que garantizará el pacto civilizatorio, es decir, el pacto que impide que prevalezca la violencia narcisista y destructiva.

Esta es la castración a la que todos estamos sometidos, que nos expulsa del paraíso del Yo ideal del narcisismo primario, a cambio de la supervivencia de todos.

De hecho, la condición de vinculación es un desafío permanente, ya que cada relación de vinculación requiere de un trabajo psíquico, desalojándonos de nuestro narcisismo.

El debilitamiento de los lazos del pacto social y el aumento de la violencia resultante de él nos aturde y nos asusta.

¿Qué pasa con la familia actual? Abrumados por tener que cumplir con los mandatos inaccesibles de ser emprendedores de sí mismos, solicitar productos de consumo para el mercado laboral donde deben triunfar, y al mismo tiempo producir sujetos humanizados – sus hijos – hasta la idealización de las redes, en una demanda deshumanizada que compromete la salud mental de todos. Así, hemos asistido al aumento de las búsquedas de terapias de todo tipo que apuntan a un equilibrio emocional valorado, a menudo traducido, paradójicamente, como evitación del *burnout* y garantía de *bienestar*, términos actuales que son bastante populares.

La creciente precariedad de las relaciones en las familias incide en la construcción de vínculos de intimidad: aquellos que se producen sin la expectativa de "aportar algo". La falta generalizada de tiempo, la sustitución de conversaciones por mensajes, el juego juntos intercambiándose durante horas pegados a pantallas o juegos interminables, aliviando a los padres agotados. La negativa de los adultos a desprenderse de su propio narcisismo, impidiéndoles frustrar a sus hijos, así gratificados y silenciados por las pantallas, deshilacha las redes de apoyo afectivo tan esenciales en las familias.

Sin embargo, en los propios vínculos donde encontraremos lo que considero un poderoso antídoto contra la violencia y la falta de empatía con el otro. Ya sean los vínculos a los que nos dedicamos en nuestro trabajo analítico, donde la aceptación de la precariedad del sí mismo y del otro humanizará a los sujetos, tanto pacientes como analistas, o incluso, como encuentro en una formulación del filósofo francés Luc Ferry (2007) cuando dice que: "Más allá de las apariencias engañosas, la verdad revelada últimamente por nuestros mejores historiadores de las mentalidades es que el único lazo social que en los últimos dos siglos se ha profundizado, intensificado y enriquecido es el que une a las generaciones en el seno de la familia."

A menudo descompuesta, situada fuera del matrimonio o indudablemente recompuesta, es sin embargo menos hipócrita, más auténtica y más atractiva como nunca antes en la historia. Esta es la paradoja de la familia contemporánea. Es en la familia, y quizá sólo en ella, donde persisten y incluso se profundizan las formas de solidaridad... Es ante el prójimo, y sin duda *por extensión, ante los demás seres humanos, donde nos hacemos espontáneamente disponibles para "salir de nosotros mismos"* (Ferry, 2007, p. 74-75).

Referencias

Bauman, Z. (2008). *Vida para consumo*. Zahar.

Beck, U. et al. (2000). Living in a post-traditional society. En U. Beck. *Reflexive modernization: politics, tradition and aesthetics in the modern social order.*_Polity Press.

Byung-Chul, H. (2017). *Sociedade do cansaço.* Vozes.

Ferry, L. (2007). *Famílias, amo vocês: política e vida privada na era da globalização.* Objetiva.

Freud, S. (1911). *Formulações sobre os dois princípios do funcionamento mental* (Standard Edition, v. XII). Imago.

Freud, S. (1913). Totem e tabu. En S. Freud, *Obras completas* (Vol. 11). Companhia das Letras.

Freud, S. (1914). Uma introdução ao narcisismo. En S. Freud, *Obras completas* (Vol. 12). Companhia das Letras.

Mamédio, L. (2021). Com 55 mil matches no Tinder, campo-grandense quer o recorde. *Campo Grande News.* https://www.campograndenews.com.br/lado-b/comportamento-23-08-2011-08/com-55-mil-matches-no-tinder-campo-grandense-quer-o-recorde

Muszkat, S. (2011). *Violência e masculinidade.* Casa do Psicólogo.

Muszkat, S. (2019). Feminicídio viral. *Rev. Percurso,* 62, ano XXI.

Puget, J. (2019). Uma experiência conceitual. *Rev. Percurso,* 62, ano XXI.

Recalcati, M. (2014). *Não é mais como antes: elogio do perdão na vida amorosa.* Zahar.

12. Depresión y deserción en la psicoesfera pos pandémica[1]

Franco Berardi

En los últimos años, a partir naturalmente de la pandemia, reconocemos una mutación antropológica trascendental que, yo creo, es irreversible. Novedad que se está manifestando en la vida cotidiana colectiva y que se va manifestando de forma tal que ha producido un trauma que aparece de manera progresiva en el tiempo. ¿Cuál es el carácter esencial de este trauma y cuáles son sus efectos? Yo creo que se produjo una sensibilización fóbica al cuerpo, a la piel, a los labios de los otros seres humanos, debido al distanciamiento social, el miedo al cuerpo del otro.

El punto de vista que me interesa más es el punto de vista de la generación "zeta", en el sentido "última". Es una definición que los jóvenes se dan a sí mismos en una prueba de la conciencia muy aguda de lo que está pasando, de la crisis que está atravesando el género humano en su conjunto. Sensibilización fóbica me parece la definición de la distancia y de la mirada sospechosa que cada cuerpo da al otro cuerpo.

1 Este trabajo es la transcripción de la participación de Franco Berardi en el 34° Congreso FEPAL – Transitoriedades e Incertezas. 2022, en la plenaria 4: Amor/Amores: transitoriedades e Incertezas en los vínculos.

Nuestra tarea como pensadores, como psicoterapeutas, como psicoanalistas, y como activistas, es imaginar la evolución posible, la evolución probable y también y, sobre todo, la evolución que ya estamos verificando: la guerra. La guerra es la continuación del trauma pandémico.

En el año 1919, después de la Primera Guerra Mundial, después de la epidemia llamada española (si bien que no lo era), después de un trauma pandémico y de un trauma bélico, un psicoanalista de la primera generación, Sandor Ferenczi, de la misma generación de Freud, se hizo a sí mismo una pregunta: ¿cómo se puede enfrentar con las herramientas del psicoanálisis una psicosis masiva?, y se respondió a sí mismo: nosotros, psicoanalistas, tenemos una capacidad de interactuar, de trabajar con una neurosis personal, con el sufrimiento psíquico individual, no tenemos las herramientas para transformar una condición psicótica masiva. Lo que pasó luego lo sabemos: en los años que vienen después de 1919 en Italia se produce la primera experiencia de fascismo, en Alemania se prepara el nazismo, en la Unión Soviética se prepara la violencia desencadenada del estalinismo. Esas son las consecuencias que desesperadamente Ferenczi había previsto, son las consecuencias de un trauma psíquico profundo colectivo que no se pudo elaborar. Estamos hoy en las mismas condiciones en que se encontraba Ferenczi en1919 y desafortunadamente no hemos desarrollado estas herramientas que faltaban.

Yo creo que tenemos que trabajar a este nivel: el problema es de la afectividad. El problema de la afectividad aparece hoy de manera totalmente nueva en relación con el pasado de la historia humana: por primera vez la generación nueva que está creciendo ha aprendido más palabras con una máquina que por la voz de la madre; por primera vez la entrada al interior del campo del lenguaje, es decir el campo de la afectividad, esta entrada se verifica en un ambiente no carnal, no físico, es un ambiente maquínico, es un ambiente electrónico. Es la primera vez que esto acontece en la historia humana.

¿Y cuáles son los efectos de esta transformación profunda? Hace algún tiempo en el *New York Times* he leído los resultados de una investigación sobre el problema de la condición psíquica de los norteamericanos, una investigación sobre 18 mil personas. Lo que resultó fue lo siguiente: el 27% de la población de Estados Unidos manifiesta síntomas de depresión clínica, pero, si consideramos sólo la población de entre 15 y 30 años, la cifra es del 54%. Aunque la definición de depresión es indefinida y muy cuestionable, estos datos cambian completamente el cuadro de la acción terapéutica, el cuadro de la acción política. La acción política se puede explicar sólo en términos de un colapso psíquico generalizado.

La guerra que se está desarrollando en la frontera oriental de Europa en verdad se está desarrollando en todo el territorio europeo, porque estamos preparándonos para un invierno que será difícil desde el punto de vista de la miseria, del desempleo, del miedo, del frío, de la falta de energía, pero también desde el punto de vista de la migración, porque la migración masiva se está desencadenando en todo el sur de Europa. La guerra ya está en el territorio europeo. Pero esta guerra ha sido desencadenada por un evidente despliegue de demencia senil: es una guerra interblanca, es una guerra de los blancos contra los blancos, es una guerra de hombres viejos que sufren por su impotencia política, porque la política ha perdido toda potencia, toda capacidad de cambiar las relaciones sociales reales. La política ha perdido su potencia y los hombres viejos se enfrentan en el territorio de la política. Son solo viejos impotentes que utilizan el terror como su último recurso.

De un lado, entonces, el envejecimiento de la población blanca, envejecimiento entendido en sentido complejo: cuando digo Occidente digo Estados Unidos de América, digo Europa, pero digo también Rusia, porque Occidente no es una definición geográfica, es, como dice Heidegger, la tierra del ocaso, la tierra del declinar, la tierra del envejecer. Los viejos de un lado y los jóvenes que, yo creo, están pasando a través de una fase que podemos definir como una fase de crisis depresiva masiva. Depresión: eso me parece un punto central de un análisis y de una interpretación que necesitamos.

En los últimos años yo he trabajado sobre todo sobre el tema de la depresión juvenil, investigando con muchos jóvenes amigos sobre las reacciones que se han manifestado durante y después de la explosión del Covid-19: el miedo al contacto, sobre todo el miedo a matar a los viejos, a matar a los padres, a los abuelos, eso ha producido un efecto que es al mismo tiempo de culpabilización y también un efecto de autorrepresión. Yo no sé si la pandemia se acabó, puede ser, pero este trauma no se acaba, este trauma se profundiza y, hasta un cierto punto, la pregunta es: ¿Cómo puede evolucionar la depresión? Eso no lo sabemos. Mi percepción es, como dice James Hillman, que la depresión no es solo una forma de sufrimiento, lo es claramente, pero una depresión es también la forma de conocimiento que se encuentra más cercana a la verdad, la verdad del tiempo, la verdad de la muerte, la verdad de la fragilidad, de la vulnerabilidad humana. Creo que, imaginar una evolución posible de la depresión, esta es la cuestión política central de nuestro tiempo. Cuando hablamos de depresión normalmente pensamos por ejemplo en los libros de Mark Fisher (2013), el filósofo inglés que se ha suicidado después de haber escrito libros como *Realismo capitalista: ¿no hay alternativa?* en el que habla de la depresión como la condición mayoritaria de los trabajadores precarios de su tiempo. O pensamos en los textos de Benasayag (2013) que hablan de la época de las pasiones tristes (Spinoza, 1946); o pensamos en Alain Ehrenberg (2000), que escribió un libro que se llama *La fatiga de ser uno mismo, depresión y sociedad* para hablar de estos sentimientos de un fracaso existencial producido por una condición de precarización generalizada. Este tipo de depresión se acompaña naturalmente de un sentimiento de autoculpabilización que lleva a una condición de aislamiento y de competencia entre precarizados.

Partiendo desde aquella definición vieja de la depresión, nos referimos a las depresiones que ha conocido la generación de los que hoy tienen 40/50 años, los que han sufrido más atrozmente los efectos de la reforma neoliberal, de la precarización generalizada, de la privatización generalizada, esta depresión que conocemos como depresión de una generación tan irónica que puede definirse a sí misma como la generación última, me parece que tiene un carácter diferente; yo prefiero definirla como *deflación* en el sentido preciso de un agotamiento de la tensión producida por 40 años de guerra social, económica y psíquica que el neoliberalismo ha desencadenado contra la humanidad.

Ahora, el efecto de la pandemia que ha sido naturalmente un efecto muy triste, muy violento, muy doloroso, pero al mismo tiempo tiene un mérito: ha bloqueado la máquina de aceleración. Yo creo y así termino mi ponencia, yo creo que tenemos que valorar *positivamente* esta depresión, elaborarla sin pretender cancelar sus efectos porque esta depresión es el signo del hecho de que la historia del capitalismo se está acabando, porque la energía psíquica, nerviosa, intelectual que el capitalismo ha explotado de manera feroz en los últimos 40 años, esta energía está desapareciendo. La llamamos depresión, yo creo que es el comienzo de una liberación dolorosa del dominio del dinero, de la economía, sobre sobre la vida humana. Naturalmente, al mismo tiempo tenemos que considerar que la guerra ya está en nuestro territorio, ya está en todo el mundo. Subrayo estos dos escenarios, estas dos dimensiones: la guerra de la demencia senil y el intento de una *deserción masiva*, porque no es una depresión, al final es una deserción.

Respondiendo a un comentario acerca de qué lugar le otorga el Dr. Berardi a la influencia del cambio climático en el creciente número de suicidios entre los jóvenes, responde:

Sí, sí, yo creo que más allá y más profundamente que la pandemia, el cambio climático está representando no solo una amenaza evidente, está manifestando sobre todo la impotencia de la voluntad y de la acción política humana; tenemos que decirlo: en este punto la política que hemos heredado de la modernidad no tiene la potencia de parar, entonces no tiene la voluntad de parar; cuando decimos que los poderes políticos no actúan contra el cambio climático tenemos que reconocer al mismo tiempo que el tiempo ya ha pasado para la acción política.

Una sola consideración: Pakistán, no sé si en México se habla de lo que está pasando en Pakistán, en Italia se habla muy poco, de hecho, porque es algo que da miedo. Pakistán es un país de 224.000.000 de personas, en mayo había 51 °C, en junio empezó a llover, hasta hace una semana 1/3 del país está bajo el agua. ¿Qué pasará ahora? Es un país en el que toda su infraestructura está destrozada, los animales han muerto, los alimentos escasean, la agricultura ha muerto. Entre 224.000.000 de personas, ¿cuántos van a emigrar hacia Europa? Mientras tanto, Europa se encuentra en una situación de guerra, de racismo creciente, de fascismo que se está generalizando. El domingo próximo las elecciones italianas seguramente darán lugar a la victoria de los fascistas. Si pensamos en un joven que mira esta situación, causada en gran medida por el cambio climático, es decir, por el crecimiento del extractivismo, es comprensible que se suicide".

Referencias

Benasayag, M.; Schmit G. (2013). *L'epoca delle passioni tristi*. Editorial Universale Economica Saggi.

Ehrenberg, A. (2000). *La fatiga de ser uno mismo: Depresión y Sociedad*. Editora Nueva Visión.

Fisher, M. (2016). *Realismo capitalista: ¿no hay alternativa?* Ed. Caja Negra.

Spinoza, B. (1946). *Tratado teológico-político*. Lautaro.

Trabajos presentados en diversas instituciones de América Latina

13. Lo intersubjetivo y el vínculo: contribuciones teóricas de Janine Puget a la clínica de familia y pareja[1]

Adriana Navarrete Bianchi

Desde la década de 1940, varios autores de distintos países y guiados por diferentes enfoques teóricos han abordado la cuestión del psicoanálisis aplicado más allá del ámbito tradicional del atendimiento individual. Este movimiento surgió inicialmente de la constatación de la necesidad de trabajar con los pacientes esquizofrénicos y sus familias. Fue en este contexto que comenzó a cambiar el *setting* psicoanalítico, porque el atendimiento se empezó a realizar con más de un individuo en la sala de análisis, la familia. Como era previsible, nombres como Gregory Bateson en *Palo Alto, California* y Enid Balint, pionera en el trabajo con parejas en la *Tavistock Clinic, Londres*, se apoyaron en los conceptos teóricos del psicoanálisis formulados por Freud, Bion, Klein, Winnicott, Bleger, Pichon-Rivière, entre otros, para hacer frente a este desafío.

En los años 1970, un grupo de psicoanalistas tanto en Francia como en Argentina, basándose en los estudios de Bion sobre los

1 Este trabajo fue presentado en una mesa redonda en el 29º Congreso Brasileño de Psicoanálisis da FEBRAPSI – "O Eu com Isso: afetos em emergência" día 04 de noviembre de 2023.

grupos, crearon su propio marco referencial llamado *Psicoanálisis de las configuraciones vinculares*, centrándose tanto en la familia como en los grupos sociales. Representantes de esta línea teórica son: en Francia, René Kaës y Alberto Eiguer, y en Argentina, Isidoro Berenstein y Janine Puget (con sus trabajos de los años 1970 a los 1990). Estas iniciativas dieron nuevos rumbos al psicoanálisis de pareja y familia, agregando nuevos conceptos como las alianzas inconscientes, la ampliación de la noción de *sujeto* freudiano al *sujeto* de la herencia, la doble investidura recíproca y simultánea entre individuos, el aparato psíquico del grupo familiar, entre muchos otros.

Aunque estas aportaciones trajeran importantes adiciones tanto teóricas como técnicas para adaptarse al atendimiento de más de un sujeto a la vez, todavía seguían estando refrendadas al marco del psicoanálisis individual.

Creo que es esencial, dentro de esta gran diversidad de enfoques, tener lo más claro posible las diferencias entre ellos, que muchas veces son sutiles, pero importantes, de los conceptos y técnicas propuestos por los distintos autores, así como darnos cuenta de las diferentes etapas de sus aportaciones para poder adoptar la mejor "herramienta" disponible en nuestro cuerpo de conocimientos para escuchar, comprender e intervenir lo más eficazmente posible con los pacientes, según la orientación teórica adoptada por cada uno.

En este trabajo haré la diferenciación de algunos conceptos aparentemente similares, como intersubjetividad y vínculo. Para ello, presentaré un breve histórico de la creación y evolución de estos conceptos dentro del psicoanálisis vincular, y una correlación de estas definiciones dentro de las contribuciones hechas por René Kaës, Isidoro Berenstein y Janine Puget antes del año 2000, cuando aún trabajaban en el modelo de la Estructura Familiar Inconsciente (EFI).[2]

2 La elección de hacer una correlación entre los aportes teóricos de René Kaës y los del modelo EFI se debió a la intención de establecer un diálogo con los trabajos

El psicoanálisis vincular, creado por Isidoro Berenstein y Janine Puget alrededor del año 2000, fue el resultado de un recorrido de varias décadas de trabajo de ambos con parejas y familias. Estos trabajos exploraron diversos enfoques teóricos pertenecientes al "espacio-mundo intrasubjetivo, al espacio-mundo intersubjetivo y al espacio-mundo transubjetivo" (Berenstein; Puget, 1997, p. 12).

Para una mejor comprensión de la trayectoria del pensamiento de estos dos autores seminales, se puede dividir en diferentes etapas, según Berenstein (2008).

La primera de ellas fue la identificación proyectiva, en los años 1950 y 1960. Este período fue influenciado por el pensamiento de Melanie Klein, Bion y Meltzer, entre otros, y trajo la posibilidad de pensar las relaciones en el interjuego entre identificación proyectiva, transferencia y contratransferencia, o sea, la familia fue pensada a partir del psiquismo individual, donde los miembros fueron entendidos como la extensión de una mente, o mejor, como una mente ampliada. "A partir de ese período, la mente ya no se circunscribió al individuo, ya que ésta podía habitar otra o otras mentes en una suerte de distribución geográfica entre las personas. Eran éstas las primeras percepciones del entre" (Berenstein, 2008, p. 69), concepto que se ha convertido en un punto nodal del psicoanálisis vincular y que, por lo tanto, rastrearé a lo largo de este trabajo.

La segunda etapa fue la de la EFI, que se extendió desde los años 1970 a los 1980. Aquí se observaba el "[...] conjunto de lugares y de vínculos establecidos, cada uno con su propio nombre, que "esperaba" a sus ocupantes-habitantes y esperaba relacionarlos de acuerdo a sus vínculos característicos. Cada lugar, el del padre, el de la madre, el del hijo, tiene funciones" (Berenstein, 2009, p. 16). Estas funciones se concebían desde el sentido del deber. "No es un conjunto pautado

---

presentados por los colegas que integraron la mesa redonda del 29° Congreso Brasileño de Psicoanálisis da FEBRAPSI.

sobre la mente, sino que los sujetos adquieren y se invisten desde el parentesco" (Berenstein, 2009, p. 16). Este modelo, denominado EFI creado por Berenstein, como él mismo declaró, fue de gran valor durante tres décadas gracias a su poder explicativo, pero "algunas dificultades incipientes y sistemáticas después fueron apareciendo" (Berenstein, 2009, p. 17).

Por esta etapa, paralelamente, Janine Puget (1989), que trabajaba más con los grupos y lo social, introdujo los conceptos de espacios geográficos *intrasubjetivos, intersubjetivos y transubjetivos*, que ya entendía que eran superpuestos.

Dice ella: "El grupo se sitúa en el entrecruzamiento de tres espacios psíquicos. Estos no son isomórficos y tienen un estatus y reglas de funcionamiento propio. El pasaje de uno para al otro se transforma en una marca de discontinuidad que se inscribe con plano de clivaje, punto de fragilidad de la estructura total" (Puget, 1989, p. 22).

Cada uno de estos espacios geográficos permite un enfoque diferente de la observación. Eso significa que, dependiendo del campo de observación elegido, los fenómenos encontrados serán diferentes. Si me detengo en lo intrasubjetivo, observaré el mundo interno del sujeto, sus fantasías y representaciones. Si centro mi escrutinio en lo intersubjetivo, seguro que aparecerán otros retos antes no percibidos que deberán ser diferenciados y conceptualizados, al igual que ocurre con el espacio geográfico de lo transubjetivo.

Es importante subrayar que la definición dada al espacio intersubjetivo en 1989 por Puget lleva "en cuenta la presencia de sujetos reales en interrelación y se basa en el modelo de la Estructura Familiar Inconsciente (EFI)" (Puget, 1989, p. 26). Hablan de la ocurrencia de pertenencia otorgada por el otro o no, del poder parental, de la estructura vincular, entre otros.

Este periodo dio origen al *Diccionario de Psicoanálisis de las Configuraciones Vinculares* (1998), que contiene la mayoría de las palabras vinculares de los años 1980 y principios de los 1990. Cabe señalar que, hasta entonces, el término **entre** no figuraba en esta obra. Sin embargo, en Puget y Berenstein (1988) se puede encontrar otro término muy cercano a él, y posiblemente su precursor, que es **clima**. Ellos dicen:

> *En nuestro campo terapéutico el clima es el conjunto de emociones y sentimientos funcionando como sostén de ciertas interacciones y difícil de traducir en palabras. Es la síntesis de una zona de encuentro impuesta a los yoes y a la cual es imposible sustraerse de no mediar algún elemento modificador. [...] Siendo una condición envolvente del vínculo y de los yoes, para no sufrir los efectos de un clima dado es necesario sustraerse al mismo con un funcionamiento mental regido por mecanismos defensivos relacionados con la disociación, la denegación o el aislamiento. (Puget, Berenstein, 1988, p. 156)*

Cabe señalar que el modelo estructural (EFI), utilizado para comprender las cuestiones familiares, puede considerarse como un distanciamiento del psicoanálisis tradicional, aunque siga utilizando la conceptualización psicoanalítica en la comprensión individual. En este sentido, dice Puget (2015, p. 12): "Hablamos del **objeto único** (Berenstein, Puget, 1982), y trazamos un recorrido que abarcaba desde el enamoramiento al reproche, basándonos en las vicisitudes de un modelo estructural y evolutivo". Empezaron a darse cuenta de que una lógica se refería a lo singular y otra a las relaciones entre dos o más sujetos.

La tercera fue la etapa del acontecimiento, en los años 1990. Aquí se produjo una ruptura. Ya no era posible seguir adaptando los conceptos tradicionales para hacer frente a lo nuevo que estaban observando. En este sentido, dice Puget (2015, p. 12): "Fue necesario un corte. Surgió la idea de que la subjetividad acontecía en diferentes espacios (Puget, 1988) y que cada uno de ellos tenía sus propios mecanismos y su propia lógica".

En este salto de comprensión, empezaron a preguntarse dónde estaría lo que no tiene lugar, ya que no estaba ni previsto ni esperado. La forma más común de pensar en esta novedad era como un trauma, un accidente o una catástrofe. Estos términos traían consigo la idea de una historia evolutiva lineal, de una continuidad suprema, de una completud con una connotación armónica que podría mantenerse si no hubiera rupturas, ausencias o excesos. El encuentro entre dos otros puede traer situaciones inesperadas e imprevisibles que también modifican y constituyen sus subjetividades. Por eso, afirman: "El sujeto no determina, sino que es determinado por la relación" (Berenstein, 2009, p. 17).

Para seguir rastreando los conceptos, recurriré ahora a la definición de los tres mundos-espacios dada por Berenstein y Puget en 1997, ya inmersos en el psicoanálisis vincular, que ya estaba bastante definida como figura en la actualidad.

> *Lo intrasubjetivo "sugiere la idea de un mundo interior, allí donde el Yo está con sus representaciones objetales o, más precisamente, con las relaciones de objeto. Allí la presencia del otro, aunque necesaria, es considerada accesoria, no hace falta para el funcionamiento intrínseco de esta área, y sí hace falta para ubicar en él y revestirlo con los aspectos de la propia mente. Como un tenue cortinaje a través del cual se ve a los otros, se les asigna una función y de alguna manera se los confunde con el mundo propio." Lo intersubjetivo "La presencia del otro es inexorable y condiciona la presencia del Yo, éste se constituí precisamente en esa relación, obtiene su forma de ser sujeto. El otro no se deja negar. Este otro no es un semejante; si lo*

> *fuera sería como el Yo. Es un ajeno, un alter e inasimilable, y desde allí aporta su significación o, dicho de otra manera, el Yo deberá hacer algo con eso." (...) "El mundo transubjetivo es aquel que marca los otros dos, que los atraviesa, (...) el mundo sociocultural, también ha de ser representado por el Yo, al igual que las pulsiones. La representación es al mundo mental como el aire o el alimento para el cuerpo. Determina su constitución y su manutención y a su vez es una actividad ligada a la vida." (Puget; Berenstein, 1997, p. 12-13)*

La cuarta es la etapa de la ajenidad, a partir del año 2000. Debido a la creciente necesidad de diferenciar la lógica psíquica singular, la del Uno, de lo que se produce desde el entre-dos imprevisible, la Lógica del Dos, surgió el concepto de **vínculo** en su forma actual. Este término, procedente del lenguaje cotidiano y del lenguaje científico de algunos autores, ha pasado a formar parte también del marco teórico del vincularidad, donde ha adquirido otro significado. En ese momento, surgió la necesidad de desarrollar el concepto de **entre**.

Berenstein y Puget propusieron entonces una nueva forma de pensar el vínculo. Para ello, acuñaron el concepto de **entre**, al percibir que la metapsicología clásica basada en la Lógica del Uno, basada en la noción de representación, no abarcaba todo lo que encontraban en el atendimiento de pareja y de familia, es decir, en el atendimiento de más de un sujeto en análisis.

En este nuevo enfoque han surgido conceptos como el *efecto de la presencia* del Otro (otro en mayúsculas para designar al otro radical, es decir, al otro como otro sujeto y no como fruto de la representación), el *efecto del presente*, la *alteridad del Otro*, *ajenidad* etc., que hacen referencia a la Lógica del Dos, es decir, a la lógica que se establece entre los sujetos debido a la percepción de la *alteridad radical* y que, más allá del juego de identificaciones proyectivas entre sujetos, existe una ajenidad infranqueable.

Más que un concepto, se ha establecido una perspectiva vincular en la que es necesario pensar desde los vínculos y no en el vínculo. Como dice Sonia Kleiman (2016, p. 21):

> *Pensar desde los vínculos, a diferencia de pensar en los vínculos, implica empezar por el medio, es decir, abandonar la idea de núcleo, de centro alrededor del cual todo quedaría coagulado. Requiere dejar de pensar en cada sujeto como centro o pensar lo vincular como una relación, un y otro. Lo vincular es producción. Pensar desde los vínculos es pensar desde el* entre. *Es un transitar por los bordes, por los intersticios.*

Por lo tanto, el *entre* no puede pensarse desde fuera del vínculo o desde la perspectiva de cada sujeto, porque en esta situación no se distingue un centro, sino una escena, en la que cada sujeto participa con su singularidad.

Según Berenstein (2008, p. 22)

> *Pensando desde el "entre", este hacer se produce en el presente, no reconoce antecedentes, y el registro que deja no tiene la forma de recuerdos de lo que ocurrió [...]. El hacer es evanescente, se dio y se cumplió en el hacer, y la incertidumbre de lo que irá a ocurrir persiste, no cesa con la representación de lo ocurrido, de aquello que fue resuelto y posiblemente aprendido.*

Esto es el *efecto de presente.*

Janine Puget amplió posteriormente este concepto diciendo que el **entre** está presente en todo vínculo entre las personas, y que el

entre tiene lo que ella llama una fuerza vinculante, equivalente a la fuerza de la pulsión. Cuanto más vinculados estén los sujetos, más diferenciados estarán y más activada estará la fuerza vinculante, lo que implicará un aumento de su deseo de conocer al otro, de su curiosidad por el otro. Por lo tanto, es necesario pensar en los destinos de la fuerza vinculante, del mismo modo que en los destinos de la pulsión.

Dice Puget (2019, p. 3) que:

> *[...] el amor no se incluye solo como resultado de uno de los destinos de la pulsión. Es una condición que nace del entre dos, ese espacio imposible de anular y del cual nace la fuerza vincular. Y una diferencia posible para no incluirlo en la actividad pulsional es que no busca satisfacción, sino que crea espacios de encuentro y desencuentro que son ineludibles. Y de ahí nacen conflictos también ineludibles.*

Para Puget, hay dos modos de funcionamiento psíquico superpuestos: uno del aparato psíquico singular (la Lógica del Uno) y otro del aparato psíquico vincular (la Lógica del Dos) que permanecen continuamente en funcionamiento. Ella dice:

> *Hay que estar atentos cuando el conocer intenta anular los efectos perturbadores de la alteridad y ajenidad del o de los otros. En el* dispositivo *vincular el analista a su vez es tan solo un otro sujeto que puede intervenir para abrir el amplio campo del pensar juntos. Este deberá afinar su escucha para puntuar lo que sucede durante el encuentro y percibir lo que en cada vínculo se opone a la constitución del Dos (el vínculo) y de la permanente exposición a los efectos del Principio de Incertidumbre (Puget, 2002) que es el principio que sostiene la vida vincular". (Puget, 2018, p. 3)*

Teniendo en cuenta lo expuesto hasta ahora, podemos preguntarnos cuál es la relación entre lo intersubjetivo y el vínculo. Como hemos visto, el término *intersubjetivo* se ha ido redefiniendo a lo largo de nuestra historia, pero para Janine Puget en 1989 ya se superponía a los otros dos espacios (intra y transubjetivo) y en el atendimiento de más de un sujeto se producía un entrecruzamiento entre ellos.

Años más tarde, junto con Berenstein en 1997, el espacio intersubjetivo alcanzó una característica diferente a la de los otros autores, porque añaden una distinción entre espacios geográficos, es decir, la idea de que en cada espacio "geográfico" de observación se constituye una subjetividad, que requiere reglas técnicas y metapsicológicas distintas, y que también se dan simultáneamente de forma superpuesta; además, existe la necesidad de que los sujetos tengan la percepción de que en el otro hay una *ajenidad* y una alteridad radical irreductible.

Es por esta comprensión que el psicoanálisis vincular habla de varias subjetividades que se constituyen en diferentes mundos-espacios de manera superpuesta y discontinua.

Para Kaës, por ejemplo, el término *intersubjetividad* tiene una definición diferente, aunque ambos utilizan la misma palabra. Dice en su libro *Alianzas inconscientes* (2014):

> *espacio psíquico intersubjetivo a aquel que vincula a cada sujeto con otros* sujetos del inconsciente, *de tal manera que el concepto mismo de intersubjetividad encuentra aquí su intención principal. [...] La articulación entre estos diferentes espacios de relación y alianzas debe ser pensada desde el ángulo de la realidad psíquica e inconsciente conjunta, común, compartida, que los asocia y distingue. (Kaës, 2014, p 48, subrayado mío)*

Aquí se enfatiza el *aspecto inconsciente de la intersubjetividad*, permaneciendo, aunque en territorio ampliado, en lo que el psicoanálisis vincular llama la Lógica del Uno. Hay una percepción del efecto causado por el otro de forma inconsciente, pero este no es visto como un Otro en su condición de alteridad radical. Su efecto es inconsciente y los conceptos metapsicológicos utilizados para comprender lo ocurrido son los conceptos y lógicas de la interrelación proyección/introyección, transferencia/contratransferencia, representaciones, fantasías, relaciones objetales etc.

Por otro lado, la Lógica del Dos forma parte de ese espacio intersubjetivo definido por Puget y Berenstein en 1997 en el que, a partir del *entre* establecido en el conjunto, se observa el tipo de vínculo, escucha y aprehensión de la alteridad del Otro que está teniendo lugar en ese Presente. Y es a partir de esta aprehensión de lo que está ocurriendo en el conjunto que el analista puede discriminar, intervenir o interpretar lo que se está viviendo en sesión.

Como dice Puget:

> *Vínculo es un concepto que ha sufrido modificaciones, adquiriendo diversos sentidos que dependen del marco teórico en el cual está inserto. Hoy me resulta claro que, básicamente, con esta denominación busco diferenciar relación de objeto, incluida en la Lógica del UNO, de vínculo, incluido en la Lógica del DOS. La noción de vínculo da cuenta de un movimiento subjetivo, según el cual fracasan la identificación y sus múltiples derivaciones. Se crea un espacio inviolable, que se amplía en cada uno, que se intercambió entre dos o más sujetos, cuya cualidad esencial es la alteridad de cada uno, que se impone al otro o a los otros. El encuentro tiene siempre algo de inédito y impensable previamente; algo pasa que que no estuvo antes. Es imposible prever lo que va suceder, a diferencia de lo que ocurre en la Lógica del UNO, donde se activan juegos transferenciales y modificaciones derivadas de ellos. […]*

> *Vínculo en cuanto entidad exige un trabajo, tiene un costo, al cual he llamado un impuesto a pagar: se trata de un hacer algo que necesariamente descoloca de un posicionamiento narcisista a quienes habitan el vínculo. (Puget, 2015, p. 20 y 21)*

Por lo tanto, teniendo en cuenta todo el marco del psicoanálisis vincular, los aspectos intrasubjetivos, intersubjetivos y transubjetivos pueden ser observados o interpretados siempre y cuando el psicoanalista decida señalar algo de la Lógica del Uno o de la Lógica del Dos que esté sucediendo en la sesión y que considere importante interpretar de alguna manera.

No hay que olvidar que las dos lógicas están sucediendo simultáneamente y, además, que solo se recortará un sentido dentro de la complejidad de lo que está sucediendo en ese Presente como consecuencia de las elecciones del analista.

Sin embargo, a pesar de que las dos lógicas estén ocurriendo superpuestas, si el psicoanalista está privilegiando la escucha vincular en el Presente de la escena, el *entre* que se está estableciendo entre el conjunto en cuestión hará que su mirada/recorte sea vincular.

En la Lógica del Dos, la función del psicoanalista es facilitar una escucha nueva y ampliada entre los miembros del conjunto, así como la función de interpretar e intervenir para que algo nuevo en el vínculo pueda surgir de la experiencia vincular en sesión.

En resumen, *la intersubjetividad*, como la definen Berenstein y Puget en 1997, es la designación del mundo-espacio "geográfico" observado, y el *vínculo*, como lo define el psicoanálisis vincular, se produce en el *entre* establecido en el Presente de la sesión. Ambos conceptos dependen de la condición de ser y hacer juntos con el Otro, donde la alteridad radical y la ajenidad puedan ser percibidas y utilizadas para aumentar el desafío de hacer algo nuevo e inesperado juntos en ese presente.

Referencias

Berenstein, I. (2009). Consideraciones psicoanalíticas sobre familia. *Revista Psicoanalistas en América Latina – Comisión de Familia y Pareja FEPAL*, n. 1, 14-21.

Berenstein, I. (2008). *El ser al hacer: curso sobre vincularidad.* Paidós.

Berenstein, I., Puget, J. (1997). *Lo vincular: teoria e técnica psicoanalítica* (p. 12). Paidós.

Gomes, I.C., Levy, L. (2009). Psicanálise de família e casal – principais referenciais teóricos e perspectivas brasileiras. *Aletheia*, 29, 151-160.

Kaës, R. (2014). *As alianças inconscientes.* Ideias & Letras.

Kleiman, S. (2016). Perspectiva vincular: sin centro, desde el medio. En S. Kleiman (org.), *Diálogos en construcción: espacio de pensamiento vincular* (pp. 19-34). Delhospital Ediciones.

Pachuk, C.; Friedler, R. (coords.) (1998). *Diccionario de psicoanálisis de las configuraciones vinculares.* Del Candil.

Puget, J. (2019). Famílias de hoje e famílias do passado (videoconferência). *Jornada: o casal e a família no divã – famílias, vínculos e sexualidades*, 4ª, SBPRP, 1-6.

Puget, J. (1989). Formación psicoanalítica de grupo. Un espacio psíquico o tres espacios ¿Son superpuestos? *Revista de la Asociación Argentina de Psicología y Psicoterapia de Grupo (AAPPG)*, 12, n. 1 y 2, 17-38.

Puget, J. (2018). Intervenir – Interpréter. *Revue Internationale de Psychanalyse du Couple et de la Famille (AIPCF)*, 19, 2, 1-8.

Puget, J. (2002). Qué difícil es pensar. Incertidumbre y perplejidad. *Revista Psicoanálisis APdeBA, Dolor Social*, 24, 1, 129-146.

Puget, J. (2015). *Subjetivación discontinua y psicoanálisis: incertidumbre y certezas.* Lugar Editorial.

Puget, J.; Berenstein, I. (1988). *Psicoanálisis de la pareja matrimonial.* Paidós.

14. Revisando nuestras teorizaciones: actualizaciones del concepto de vínculo[1]

Graciela Rajnerman, Griselda Santos y Paulina Zukerman

Poniendo a trabajar algunos conceptos

Los conocimientos son construidos en el marco de prácticas sociales concretas, en diversos contextos (culturales, históricos y políticos) que los producen. En esa línea, la inclusión del otro como motor de vínculo y subjetividad en el campo teórico y clínico del Psicoanálisis en Argentina se inició y complejizó en prácticas desarrolladas por fuera de las instituciones psicoanalíticas oficiales. Desde los hospitales públicos varios psiquiatras, psicoanalistas y psicólogos exploraron desde otros escenarios el sufrimiento vincular de los pacientes y sus familias[2]. Posteriormente, Isidoro Berenstein, entre ellos, le dio un giro a esta problemática. La presencia de los integrantes del vínculo familiar en el espacio analítico abrió a conceptualizarlo como un sistema con una estructura familiar inconsciente.

---

1 Este texto es una versión modificada del publicado en el libro *Teoría y clínica en la obra de Isidoro Berenstein*, 2022.

2 En los orígenes E. Pichon-Rivière (1947) y colaboradores, comenzaron a desarrollar una perspectiva vincular y social del psicoanálisis en el Hospicio de las Mercedes, Servicio de Psiquiatría del Adolescente.

Sus primeros textos se centraron en fundamentar y sistematizar la teoría y clínica de los vínculos familiares. En 1990, Berenstein decía: "Todo vínculo resulta de un conjunto de acuerdos, pactos, normas y reglas, las más de las veces inconscientes". Acerca de los acuerdos decía: "[...] tratan de crear lo más deseado o lo más conveniente para todos los involucrados [...]". En cuanto a los pactos, los definía como: "[...] una suerte de convenio donde las partes se obligan a otorgar y conseguir lo deseado por unos y otros a través de un sistema de concesiones, con aceptación de la imposibilidad de acceder al sector incompartible de cada yo [...]". Más adelante, al definir las reglas, dice: "Los acuerdos y pactos iniciales de la pareja circularán luego como leyes universales estructurantes de la significación para esa familia dada".

Sostiene en estas definiciones, cierta concepción donde enfatiza lo convenido, lo concedido, lo combinado y reconoce lo ajeno, lo diferente como imposibilidad. No lo anula. Pero desde el inicio plantea que el vínculo es producto de acuerdos, pactos y alianzas inconscientes.

Casi simultáneamente en Francia, René Käes (1995) describía lo que denominó alianzas inconscientes, planteando que el concepto de identificación no alcanza para explicar lo que sucede al analizar a "más de un otro".

A pesar de provenir de campos de observación diferentes, los grupos en el caso de Käes y las familias y parejas en el caso de Berenstein tienen algunas semejanzas en aquellas teorizaciones acerca de la constitución del psiquismo y acerca de las estipulaciones inconscientes.

Cada uno de ellos, a su modo, planteó hipótesis que subrayan tanto la discontinuidad entre la realidad psíquica individual y la vincular, así como nos alertan sobre la reducción o plegamiento de la una en la otra. Apoyan su pensamiento y sus prácticas bajo el supuesto de que los diferentes dispositivos conllevan la necesidad de pensar otras dimensiones de los vínculos.

Las diversas conceptualizaciones acerca del tratamiento de la ajenidad del otro (negatividad, por ejemplo) fueron foco de coincidencias y disidencias que siguieron produciendo y complejizando las teorizaciones. Este intercambio entre ambos, aunque intermitente, permite apreciar en ellos la misma pasión por interrogar los padecimientos vinculares y producir herramientas para intervenir.

Nos interesa aquí abordar una de las intervenciones de los últimos años de Berenstein (2010) quien, precisamente en diálogo con Réne Käes, comenta:

> *[...] el vínculo es obstáculo [...] Hace diez años decía que la alianza hacía al vínculo, y hoy digo que esa alianza inconsciente podría anular al vínculo, ese hacer con la ajenidad del otro. Desde ese punto de vista una alianza hace una solución que anula el vínculo. Si "estamos aliados", en parte estamos en lo mismo, ilusoriamente. [...] Digo: donde hay una alianza no hace falta el trabajo del vínculo. El trabajo del vínculo empieza donde la alianza finaliza.*

Releyendo una y otra vez esta frase, nos preguntamos. ¿Qué fue lo que cambió? ¿Es otra la idea de vínculo la que propone en esta afirmación provocativa? ¿Reformula la noción de alianza? Aquí la idea de alianza parece sostenerse sobre un supuesto que implica la naturalización de la tendencia desubjetivante hacia el otro del vínculo, cancelando su ajenidad[3]. En tanto que *vínculo* sería en esta oportunidad definido como "ese hacer con la ajenidad del otro". *La ajenidad y la diferencia como productores de vínculo en la medida que demanda trabajo psíquico.* Ya no es lo pactado, lo procesado para volverlo "común", sino también lo imposible de capturar, propio y del otro, la idea que predomina.

---

3 Evoca la frase: "el hombre como lobo del hombre" de Thomas Hobbes, en *El Leviatan* (1651).

Creemos entender en este oscilar que la alianza inconsciente pasa de ser constitutiva del vínculo a estar en oposición al mismo. La transformación en la conceptualización respondería a la marca de un cambio de época. Desde un momento en que la estabilidad y permanencia eran valores sociales prácticamente universales, hasta los últimos tiempos en que las ideas de complejidad, incertidumbre etc. se fueron imponiendo en nuestro pensamiento y en nuestra posición clínica. Las profundas y veloces transformaciones socio-históricas también modifican nuestras producciones vinculares, nuestras prácticas y teorizaciones. Van redefiniendo el campo conceptual y ordenan los ejes de discusión desde otras perspectivas.

Entendemos que pactos y acuerdos son cuestionados a partir de que son conceptos que enfatizan lo convenido, lo acordado entre los sujetos. Es a partir de ahí que el concepto mismo de vínculo es el que es reformulado: La posibilidad del vínculo se encontraría sólo en la diferencia, en el trabajo sobre lo ajeno y sus coincidencias (alianzas) lo anularía.

Encontramos en este diálogo con Käes a un Berenstein que, por decirlo de algún modo, "milita la diferencia", buscando alejarse de cierta ilusión que ofrece el registro de lo imaginario en el vínculo. Entendemos que es desde ahí que deconstruye la noción de alianza y ésta se constituye en obstáculo del vínculo. En la medida que ofrece cierta ilusión de certidumbre, encubriendo discrepancias, velando diferencias.

¿Acordamos en pensar que el vínculo empieza donde la alianza entre sujetos se altera o finaliza? ¿La imposibilidad es lo que produce al vínculo y la identidad lo anula? ¿Cómo pensamos entonces los procesamientos de la solidaridad, del cuidado por el otro?

Si el punto de partida de las teorizaciones es la ajenidad como posible promotora de vínculo, pero también del sufrimiento y la patología, ¿qué lugar darles a los acuerdos inconscientes productores de vínculos satisfactorios, a predominio de lo amoroso, del crecimiento mental y vincular, la idea del otro en la amistad?

Tal como fue planteado en un trabajo anterior (Zukerman, p. 2020): Las estipulaciones inconscientes pueden también ser definidas como intentos de cubrir el desconocimiento por la ajenidad radical del otro del vínculo. Lo ajeno inaccesible, que se intenta cercar a través del intento siempre ilusorio de la certidumbre.

Además, hoy pensamos que la afectación de lo "propio", así como también el trabajo sobre la ajenidad, "lo otro", se presenta, se impone. Dicha imposición demanda algún tipo de trabajo para alojarla. Entendemos que los trabajos psíquicos que producen vínculo afectan tanto a lo identitario y lo común como a lo ajeno, propio y del otro. Ambas dimensiones requieren operatorias diferentes. Las consideramos siempre fallidas. Lo oposicional y lo contradictorio también se hacen presentes una y otra vez, coexisten y dan cuenta de la tensión que no logra dirimirse. Se trata de un desequilibrio constante que demanda trabajo de ligazón y desligadura complejizando o desarticulando el vínculo. Lo no capturable por el lenguaje, lo no representable de cada uno y imposible de significar no dejan de demandar elaboración.

Puede ser a predominio de repetición o de creación, de satisfacción o de sufrimiento, de ligadura o desligadura. Procesamientos que construyen el *entre* del vínculo. Las estipulaciones inconscientes refieren a vínculos en cuyo devenir se modifican, se alteran los sujetos involucrados.

A su vez, el registro de las transformaciones sociales, entre ellas los feminismos, la visibilización y el estatuto de las diversidades sexuales, así como nuevas organizaciones tanto de parejas como de familias interpelan nuestros conceptos y demandan discusiones intrateóricas tanto como nuevas herramientas para su abordaje.

Los modos de encuentro y desencuentro siempre exceden las conjeturas teóricas. Otros desafíos se nos presentan para pensar las nuevas formas de relación sexo-afectivas enmarcadas dentro de parejas abiertas, o poliamor, por ejemplo, que deconstruyen las formas consideradas hegemónicas de relación amorosa entre los sujetos.

Una viñeta

Alicia y Bernardo consultan a raíz de la infidelidad de este último. Parecen haber armado un vínculo sólido en cuanto a los aspectos "administrativos" de la vida familiar: cada uno de ellos tiene un hijo de matrimonios anteriores y armaron juntos una empresa comercialmente exitosa.

Al mismo tiempo, describen un gran sufrimiento vincular. En los momentos iniciales del vínculo parecen haber dejado de lado ciertos aspectos de cada uno de ellos con la inconsciente modalidad de repetición de patrones infantiles: ella, su necesidad de apoyo y ternura por haber tenido que defenderse de un entorno familiar muy hostil. Él, aceptar un papel secundario y dependiente del afecto del otro, tal como en la relación con su madre.

La infidelidad parece haber sido la forma en que retorna algo de lo negativizado, de lo renunciado, para poder sostener ese vínculo y, al mismo tiempo, para conmocionarlo. Tal vez algo de la repetición e insatisfacción desborda y surge ese otro espacio asociado con el placer de Bernardo. Lo excluido del vínculo de pareja que, a su vez, fue estrechándose y perdiendo el sentido. La abrupta inclusión de la infidelidad rompe algo de la estabilidad, seguridad, y dependencia sin placer por el encuentro. En ese momento, consultan.

¿Qué buscan? ¿Restablecer los pactos iniciales? ¿Desarticular totalmente el vínculo?

Él se describe como débil ante ella, plantea que es más inteligente que él, fría y distante. Parecen haber sostenido la relación sobre un pacto fundante en lo cual él quedaría posicionado como infantil, anhelante de cariño, débil. Ella como fría, distante e inteligente. Con el consecuente efecto de vivencias de soledad e insatisfacción para ambos.

Ella reconoce que se alejó y decepcionó de él cuando no pudo ayudarla frente a un serio accidente de su hijo. Pero no puede justificar ni perdonar la infidelidad. "Por más vueltas que le doy, cada tanto me da un ataque de furia, odio y dolor y me quiero separar". Propone tomar distancia un tiempo. Él se opone: "si me voy, me voy". Ante lo cual, ella vacila. Meses después, se repite la secuencia.

Él aparece muy firme en su elección de separación definitiva y ella nuevamente duda.

Una nueva modalidad de intercambio – él se muestra con firmeza y audacia en sus propuestas y ella como más vacilante – da lugar a otro momento en el tratamiento que muestra importantes cambios: de un humor inteligente pero ácido, a la aparición de la ternura en sus bromas; comienzan a plantear lo que les gustaría hacer con el otro y lo que les gustaría que el otro haga. En una de las sesiones lo plantean como "condiciones" para seguir juntos. Negocian. Se ríen. Regatean.

El analista tiene la impresión de estar observando en estas manifestaciones clínicas efectos de un procesamiento inconsciente, productor de nuevas estipulaciones entre ellos.

¿Y en otros contextos?

Nos referimos al conjunto de variables sociales, económicas y políticas que sostienen encuentros y desencuentros entre sujetos, que dan cuenta de la multiplicidad vincular.

Berenstein et al. ubicaron tempranamente en sus teorizaciones a lo social como una de las dimensiones de la constitución psíquica.

Para abordar esta temática nos resulta interesante pensar en otros escenarios en los cuales la crisis socioeconómica y de valores lleva a consecuencias como el hambre, la desocupación y el desamparo. Estas realidades se expresan sin velambres. Tienen consecuencias en el sistema representacional, en la subjetividad y, por supuesto, en la manera de construir vínculos.

En los últimos años, algunas de nosotras participamos como supervisoras externas de los equipos que trabajan en una institución que recibe niños y adolescentes en situación de calle (Caina)[4].

Registramos cómo la carencia y el desapego producen un escenario donde el niño/a, adolescente, se constituye muy lábilmente en sujeto psíquico. Lo frágil constituye una manera de ser para sí y para el mundo, quedando identificados con enunciados que los sitúan como resto, por fuera de la perspectiva de futuro. En la mayoría de las situaciones, la familia ha sido una trama que caracterizamos como discontinua, desgarrada. Lo familiar es un contexto más donde los niños desde muy temprana edad alternan su cotidianeidad con otros: la calle, alguna institución, algún pariente o bien algún vecino. Este deambular suele cimentar una subjetividad sin las condiciones necesarias para que estos niños puedan construir vínculos en continuidad. La representación del otro, como semejante, se instala en forma precaria, fugaz.

El irse, fugarse, ante cualquier obstáculo o desencuentro con el/los otro/s está facilitado. El desencuentro y el malestar no tienen cabida ya que no podrían ser procesados.

Podríamos decir que los vínculos se construyen en condiciones de contactos discontinuos. Esta intermitencia "vincular" construye una modalidad que imprime la forma que toman los encuentros/desencuentros con los otros.

¿Nos sirven las categorías conocidas? Sólo parcialmente. Hablamos nosotras de una filiación que se constituyó en discontinuidad. Nos preguntamos si podemos considerar a estas situaciones como un quiebre de los acuerdos, pactos, en tanto esa supuesta continuidad se vio alterada o si es nuestra mirada la que exige que haya algo que continue, ahí donde, justamente, se pausó la mirada, el amparo, el cuidado.

---

4 Centro de Atención Integral de la Infancia y Adolescencia. Es una institución de puertas abiertas para los niños y adolescentes en situación de calle.

Los vínculos sostenidos entre ellos suelen ser intensos pero precarios, sin ligaduras estables. A veces también los vínculos entre hermanos oscilan entre el desconocimiento del paradero, de su existencia, hasta otros caracterizados por el reconocimiento y el afecto.

Como dijimos con anterioridad, el vínculo con el otro necesita de un trabajo psíquico permanente, todo el tiempo demanda un hacer para producir, permanecer o salir. A veces opera en nuestro pensamiento un supuesto por el cual lo constante es mejor que lo que se interrumpe.

Nos interesa pensarlos como "otras subjetividades" que representan otras lógicas sociales producidas en los márgenes del discurso social predominante.

La tendencia antisocial se va construyendo como un derivado de una infancia desamparada, en la cual lo carente trasciende lo material, lo simbólico. Hacemos referencia a un proceso de ausencia de referentes de cuidado y una intensa anestesia social sostenida frente al padecimiento de estas niñeces, adolescencias.

Decíamos en un trabajo anterior (Rajnerman, Santos, 2016):

> *[...] Sostenemos que la oposición entre "integrados" y quienes habitan los territorios "marginales" es producto de un mismo sistema. Sistema que organiza las condiciones de quienes son reconocidos sólo como excluidos, es decir significados sólo por lo que les falta" y otros "incluidos" desde criterios familiaristas que definen los modos del cuidado de los niños/as que aceptan y reproducen el contrato social.*

Continuando con estas ideas, decíamos:

> *Hoy proponemos complejizar la idea de discontinuidad en lo filial con la idea de desafiliación social (Castel, 1995). La precariedad de los vínculos familiares se complejiza con*

> *lo intermitente de un lazo social fragmentado que acerca a estos jóvenes a un estatus que cabalga sobre las fronteras de la supervivencia. Eventualmente, en ocasiones, logran articular formas espontáneas de recomposición en que las identificaciones recíprocas se producen bajo otros códigos [...]. (Rajnerman, Santos, 2021)*

Pensamos la desafiliación social como una de las facetas de ese pacto social desmantelado que no ofrece amparo, cuidado, ni moratoria adolescente.

Remitiendo a lo que decíamos en párrafos anteriores del pensamiento de Isidoro Berenstein, lo social está presente desde la constitución misma de la tópica. La miseria social se instala como miseria psíquica (Viñar, 2013) y el sujeto sobrevive una vida donde se conjuga lo carente con lo violento, el mundo interno con el mundo externo construyendo una amalgama que lo desafilia tanto del linaje social como familiar. En esas condiciones, también cambian los modos de producción de vínculos: están acentuados los pactos de alianza, la identificación por sobre lo diferente.

Nos preguntamos: en situaciones donde hay una clara vulneración de derechos, ¿se rompió el pacto social? ¿O es la misma noción de pacto la que tenemos que cuestionar?

Recomponerlo, implicaría generar apuntalamientos que ayuden a coconstruir junto a dichas familias arrasadas, legalidades que tengan en cuenta sus necesidades y posibilidades. Dicho armado requiere de una mirada que ubique al otro en una posición de sujeto, por lo tanto fuera de todo estigma que lo cristalice como un resto social. Esta reparación nos demanda construir tramas sociales y comunitarias que recuperen la noción vincular de conjunto.

Pensamos que el pacto narcisista es un concepto vigente para dicha población arrasada, como para cualquier otra. Parte del padecimiento de estos grupos humanos es no poder incluirse, no encontrar un lugar en el que se sientan reconocidos como lo que son: sujetos.

Breve ejemplo de ello fue el comentario realizado por uno de los jóvenes que concurría al Caina, quien, frente a una mudanza de la institución, al ver las nuevas instalaciones (baños con puertas, duchas con cortinas etc.) su acotación fue "esto es para los que tienen plata".

Pensar en términos de quiebre pareciera ser un término al que le faltara intensidad, cuando de lo que se trata es dar cuenta de un proceso de invisibilización, de vacío. Entendemos que es la misma noción de semejante la que está en juego.

Dicha población marginal a la que hacemos referencia representa una extranjeridad tal que muchas veces se torna imposible de incluir en nuestro contexto. Hay algo irreductible en su ajenidad. Así, grandes grupos humanos son invisibilizados. La falta de esa afiliación social empuja a muchos jóvenes a ese lugar de nadies[5] tanto para si como para la mirada de los otros.

A modo de conclusión, siempre provisoria

Poner en cuestión lo obvio, trabajar el legado de nuestros maestros demanda la capacidad de cuestionar, disentir y ampliar los límites de lo ya acordado.

No se trata de ubicar al motor del vínculo del lado de lo compartido, consensuado (pactos y acuerdos) o bien del lado de la diferencia (ajenidad). Ambas dimensiones vinculares motorizan al trabajo del vínculo. No se anulan, ni rivalizan entre sí. Los opuestos no se superan o eliminan si no conviven en la contradicción del cosmos y el caos (Kush, 1975). Esa dialéctica entre lo propio y lo ajeno, entre lo semejante y lo diferente, entre lo continuo y lo discontinuo, sostiene cierta tensión que motoriza el trabajo vincular.

5 Galeano, E. *Los nadies*, "Los nadie: los hijos de nadie, los dueños de nada..."

Seguimos sosteniendo que las estipulaciones inconscientes se establecen para incluir/excluir, provisoriamente, la ajenidad del otro y la propia. El otro con su presencia se impone y afecta al propio funcionamiento psíquico. Excede el espacio disponible de cada uno para alojarlo. Es un intento siempre fallido, ya que esa imposición de presencia, por definición, desborda.

El encuentro entre sujetos demanda trabajos diversos, aún en contextos de vulnerabilización constante, pero sostenemos que, aun así, y tal vez por eso, persiste algo de lo no capturable. También en nuestras teorizaciones, siempre en construcción y deconstrucción.

Referencias

Berenstein, I. (1990). *Psicoanalizar una familia*. Paidós.

Berenstein, I., Käes, R. (2002). Diálogo Berenstein-Käes. *Revista. Psicoanálisis*, v. XXIV, n. 1 y 2. Asociación Psicoanalítica de Buenos Aires.

Castell, R. (2004). *Las trampas de la exclusión. Trabajo y utilidad social. Topía*. SigloXXI.

Galeano, E. (2007). *"Los nadies" en Amares*. Alianza Editorial.

Käes, R. (1995). *El grupo y el sujeto del grupo. Elementos para una teoría psicoanalítica del grupo*. Amorrortu editores.

Käes, R. (2010). *Un singular plural. El psicoanálisis ante la prueba del grupo*. Amorrortu editores.

Kusch, R. (1975). *América profunda*. Editorial Bonim.

Rajnerman, G., Santos, G. (2016). Lo discontinuo como marca filiatoria. En *Pensar la niñez. Psicología del desarrollo desde una perspectiva americana*. Editorial Grijley.

Rajnerman, G., Santos, G. (2021). Adolescencias intervenidas: una perspectiva en situaciones de vulnerabilidad social. *Revista Intersecciones Psi*, 37(10).

Pichon-Rivière, E. (1985). *Teoría del vínculo, selección temática de transcripciones de sus clases, años 1956/57, realizada por Taragano, Fernando*. Nueva Visión.

Viñar, M. (2013). *Mundos adolescentes y vértigo civilizatorio*. Noveduc.

Zukerman, P. (2020) Apuntes para una psicopatología de la economía cotidiana: el dinero en la clínica vincular. *Revista de Psicoanálisis de Guadalajara*, 14.

Zukerman, P. (2021). Continuidad-Discontinuidad. *Rev. Controversias, APdeBA*.

15. Encuentros y desencuentros en la terapia de pareja: en busca de abrir espacio para que sea escuchado lo novedoso creativo

Yubiza Zárate Zuvic

Cuando pienso en la consulta psicoanalítica de parejas, se viene a mi mente los movimientos de encuentro y desencuentro que acontecen en la sesión. Pensando en las parejas que he atendido, algunas de estas entran a la sesión con gestos visibles de molestia entre ellos, como si el otro[1] no cubriera la ilusión del objeto representacional. En otras se observa cómo la mujer se muestra cuidadosa de lo que dice frente a el esposo, lo mira con ansiedad, con temor a que se enoje por lo que dirá, mientras el esposo impresiona seguro en su rol de proveedor y cuidador de la seguridad familiar. En parejas donde la esposa se muestra como si detentara el poder de cómo debe ser el esposo en la relación, descalificando cada actuación de éste. Estos son algunos ejemplos dentro de otros, que me hacen pensar que estuvieran

1 Otro: término que nombra a un sujeto que está tan investido como ese otro sujeto que soy yo, pero que sin embargo es diferente, y esa diferencia es irreductible a la que llamaré: ajenidad (Berenstein, 2007, p. 169, citado por Kupferger, 2014).

reeditando por identificación proyectiva las relaciones con representaciones de objeto, características de la Lógica del Uno (Puget, 2018).

Aun cuando pensamos en el caso por caso, las parejas, en lo singular, consultan por el sufrimiento vincular. Algunos pueden darle forma a ese sufrimiento. Lo expresan en "algo cambió entre nosotros después que nació el (la) hijo (a)", "se rompió algo entre nosotros y ya no somos los mismos", "nos hemos convertido en unos extraños", "no me toman en cuenta para las decisiones importantes", "ha surgido un otro entre nosotros", "hemos perdido la intimidad entre nosotros". Estos son algunos ejemplos de discurso de parejas cuando vienen a terapia. En esos discursos se despliegan las configuraciones psíquicas complejas de la pareja, en las cuales sobresale el peso de lo cultural, la rigidez de los roles asignados inconscientemente, a su vez, emerge la necesidad de cambios en la dinámica de intercambio, tanto en lo económico, laboral, en el juego de roles en el hogar, en las diferencias en la crianza. Lo que muestra el malestar intersubjetivo de la incomunicación, el juego del poder, la imposición, entre otros.

En algunas ocasiones la ruptura de la pareja ha develado el resentimiento que siente uno de los dos de estar posicionado en un rol estático y la necesidad de mayor flexibilidad y fluidez, aspirando a mayor seguridad, confianza y equidad entre ellos. En otros, las situaciones dolorosas que han tenido que vivir como padres les han hecho a uno de los integrantes encapsular el duelo traumático, y la pareja se resiste a mantener silente la perdida y eso los aleja perdiendo la intimidad.

Con este trabajo quiero compartir la experiencia de cómo se va construyendo el espacio **entre**, que permite que los integrantes del campo aprendan de la experiencia emocional que se va vivenciando. Es sorprendente para mí como analista darme cuenta de cómo se produce la transformación psíquica en la pareja y en mi como analista. Cómo se va ampliando la capacidad de escucha de lo otro: no dicho, nuevo, que emerge como diferente, a través del discurso confuso y a veces violento de imposición de uno sobre el otro, de intuir la sutil seducción que realiza uno de los integrantes para hacer presente los pactos silentes de no hablar determinados temas en sesión. Es una forma, a veces gestual, de silenciar y opacar lo que quiere emerger y aun aquello insiste en hacerse presente en la turbulencia e ir alcanzando la capacidad de contener aquello, lo diferente, ominoso, y comenzar a darle figurabilidad para pensarlo y elaborarlo.

Describiré con mayor detalle el movimiento en sesión de una pareja, a quien nomino Daniel y Daniela. En una sesión posterior a un fin de semana largo, se observa una entrada políticamente correcta, la mirada entre ellos, las sonrisas que se muestran entre ambos, como si requirieran entrar a la sesión formando equipo especular ante la psicoanalista/testigo. Me pregunto ¿Qué soy yo para ellos? ¿Represento algún objeto persecutor? O ¿podría ser que entrar a sesión les genera ansiedad y necesitan reafirmar que son equipo, ante la posible turbulencia que puede emerger en sesión?

Al elegir cada uno donde sentarse, Daniel y Daniela se quedan en silencio, como si dudaran quien de los dos inicia el relato. Yo espero, sin entender mucho que está aconteciendo entre ellos con este lenguaje preverbal. Daniel comienza haciendo una narrativa de lo que había ocurrido según su percepción de los hechos. Expresaba con cierto gozo lo bien que lo pasaron, lo que hicieron juntos, cómo compartieron, se mostraba relajado, alegre, transmitiendo la plenitud de lo bien que lo había hecho. Mientras lo escucho formando parte del campo situacional, percibo que Daniela está inquieta e interferida, pues empieza a cambiar la facie de la cara, se pone seria, se le disipó la sonrisa, se mueve en la butaca, se arregla el pelo, se pasa la mano por la cara. Lo interrumpe, e interroga agresivamente, "¿realmente crees que fue así?, [...] si..., las cosas sucedieron así, tú en tus cosas y empujando a todos los demás hacia lo que tú quieres hacer". La cara de Daniel cambia, [es un poema], entre serio, enojado, y decepcionado. Yo me siento conmocionada por el tono de voz agresivo de Daniela, el clima es de turbulencia emocional que nubla la capacidad de pensar.

Emerge lo discordante de una realidad, en la cual la mirada de cada uno corresponde a su historia intrasubjetiva.

La tensión que percibía en el ambiente desembocó en acusaciones mutuas, ambos mostrando su rabia hacia el otro. Yo observaba la escena, me preguntaba que podía decir ante tal descarga emocional, tenía la mente en blanco…, dejé que rodara la escena, el ambiente se fue poniendo sofocante. Se me vino a la mente la fantasía de la guerra de los botones, una película de niños en el que estos se agrupan creando dos bandos para pelear. ¿Quizás me querían mostrar con esta escena quién de los dos ve las cosas como son?, quién de los dos lo hace mal? Y que uno de los dos sabe cómo debe ser. Yo mientras pensaba que era un testigo silente/ausente, pues no me incluían para nada, sus miradas estaban enganchada el uno en el otro. Para mí, ellos estaban en su guerra de existencia, y necesitaban un espacio seguro, la sesión, para decirse lo que no pueden decirse en su habitualidad.

El impacto emocional tuvo efectos en mí. Pensaba en la escena y me preguntaba: ¿A quién le habla cada uno de ellos? En esa escucha sorda entre ellos, me pregunto: ¿si están decepcionados porque el otro no se parece a la representación del objeto subjetivo que tiene cada uno? Me sorprende la invisibilización mía para ellos. ¿Soy un testigo de la descarga emocional de ellos que no genera interferencia alguna en la realización de la fantasía intersubjetiva de pareja? El efecto de presenciar la escena violenta me hace toser, [posiblemente, metafóricamente, para expulsar la reacción emocional que me produce la agresividad de ellos], pero ellos continúan enganchados en la pelea de descarga emocional y no les es posible mirar la escena donde yo estaba también incluida.

Luego pensé: el desencuentro tiene que ocurrir en la presencia del terapeuta, como un testigo de su problemática, y porque Daniela no se atreve a hablar de sus malestares con la pareja si no es en este espacio. Cuando escenifican el día a día, es como si bailaran un vals al unísono de quehaceres rutinarios y sonrisas. El espacio de la terapia es para expresar lo no dicho entre ellos. Me pregunto: ¿si ellos consideran el espacio analítico como seguro y contenedor, que allí pueden plantear el malestar que sienten sin temor? Pero ¿qué temor sienten de comunicarse entre ellos fuera del dispositivo analítico[2]?

En este momento que me siento desconcertada, que presencio la descarga de la rabia bidireccionalmente, el clima de la sesión es denso, confuso, cargado de rabia. Intervengo: "Creo que ambos al escucharse terminaron enrabiados. Tú, Daniel, pensabas que te habías esforzado este fin de semana y creías haberlo hecho todo bien para agradar a Daniela, pero tú, Daniela, te frustraste mucho al sentir que no eres vista por Daniel, lo que desencadenó la rabia entre ustedes dos". El clima cambió, sin embargo, Daniela siguió rabiosa y hizo un comentario que molestó a Daniel, pues éste frunce el ceño y se queda en silencio. Yo intervengo, diciendo que lo que dije recién a Daniela no le es suficiente, que ella quiere decir que ella si sabe cómo debiera ser Daniel en la relación.

Como la sesión está por terminar, agrego que ellos se sienten seguros en este espacio que estamos construyendo para pensar juntos, pues se sienten en libertad para expresar las emociones que sienten. Que se están dando cuenta que son y sienten diferente las cosas que viven…, y, al parecer, se desconocen más allá de lo bien que cumplen las rutinas diarias.

Pensando fuera de sesión lo que movilizó este desencuentro, conjeturé que fue la emergencia de algo que aún no está claro, no visto y no dicho. El encuentro se transformó en un desencuentro, pues generó una situación que fue incrementando el malestar y confusión en

---

2 En el "dispositivo psicoanalítico coexisten campos heterólogos. El campo transferencial-contratransferencial transitado por la creación de una fantasía inconsciente intersubjetiva compromete, en grados asimétricos, zonas de la historia personal de los participantes que admiten transferencias. Y un campo vincular en el que se despliegan producciones mentales que denotan un sector del otro, imposible de ser investido objetalmente por el Yo" (Kupferger, 2014. pp. 385-6).

la situación analítica. No obstante, abrió un espectro de lo ajeno que sorprendió a cada participante. Desde mi perspectiva, me sorprende el movimiento dinámico casi acelerado que fue gestándose en el transcurrir de la sesión.

Relato otro extracto de sesión de meses después, que se inició con un mostrario de eventos que resaltaba otra vez lo bien que lo pasaron en vacaciones de invierno, lo compenetrado que estuvieron entre sí, se irradiaba en el ambiente la alegría vista en las caras de ambos, mientras yo pensaba ¡Qué bien, se pudieron comunicar entre ambos! Que pudieron compartirlo y a la vez sospechaba de esa felicidad. El relato de Daniel fue escuchado por Daniela, respondiéndose mutuamente. Decidí observarlos y seguir escuchando ese *tete a tete* entre ellos Daniel se sentía pleno, lo percibía en su cuerpo, en sus gestos, y Daniela tenía una mirada indefinida, pero atenta a lo que planteaba Daniel. Ella abruptamente interviene preguntándole: "¿Espero que no vayas a jugar en estas fechas?" … Daniel sorprendido, cambió la cara, frunció el ceño… sigue Daniela diciendo, … "Porque te tomaste unos días de las vacaciones para ir a jugar a la región tal y luego te viniste a la capital y jugaste todos los días", la cara de él se transformó, Daniela, seguía señalando, "porque tu sabrás que mientras haces eso, la que queda a cargo de la casa e hijos soy yo, y estoy cansada…, esta no es la familia que yo quiero tener… Su forma de advertir agresivamente a Daniel me recordó su reclamo de la primera sesión, me preguntaba ¿por qué regresábamos al origen de la problemática de hace un año? ...y por qué yo pensaba en el origen? Continúa Daniela: …Tu expectativa es seguir haciendo lo que tú quieres y que yo me quede a cargo de los hijos…, siempre te llevas buscando qué hacer, hacer…". El comentario de Daniela tuvo como respuesta de Daniel: "ya informé que no voy a participar en esta temporada", Daniela responde: no te creo, [en tono inquisidor], ya muchas veces me has dicho lo mismo. Yo estoy desconcertada, y percibo que Daniel está enojado y señalo que me sorprende el tono retador de Daniela cuando habían llegado tan sonrientes a la entrada de la sesión. Comento que al parecer se habían guardado de no decirse cosas en las vacaciones esperando la sesión, pero que el malestar se fue acumulando e intensificando.

Ahora que reiniciamos la terapia se sienten en un espacio seguro para comunicarse el malestar. Daniela continúa: "esto es lo mismo de siempre, él no me escucha, trata de taparme la boca con ese comentario". Daniel dice: "siempre es lo mismo, ella me conoció jugando y ahora se vuelve un problema", Daniela responde: "estás siempre en movimiento, quédate quieto, lo que haces es peligroso, …" y el responde bajito algo que no escucho bien, me quedo con palabras sueltas "dejar todo", "tranquila", "separarse" y "morirse" … Daniela lo increpa, ¿qué dijiste? [en tono agresivo], Daniel dice "bueno, no me voy a morir por dejar de jugar …". Daniela se pone a llorar, se enjuga las lágrimas con el suéter, "yo no quiero eso, porque me hace sentir culpable, has lo que tú quieras". Se está por terminar la sesión, yo les propongo que nos tomemos un tiempo para pensarlo juntos, que existe un malestar entre ellos, que lo han guardado todo este tiempo, y que ahora sale como una tromba y aún no está claro de qué se trata esta angustia; ¿qué es lo peligroso, lo quieto y lo movible? Si nos tomamos el tiempo necesario podremos comprender mejor lo que está en el trasfondo de esto que trajeron hoy. Darnos tiempo para pensar antes de tomar decisiones como renunciar a lo que Daniel le es significativo, y para comprender qué quiere decir Daniela con querer a Daniel más involucrado con ella.

Daniela me interrumpe y acusa a Daniel que se fue a jugar en las vacaciones y la dejó sola, Daniel la acusa de vuelta, señalando que ella se fue unos días a ver a sus padres y él se quedó a cargo de los niños.

En este momento de cierre de la sesión, me parece que el tiempo fue insuficiente para contener el dolor sentido y la frustración retenida en el tiempo de vacaciones. Percibo que están desbordados, con una mezcla de sentimientos entre rabia, tristeza, impotencia y culpa.

Que ambos vivieron las vacaciones de forma distinta, y aun no se aclara qué está generando el sufrimiento.

Les propongo que sigamos pensando juntos, que al parecer las expectativas que tenía cada uno de la sesión de hoy se frustraron. Que la turbulencia emocional de hoy generó sorpresas que nos dicen que cada uno vive las cosas de forma diferente y que hasta ahora no lo habían contemplado. Que la discordancia permitió que emergieran las diferencias entre ellos y que si nos damos la oportunidad de escucharlas podrán conocer lo distinto de cada uno y alojar lo diferente del otro para elaborarlo.

La sesión dejó el malestar abierto. Ambos se despidieron a distancia, de forma distinta a otras ocasiones. Me quedé con una sensación de desconcierto y frustración. Repensando la sesión, vivencio la confusión que se había desencadenado en la dinámica del campo. Esa sensación de no comprender de qué se trata realmente lo que aconteció. Esa incertidumbre incomoda que siento, se grafica como teniendo pedazos dispersos, sin sentido aún. Pensé ¿por qué Daniel, para evitar problemas, quiere renunciar a algo que es significativo para él, desde la línea transgeneracional?, ¿Por qué se comporta como cree que Daniela quiere? Y por qué Daniela plantea que quiere a Daniel quieto, más involucrado con ella. ¿A qué se refiere con más involucrado con ella?

Pienso que el desencuentro se genera porque cada uno actúa de acuerdo con sus representaciones internas y en esta sesión no logramos vincularnos y construir el espacio **entre**. Me pregunto: ¿Cómo se logra alojar e inscribir eso del otro, nuevo, que no se puede representar? Berenstein (2018) lo expone así: "En la relación con el otro tengo que poder encontrar la manera de inscribir eso del otro que no puedo representar" (p. 218). Esto que se presentó en sesión por el efecto de presencia generó interferencia. Se puede observar en la escena como se acciona y reacciona de acuerdo con lo intra e intersubjetivo de cada uno, buscando que cada uno complete al otro, complazca al otro, sin embargo, emerge algo nuevo, indecible aún. El espacio **entre** de producción permite pensar las discordancias que aparecen como algo nuevo en el entre e implica un trabajo vincular que dará posibilidades de generar nuevas subjetividades. Esta reseña permite observar cómo en una sesión conviven simultáneamente la Lógica del Uno y la del Dos, cuando se les invita a pensar la alteridad, darle cabida respetuosa a lo diferente del otro y así poder trabajar el malestar.

***

Pienso que Daniela desconfía del cambio que introdujo Daniel, lo considera un "tapaboca", como si trajera a la escena que existen unos pactos denegativos[3] (Kaës, 1993) entre ellos, son alianzas inconscientes, acuerdos mudos tras bambalina de la terapia de pareja. Que ella devela, como que eso se dice de la boca para afuera, porque están aquí conmigo.

Esas realidades diferentes mostraron hoy en sesión. En un afán de reducir el malestar que me quedó de la sesión, conjeturé que ambos al no sentirse comprendidos comenzaron a pelearse como dos niños. Yo, como un integrante más, sentí que hoy se borró el vestigio del *entre*[4], acogí la vorágine de sentimientos, quedándome con pedazos dispersos poco entendibles en el momento y preguntándome ¿qué

---

3 El pacto *denegativo* aparece como un complemento del contrato narcisista y Kaës lo introduce en 1985 con el propósito de describir una tópica del vínculo intersubjetivo. En 1993, plantea que presenta dos polaridades, una organizadora del vínculo y otra defensiva. Los pactos *denegativos* se forman en las conjunciones de la intersubjetividad. Para Kaës, "las alianzas inconscientes son formaciones de un aparato psíquico de los sujetos de un conjunto intersubjetivo, pareja, grupo, familia institución. Determinan las modalidades de vínculo entre los sujetos y el espacio psíquico del grupo a través de ellos" (Kaës, 1993, p. 278).

4 Zona de encuentro de alteridades, un espacio vacío donde se acogen los pensamientos o los ensueños de cada integrante enriqueciendo el campo. En esta zona habita lo que está disperso lo ajeno, lo desconocido de otro. Pensar entre dos o más nace del desencuentro, de la no coincidencia y de la imposibilidad de internalizar al otro (p. 41).

pasa aquí? No intervine porque esperaba aclararme más en el transcurso de la sesión. Me pregunté por qué el malestar de ambos desembocó en el ataque bidireccional. Conjeturé que la realidad que expuso Daniel no es la realidad del acontecer para Daniela. Me pregunto por la percepción de la realidad. Pareciera ser que existen muchas realidades, pues cada uno la registra según su historia de vida, las experiencias que ha vivido, su condición de género entre otros factores. Tiendo a buscar sentido a lo sin sentido que satura el campo mental, para después desecharlo dejando el espacio vacío para comprender el acontecer y contener la incertidumbre de no saber. Ejemplo de ello, es cuando me apoyo en teorías para dar sentido a lo que está ocurriendo, una de esas explicaciones fue suponer que el ataque de Daniela hacia el comportamiento de Daniel en vacaciones era por envidia, agrediendo la relación, sin poder disfrutar. Otra de las conjeturas fue que las vacaciones fueron de mucha cercanía y el regreso a lo mundano se sentía como incomunicación y perdida, actualizando el trauma de desconexión, soledad y evasión del riesgo de muerte que experimentaron hace dos años. Ahora, se planteaba el temor a perder la pareja con tanto movimiento deportivo, "peligroso". Al darme cuenta de mi necesidad de comprender lo incomprensible, aun me vacié de conjeturas, contuve la revuelta emocional invitándolos a seguir pensando juntos, y planteé que antes de tomar decisiones abruptas habría que pensarlas porque estaban tratando contenidos delicados y fundamentales para la relación. Aludiendo a que las intervenciones son con la intención de recuperar la escucha y así se puedan oír y ver de qué son capaces de hacer juntos. Hasta este momento existe algo que no tiene lugar o espacio para ser escuchado.

A la siguiente sesión, Daniel inicia comentando sus sentimientos, que está triste, frustrado, que está desanimado con la expectativa que tiene que dejar de jugar para que Daniela esté contenta. Me di cuenta de que al escucharlo su sentimiento hacía eco en mí y me pregunté ¿por qué estaba tomando partido? Intervine diciendo que Daniel estaba renunciando sin dar el tiempo para que lo pensemos aquí juntos. Daniela me interrumpe y se pasa las manos por la cara y se echa el pelo hacia atrás con las manos, pareciera mostrar desespero. Y dice: "Tu estas equivocado, yo te escucho y eso que dices no es el problema...". Yo me quedo desconcertada [me doy cuenta que lo que pienso no es] y Daniel se queda en silencio mirándola como no entendiendo, yo tampoco entiendo ¿qué quiere decir? Daniela hoy dice que a ella le gustan los deportes, que el que juegue no es el problema, que el problema central es que Daniel no escucha, [parece que yo tampoco], que Daniel que no quiere lo que ella le quiere dar. Yo intervengo preguntándole: ¿qué quiere darle… y qué será lo que quiere Daniel? Se quedan en silencio.

Este material me hace pensar en las problemáticas que se presentan en la situación psicoanalítica de psicoterapia de pareja, para ello me apoyo en las ideas de Baranger como un campo dinámico que gesta una fantasía básica intersubjetiva creada por los participantes del campo y que es original del mismo (Kupferger, 2014).

A la siguiente semana, solicitan cambio de hora por las dos sesiones siguientes. Me pregunté: ¿por qué requieren salirse del dispositivo analítico temporalmente? En este cambio de sesión se dieron otros hechos que al parecer quedaban silentes en el dispositivo habitual. Entra primero Daniela sonriente, diciendo que pensaba que era media hora antes y creía que iba a llegar tarde, Daniel la sigue. Él inicia desde hace varias sesiones, y narra que salieron a cenar el día posterior a la sesión pasada. Y estuvieron conversando sobre lo que le había molestado a él, de lo que dijo Daniela en la sesión pasada. Daniel habla de la intimidad perdida y que se necesitan espacios para ellos. Daniela habla de la intimidad de años perdida, no me queda claro y pregunto: ¿A qué se refieren con la intimidad? Siguen hablando en dialecto porque no se entiende y pregunto otra vez, ¿la intimidad involucra la vida íntima sexual? Daniela dice: "obvio, de eso no hay nada, porque cuando me busca yo me cierro, porque antes de llegar a eso, es necesario que podamos conocernos más, compartir nuestros mundos, lo que piensa él y no que me eche a un lado cada vez que yo me acerco". En esta sesión se abrió el campo hacia un eje, que daba sentido al vacío, saturado de frustración y malestar. Sentí que Daniel podía hacer algo con eso que decía ella, y dijo: "estamos aquí para construir un vínculo que no es que yo tengo que ir hacia lo que tú dices ni tu ir hacia lo que yo digo. Pienso que es algo que tenemos que crear juntos".

Esta sesión fue esclarecedora, abrió el campo y se pudo apreciar los inicios de un vínculo, donde podemos mirarnos en las diferencias y pensarlas juntos. Deja en claro que no se trata de que uno quiera imponer su mirada al otro porque cree tener el saber certero. Si no, dar espacio para conocerse en lo diferente sin temor a la perdida, sin rigidizar la relación a roles que corresponden a representaciones subjetivas del otro. Los invito a que sigamos pensando para alojar la diversidad de realidades, dando apertura a nuevas posibilidades, sin desestimar cómo el otro percibe la realidad vivenciada. Escucharnos luego de la tormenta emocional, querer despertar la curiosidad por saber lo que desconocen del otro, pensar juntos, enriquece y transforma la relación.

Darse tiempo, para que en el ir y venir puedan ir intimando, comunicándose lo que sienten, compartiendo sus mundos no sabidos.

Referencias

Berenstein, I., Kaës, R. (2002). Encuentros: Diálogos Berenstein-Kaës. *Revista de Psicoanálisis de ApdeBa,* 1-18. https://www.psicoanalisisapdeba.org.

Cincunegui, S., Chebar, N.M. (1996). El encuadre de la pareja matrimonial (pp. 27-58). En J. Puget, *La pareja: encuentros, desencuentros, reencuentros.* Paidós.

De Mendilaharzu, G.B., Waisbrot, D. (1996). Transferencia y dispositivo en psicoanálisis de pareja (pp. 59-106). En J. Puget, *La pareja: encuentros, desencuentros, reencuentros*. Paidós.

Kupferberg, P.L. (2014). Un dispositivo psicoanalítico en clave de borde. *Psicoanálisis*, XXXVI, 2/3, 381-406.

Puget. J. (2018). *Subjetivación discontinua y psicoanálisis: incertidumbre y certezas*. Lugar Editorial.

16. Desafíos en el tratamiento de parejas y familias emigradas con *setting online*[1]

Lucia Morabito

Introducción

La práctica psicoanalítica debe cumplir con una serie de características específicas en su método para ser considerada como tal. El *setting* es una de ellas. Sin embargo, la vida contemporánea ha traído una serie de cambios que sería deseable tomar en consideración para asegurarnos la sobrevivencia y ulterior desarrollo de nuestra disciplina.

La crisis migratoria sufrida por los venezolanos durante los últimos 15 años obligó a muchos colegas de mi país a enfrentar grandes desafíos al *setting* en la práctica psicoanalítica. Estos desafíos a la postre resultaron de gran utilidad durante la pandemia, cuando el trabajo *online* estuvo a la orden del día.

No me detendré a comentar los pros y los contras del trabajo *online*, sino que, a sabiendas de que el *setting online* dista de ser el ideal, daré cuenta de dos experiencias clínicas en las que la propia

1 Este trabajo es una nueva versión de otro presentado en el Congreso de familia y parejas sobre variaciones del *setting* realizado en Nápoles en febrero de 2019.

modalidad *online* brindó el continente adecuado para trabajar psicoanalíticamente. Se tratan de dos casos que fueron atendidos entre los años 2015 y 2019, en los que las propias características del trabajo *online* abrieron el horizonte interpretativo y lejos de constituir un obstáculo, se convirtieron en aliados del proceso analítico.

Los que aquí presento y muchos otros casos que he tratado a lo largo de los últimos 20 años me han convencido de que es el *setting* interno del analista y su escucha particular lo que, junto al deseo de investigar de los pacientes, constituye la verdadera metodología del psicoanálisis. El resto de los recursos como el uso del diván y la presencialidad física, entre otros, si bien facilitan nuestro trabajo, no son indispensables para el tratamiento.

Caso 1

Cristóbal y Susana me contactan por WhatsApp desde un país de Europa, referidos por un colega que atiende a Susana en forma individual también con *setting online*. Cristóbal se atiende de la misma forma con un colega desconocido.

Nos tomó más de dos semanas establecer la hora de la primera consulta. Sus respectivos horarios no coincidían. Finalmente lo logramos: se conectan desde el teléfono, en el automóvil, inmediatamente después de dejar a su bebita de un año y medio en una guardería ubicada bastante lejos de donde ellos residen. La primera sesión coincidió con el primer día de la niña en la guardería. Llegaban al lugar cada uno en su automóvil, luego se metían ambos en un mismo automóvil para conectarse conmigo. Al finalizar la sesión cada uno seguiría su camino por su cuenta. Así lo hicieron en lo sucesivo.

El motivo manifiesto de consulta era la enorme irritabilidad y agresividad con la que discutían sobre asuntos *poco importantes*, lo cual los llevaba a distanciarse durante largos periodos, a pesar de lo mucho que se querían.

Cristóbal es un joven profesional en el área de la ingeniería aeronáutica, proveniente de una familia estable en la que según refiere *siempre les ven el lado positivo a las cosas.* Emigra a Europa gracias a un traslado laboral (6 años antes del inicio del tratamiento de pareja) lo que le simplifica su adaptación y le crea la ilusión de poco a poco poder llevarse también a sus padres y hermana. Dicha ilusión debe posponerse cuando luego de un fatal accidente laboral la hermana queda discapacitada en una silla de ruedas. Poco tiempo después, en un viaje familiar a Caracas, conoce a Susana. Entablan una relación a distancia durante poco más de un año, tiempo durante el cual hicieron varios viajes cortos. Finalmente deciden casarse con la subsiguiente emigración de Susana. Luego de tres años de matrimonio deciden ser padres.

A los pocos meses del nacimiento de la bebita, la hermana de Cristóbal sufre un problema de salud que requiere cirugía y por negligencia médica, muere.

Susana por su parte, profesional en el área creativa, proviene de un hogar desestructurado en el que según refiere *todo es un drama y a pesar de que son todos exitosos profesionalmente, siempre se fijan más en las cosas negativas.* Durante el embarazo sufrió una depresión de la que no ha logrado recuperarse aún. Tampoco ha logrado insertarse laboralmente en el país de acogida y estaba esperando con ansias que la bebita comenzara en la guardería para hacer un nuevo intento laboral. Al parecer esta no es la primera vez que Susana se deprime.

La crisis inmediatamente anterior al pedido de terapia de pareja se había debido a que un par de días antes de que la bebita iniciara en la guardería Cristóbal le pidió a Susana que, en caso de coincidir el primer día en la guardería con un viaje de trabajo suyo, pospusieran la entrada hasta que él estuviese presente para acompañarla. Susana se molestó sintiendo que el pedido de Cristóbal era injusto ya que él sabía cuán importante era para ella poder contar con tiempo libre para dedicarse a su búsqueda laboral. Cristóbal por su parte también lo consideraba injusto ya que, según él, tres días más no harían una gran diferencia y Susana sabía lo importante que era para él estar presente en un día tan importante para la bebita. La discusión se les fue de las manos y llegaron a agredirse físicamente.

Según fuimos viendo a lo largo del trabajo analítico, el zócalo de la pareja se había fundado en la fantasía de Cristóbal de poder rescatar a Susana (como tal vez no lo había logrado con su hermana) y de continuar con el legado familiar de verle siempre el lado positivo a las cosas. Y por parte de Susana en la fantasía de encontrar en su relación con Cristóbal, el balance que compensara todo lo negativo que había predominado en su vida. Este pacto secreto inconsciente los compensaba mutuamente y les permitía deshacerse de sus aspectos más vulnerables. La pareja se convertía así en un sistema proyectivo compartido (Dicks, 1970).

La muerte de la hermana de Cristóbal y su duelo mal llevado entre otras cosas por coincidir con el nacimiento de su hija produjo un cambio catastrófico en la pareja que los llevó a una *descompensación proyectiva* (Morabito, 2012), cuyas consecuencias los llenaba a ambos de una angustia desbordante incapaz de ser contenida por el otro.

Además de duelos migratorios de etapas y contenidos diferentes, esta pareja atravesaba duelos personales e individuales, no solo difíciles de compartir sino también mutuamente negados y defendidos en la tácita certeza de que el propio dolor era más fuerte que el del otro. Solo la separación de su bebita, debido al ingreso a la guardería, moviliza una crisis que les fuerza a encontrar un espacio común (representado en el espacio analítico de pareja realizada en el automóvil), desde el cual entender y aceptar mutuamente el dolor del otro.

Una pareja cuyos horarios disponibles habrían hecho casi imposible encontrar un espacio en el que poder acudir juntos a sesiones de pareja de forma presencial pudo, gracias a un análisis *online* desde el automóvil, darse la oportunidad de buscar ayuda.

El espacio en el automóvil, representante del único espacio psíquico de dolor realmente compartido, permitió el inicio de un camino en el que los acompañé a transitar. Ese espacio mental/físico sirvió como continente de la furia y dolor de Susana al constatar que Cristóbal no la podía seguir salvando, así como de la enorme angustia de Cristóbal al sentirse limitado e insuficiente. Juntos intentamos construir un nuevo equilibrio.

El trabajo analítico que continuamos haciendo les proveyó de un continente más seguro para salir del refugio psíquico individual (Steiner, 1997) y ver en el otro y sobre todo a la pareja en si misma como un tercero que podía rescatarlos. Es decir, que apareciera un vínculo propiamente dicho.

Caso 2

Comencé a ver a Fernando cuando atravesaba por una crisis de pareja, referido por una colega que trataba a su esposa, con la idea de que posteriormente se iniciara un trabajo en pareja. Yo aun vivía en Venezuela y la pareja estaba a punto de emigrar hacia el cono Sur. Por esa época Fernando pasaba la mayor parte del tiempo en el Caribe por razones de trabajo. Mi colega me había adelantado que se trataba de una familia hermosa, con tres hijos, que atravesaba una gran crisis ya que Fernando se había enredado con una mujer en sus viajes de trabajo.

En la primera sesión pude observar que Fernando se encontraba en un franco estado maníaco, en el cual su enamoramiento y vinculación erótica con la amante le impedían pensar, mucho menos entender, lo que le estaba ocurriendo. Además, estaba tomando antidepresivos sin prescripción médica.

Descarté la terapia de pareja y me avoqué al tratamiento individual de Fernando. Lo remití a un psiquiatra de mi confianza quien le ajustó la medicación y, poco a poco, pudimos comenzar a hacer un trabajo analítico.

Cuando la medicación adecuada comenzó a hacer efecto, el deseo manifiesto de Fernando, movido básicamente por la culpa, era que lo ayudase a desvincularse de la amante para devolverle el equilibrio a su familia.

Sin embargo, eso no fue posible ya que mentía y mentía sin parar. Le mentía a su esposa, a sus hijos y, obviamente, también a mí. Con el tiempo, vimos que toda su vida había sido una mentira. Desde que tenía memoria usaba la mentira para complacer a los demás. El era un títere de rostro sonreído. Había sido manejado desde siempre por los deseos de sus padres, luego por los deseos de su esposa e hijos y ahora muy probablemente por los deseos de su amante. Pero como era de esperarse, de esto último Fernando no quiso saber nada. Aún no estaba listo para hacerse cargo de sí mismo. Esto no fue posible sino hasta un año y medio después, cuando la amante quedó embarazada y tuvo que casarse y realizar un proceso migratorio complicado para que ella obtuviese la residencia en el país de acogida.

Ese fue el momento en que finalmente Fernando decidió, probablemente porque ya estaba lo suficientemente fortalecido para hacerlo, hacerse cargo de sus deseos y acabar con las mentiras; en especial con las mentiras que se decía a sí mismo. Allí comenzó el trabajo familiar con sus hijos. Fue un trabajo difícil porque el verdadero Fernando tenía que construirse a partir de los dos polos que habían marcado su existencia: hacer lo que suponía que deseaban los demás y hacer todo lo contrario de lo que suponía que esperaban los demás.

Manteníamos sesiones individuales y sesiones con los hijos. En un principio él buscaba recuperar la confianza de los hijos y progresivamente aprender a hablarles de forma espontanea, ya que ante cada pregunta que le hacían, Fernando quedaba invadido por una angustia tan grande que lo paralizaba y le impedía expresar con palabras sus pensamientos, mucho menos sus sentimientos. Fernando apenas estaba descubriendo quién era y a los hijos se les dificultaba comprender por qué ese padre al que creían conocer no era otra cosa que un títere sonreído. Cada uno de los hijos tuvo que reencontrar su propio lugar en el espacio familiar desmembrado. Las sesiones las hacíamos con la pantalla dividida en cuatro, ya que cada uno de ellos se encontraba en diferentes regiones del mundo.

De los tres hijos, la mayor (23) parecía ser la más comprensiva y emocionalmente estable, pero con la carga sobre sus hombros de mantener la cohesión familiar. La menor (16), una adolescente evitativa y negadora de sus afectos, quien al cabo de poco más de un año hizo síntoma con un trastorno alimenticio. El del medio (21), el único varón fue quien más había sufrido, se psicotizó y intentó un suicidio cuando sintió que el padre se lavaba las manos, se iba y lo dejaba a su suerte, atrapado por una madre controladora, agresiva e infantil.

Es importante señalar que, aunque la madre nunca he participado de este tratamiento, fue muy importante mostrarle tanto a Fernando como a sus hijos que, lejos de satanizarla, había que comprender el por qué del rol que ella había jugado en el entramado familiar. Y muy especialmente la responsabilidad de Fernando en la asignación del rol que la había puesto a desempeñar en la pareja, por vía de identificaciones proyectivas masivas. Fernando, al no ser capaz de contactar y mucho menos de expresar sus sentimientos y deseos, una esposa controladora y aguerrida le había venido como anillo al dedo. No en vano habían construido y sostenido una familia durante más de 20 años.

El tratamiento con los tres hijos no se prolongó mucho en el tiempo. Solo mantuvimos las sesiones con el hijo varón debido a las condiciones emocionales de ambos. Resultaba esencial un espacio analítico que les proveyera de una interlocución que les ayudase a comunicarse mejor. El muchacho necesitaba lidiar con la rabia y el resentimiento ante un padre con el que se identificaba mucho, pero al cual no podía perdonar. Y Fernando debía enfrentar la enorme culpa que aun sentía. La relación entre ambos estaba marcada por una gran ambivalencia, por lo que todavía había mucho que interpretar para que lograsen una mayor y más saludable capacidad discriminatoria.

Si bien había regresado a vivir con la madre en la misma ciudad en la que residía su padre y el joven no faltaba a sus sesiones conjuntas, se negaba a estar en el mismo espacio en el que Fernando convivía con su nueva familia. Por esa razón seguíamos realizando las sesiones *online*, pero cada uno de ellos desde un espacio diferente. Acompañarlos desde dos ventanas separadas fue un recorrido de aprendizaje para todos, incluyéndome.

En una sesión Fernando le decía a su hijo que, si bien no deseaba presionarlo, se sentiría muy feliz si al igual que ya lo habían hecho sus hermanas, él pudiese conocer al bebé. Noté de inmediato cómo el rostro del muchacho denotaba terror. Por mi cabeza pasó la imagen de un animalito enjaulado al que le abrían la puerta y no se atrevía a salir. Usé esa imagen para formular una interpretación, la cual fue bien recibida por ambos.

La imagen de la jaula, probablemente suscitada en mi mente entre otras cosas también por las ventanas separadas del trabajo *online*, se convirtió en un referente con el que poner en palabras el encierro psicótico protector del muchacho. Fernando logró entender que no se trataba de un capricho de su hijo, sino de una defensa cargada de furia que no solo lo protegía de su vulnerabilidad, sino que además le servía para proteger al bebé de las fantasías agresivas que lo agobiaban constantemente.

A raíz de ese hito, pudimos trabajar cómo con el divorcio, Fernando salía de la jaula y su hijo entraba en ella. Algo así como la transmisión generacional de un rol en la familia que el muchacho estaba intentando resolver en su propio espacio de análisis individual; pero que, gracias a un análisis *online* de características muy especiales, una familia rota, representada por las diferentes ventanas desde las que se conectaban para las sesiones, tuvo la posibilidad de reconducir el camino hacia un nuevo equilibrio.

Las hijas hembras habían logrado transitar una salida creativa a partir de la desidentificación de la familia mítica idealizada que inicialmente les había proporcionado una función estructurante. El varón en cambio había encarnado, a decir de Kaës (1993), un vínculo intersubjetivo de apuntalamiento y investidura narcisista cuyos enunciados y prohibiciones lo mantenían atrapado en un rol que no le pertenecía. El procesamiento psíquico de este fenómeno transgeneracional, estimulado por la imagen contratransferencial del analista, ayudó a descongelar la repetición de un discurrir temporal que hasta entonces había permanecido congelado.

Conclusión

Aferrarse a que todo tiempo pasado fue mejor solo retrasa el duelo que necesariamente tendremos que elaborar como psicoanalistas, si es que deseamos que nuestra práctica se mantenga viva y adaptada a los tiempos que corren y no quede como una excentricidad a la que solo acceden algunos privilegiados.

Sabemos que la presencia física del contacto directo con el paciente favorece la transferencia y el vínculo analítico, pero el psicoanálisis contemporáneo necesita reinventarse una y otra vez, manteniendo lo verdaderamente esencial del método, pero adaptándolo también a la inexorable virtualidad que ha llegado para quedarse.

Referencias

Dicks, H. (1970). *Tensiones matrimoniales*. Hormé.

Kaes, R. (1993). *El grupo y el sujeto del grupo. Elementos para una teoría psicoanalítica del grupo*. Amorrortu editores. 1995.

Morabito, L (2012). *La descompensación proyectiva: el psicoanálisis de pareja como ventana para abordar lo intrapsíquico.* Trabajo presentado en el Congreso de FEPAL: invención y tradición.

Steiner, J. (1997). *Refugios psíquicos: organizaciones patológicas en pacientes psicóticos y fronterizos*. Biblioteca Nueva.

17. El impacto del suicidio de un hijo en la vida de sus padres

Lea S. de Setton

En este artículo la autora explorará los aspectos psicoanalíticos del suicidio, con el propósito de lograr una comprensión más profunda de la dinámica del suicidio. Esta presentación incluye la descripción del trato con los familiares del joven que se suicidó. El proceso de duelo es muy difícil por la rabia y el odio que sienten por el acto cometido. Estos fuertes sentimientos perturban los procesos reparativos de asumir la culpa y la responsabilidad, lo que resulta en miedo a la culpa y al castigo (Briggs, 2008).

Freud fue uno de los primeros interesados en la autodestrucción. En *Duelo y melancolía* (1917) describe que la escisión que puede producirse en el Yo puede matar si se trata a sí mismo como su objeto. En su trabajo sobre el trauma y el suicidio explicó la cualidad intrusiva de un evento traumático que atraviesa el escudo protector que salvaguarda al Yo (Freud, 1920).

Desde la infancia las experiencias traumáticas influyen en el desarrollo de ideas suicidas. El trauma surge cuando una experiencia afectiva amenaza con impactar la capacidad del individuo para regular su funcionamiento psíquico. Muchos autores que han estudiado este tema consideran que el trauma aclara la dinámica del suicidio.

Existe una relación entre el trauma y los pensamientos suicidas. Caroline Garland (2002, 2004) identificó que uno de los elementos clave del impacto del trauma es la dificultad para pensar en representar la experiencia emocional; la simbolización es reemplazada por el pensamiento concreto (Segal, 1957). La persona que está emocionalmente inundada no puede utilizar sus defensas contra la ansiedad; no tiene confianza y se siente perseguida.

Hay un ataque a objetos internos, un deseo de matar la representación interna. El cuerpo es tomado como objeto concretamente (Maltsberger, Fiedler, 2012). Freud explicó que en el uso de mecanismos de escisión existen dos actitudes opuestas con relación a la realidad externa. Una acepta la realidad y el otra la niega.

Hay un punto muerto en el desarrollo en el que la individuación y la necesidad de dependencia son intolerables debido al aumento de la ansiedad en relación con los sentimientos de persecución o abandono (Chabrol, Sztulman, 1997).

Un afecto importante que debe considerarse influyente en los pensamientos suicidas es la vergüenza. En la vergüenza hay una tensión entre el ego y el ideal del ego. Hay un sentimiento abrumador de fracaso y miedo al abandono. La vergüenza ataca desde el ideal del ego y los resultados son sentimientos de inferioridad e insuficiencia que afectan la integridad personal.

Los resultados de las lesiones narcisistas pueden provocar una regulación patológica de la autoestima (Biddle, 1995).

El ideal del Yo ocupa el centro de la omnipotencia narcisista: el narcisismo y la vergüenza están íntimamente relacionados.

Las experiencias tempranas de vergüenza pueden predisponer a una vulnerabilidad narcisista (Morrison, 1990). La vergüenza está en el centro del ser y hace que la autoaceptación sea casi imposible.

Los grados de vergüenza resultan de interacciones familiares, sostén, contención y apego. La vergüenza devasta la autoestima; los sentimientos de desesperanza y autodesprecio aumentan.

Los individuos suicidas evidencian un funcionamiento del ego comprometido, pensamiento distorsionado, difusión de límites, miedo a la intimidad e incapacidad para mantener relaciones íntimas empáticas. Tienen sentimientos intolerables de tristeza, abandono y aniquilación; hacen una disociación mente/cuerpo. La insatisfacción en su vida es un factor decisivo y la autodestrucción es la "solución mágica". Las ideas suicidas incluyen falta de autoestima, odio a uno mismo, desprecio por uno mismo, vergüenza, impotencia, culpa, autoacusaciones y humillación.

Todas las religiones están en contra del suicidio. En todos los países y en todo momento la tasa de suicidio es baja cuando los estándares económicos, políticos y religiosos son altos. Pero aumenta a medida que los estándares disminuyen.

Los factores externos sirven como estimulantes o disuasivos del suicidio (Kilpatrick, 1948).

Caso clínico

Suicidio cometido por Karl (21 años).

Un miembro de la familia de Karl me llamó para pedirme que asistiera a la familia. Quedaron extremadamente afectados por la tragedia.

A las sesiones familiares acudieron los padres, un hijo y una hija; uno un adolescente y el otro comenzando la universidad. Durante algunas sesiones los padres gritaban y se culpaban unos a otros. Los hermanos permanecieron en silencio.

Decidí tener una sesión de pareja semanalmente y con los hermanos, cada dos semanas. En terapia de pareja trabajamos los primeros meses para que nadie tuviera la culpa.

Al parecer, a Karl le diagnosticaron Asperger cuando era joven. Tenía dificultades de aprendizaje en la escuela y estaba socialmente aislado. La madre dijo que él era diferente a los demás. Llevaba años en tratamiento psicológico y medicación.

La madre era muy dedicada a Karl, muy cercana a él. Ella siempre sintió sus sufrimientos. Sabía que no era igual que sus hermanos.

Lo habían enviado a estudiar en una escuela religiosa en el extranjero durante un año. Allí no se sintió bien y regresó.

Karl fue con su madre a solicitar estudios universitarios, pero en la primera semana decidió que no podía realizarlos. Luego su madre lo ingresó en una escuela especial para jóvenes con Asperger. Eso le molestó mucho y no quería ir.

La madre siente que Karl sabía que su vida no iba a ser normal. Sufrió mucho. Estaba muy aislado. Sus hermanos fueron amables con él y lo visitaban frecuentemente en su habitación.

Esa noche los padres invitaron a Karl a cenar.

Cuando regresaron, la madre acompañó a Karl un rato a su habitación. A las 23:30 horas el padre pidió a la madre que fuera a la cama.

Por eso culpa al padre. Si se hubieran quedado con Karl no habría pasado nada. Mi padre respondía que la habitación de Karl no era lugar para quedarse a dormir.

La madre recibió un mensaje de Karl, en su celular: "Madre, te amo", sintió que era un mensaje extraño. Ella fue a su habitación y vio la cama vacía, una botella de whisky vacía y la ventana abierta.

Llamó a la ambulancia. En la terapia la madre recordó que pocas semanas antes Karl le había mencionado que tenía algunas ideas suicidas. En ese tiempo la psiquiatra había aumentado las dosis de la medicación y pensó que esto ayudaría a Karl con sus ideas negativas.

Los padres hablaban de lo mucho que amaban a Karl, era bueno, inocente y tranquilo. Disfrutaron juntos de algunos viajes familiares. Siempre había sido atendido profesionalmente. Pero no esperaban esto.

Uno de los principales objetivos del año de tratamiento ha sido ayudar a la pareja a tener una relación más sana, tratarse con amabilidad, comprender sus sentimientos y respetarlos.

Los hermanos trabajaron en sus sentimientos de vergüenza, porque en cierto modo sintieron un alivio. La enfermedad del hermano había sido una preocupación y una carga. Siempre sintieron que algo malo le iba a pasar a Karl. Él reconoció su condición. Sintió que no podría obtener un título universitario. No podría ser social. Aislado. Desesperado. No podría tener una vida normal.

Pero reconocieron cuánto lo querían, lo cuidaron y le hicieron compañía.

Trabajaron su luto y poco a poco pudieron ver a sus amigos y dedicar tiempo a sus estudios.

En esta familia los miembros se aman mucho. Y esto ha sido de gran ayuda en el apoyo y contención que se han ofrecido.

Primera sesión en Zoom

Cuando comenzó la pandemia en nuestro país, en febrero de 2020, se impuso un confinamiento que duró catorce meses. En ese momento fue necesario continuar los tratamientos mediante sesiones en Zoom.

La pareja de padres estaba preocupada por las sesiones de vídeo. ¿No sabían si serían capaces de tolerarlo, si sería beneficioso? Si todavía se sentirían cerca de su terapeuta.

Se programó el primer videoencuentro. La pareja se conectó al enlace de Zoom. Estaban sentados en su cama, uno al lado del otro, muy cerca, como si se protegieran de la pantalla. Se sintieron nerviosos.

Esther inició la sesión diciendo: como hoy venías "a" mi casa, decidí abrir la habitación de K. y arreglarla. Te lo mostraré más tarde. (Estoy pensando que estuvimos ocho meses trabajando juntos y se niegan a abrir la habitación de K. Sería aceptar su muerte. Muchas veces habían dicho que sentían que él estaba lejos y que volvería cualquier día. Me sorprendió su avance.)

> E. Ayer salí una hora a comprar algo. Por suerte en casa me siento más tranquila y puedo ser feliz. Veo la televisión. Cuando murió K. no quería saber nada.
>
> J. Ahora estoy usando la habitación como oficina. Arreglamos la habitación, eliminamos muchas cosas. Sólo dejé las fotos en la pared. Decidimos arreglar la habitación y el *closet* para que cada uno tenga un espacio.
>
> A. ¿Entonces perdiste el miedo a entrar en la habitación de K?
>
> J. Ahora tiene un aspecto diferente. Lo hicimos porque "venías". No queríamos que lo vieras cerrado. E. me ofreció usarlo como oficina. Agradezco la oferta. Estoy pasando por un momento difícil en el trabajo, los clientes no quieren pagar. Estoy haciendo lo mejor que puedo. Sobre mi hijo menor, R., le dije que su amigo puede venir a visitarlo. Quizás podamos ser más abiertos, pacientes y aprender a manejar esta situación.
>
> E. Paso tiempo con R., le ayudo con sus deberes. Es vago, a veces me pongo ansioso cuando no hace su trabajo, necesita ser más responsable.
>
> J. F. cree que está siendo más responsable y trabajando más por su cuenta.
>
> E. Me preocupa que J. repudie exageradamente las cosas pequeñas.
>
> A. Quizás ambos estén concentrando su energía en el comportamiento de R., cuando saben que lo está haciendo bien. Es un chico tranquilo.
>
> E. Tienes razón, no deberíamos estar tan encima de él. Le va bien… [*pausa*] y M. está trabajando con mi tío, pero busca algo más desafiante. Trabajo. Ambos extrañan su vida social… [*pausa*].
>
> Como pareja nos va bien.
>
> J. está todo el día ocupado en su "nueva oficina" y no encima de mí.

A. Creo que abrir la habitación de K y convertirla en una zona útil está ayudando en el proceso de duelo.

E. Ven, te lo mostraré. [*se dirige a la habitación mostrándola en la computadora*]

A. La habitación parece muy bien organizada y cómoda.

J. Ha marcado la diferencia en la casa.

E. Sí… así es. A veces vamos a sentarnos en el balcón. Pero me pongo muy triste. Pienso en cómo K. saltó por la ventana de su habitación.

Pero luego entiendo que estaba sufriendo mucho. No le gustaba su vida y no tenía esperanzas de que fuera mejor en el futuro.

J. Sabes que ha sido útil que en los días estemos todos ocupados.

Por la noche a veces jugamos juntos o vemos una película.

A. Es un buen momento de unión familiar. ¿Cómo has sentido la sesión por Zoom?

E. Siento igual porque tenemos una relación contigo desde hace bastante tiempo.

Gracias por encontrar esta manera de que podamos continuar con nuestro tratamiento.

A. Sí, efectivamente.

Los veré la próxima semana.

Por más de un año no se atrevían a entrar en el cuarto de Karl. El hecho de que lo arreglaron y lo empezaron a usar fue un gran logro del proceso de duelo.

Observaciones finales

La tragedia de perder a un miembro de la familia por suicidio afecta enormemente a sus seres queridos. No superan completamente este duelo.

También se sienten con baja autoestima, sentimiento de fracaso, de no haber podido evitar tal muerte.

El proceso de tratamiento logra principalmente que sean capaces de tolerar el duelo, afrontar y superar su pérdida. Hay más paz entre los miembros de la familia.

La mayoría pudo volver a trabajar, lo cual fue de gran ayuda. Mejoraron sus relaciones y disfrutaron de su familia y amigos. La posibilidad de continuar el tratamiento por Zoom marcó la diferencia. No tuvimos ninguna interrupción. El trabajo por video dio estabilidad, constancia, contención y seguridad a la terapia. Creo que el cuidado del terapeuta y el afecto empático sincero hacen que los pacientes se sientan acompañados y contenidos durante el proceso de duelo, lo que les ayuda a poder pensar y reflexionar.

Referencias

Biddle, S.G. (1955). Shame and guilt. A psychoanalytic and a cultural study. *Psychoanalytic Quarterly*, 24, 131-134.

Briggs, S. et al. (2008). *Postvention: the impact of suicide and suicidal behavior on family members, professionals and organizations. Relating to self-harm and suicide: psychoanalytic perspectives on practice, theory and research* (pp. 22/192). Routledge.

Briggs, S. et al. (2012). Suicide and trauma. A case discussion. *Psychoanal. psychotherapy*, 26:13-33.

Broucek, F. (1990). Shame: the underside of narcissism. *International Journal of Psychoanalysis*, 71:738-740.

Chabrol, H., Sztulman, H. (1997). Splitting and the psychodynamics of adolescent and young adult suicide attempts. *Int. J. Psycho. Anal.*, 75:1199-1208.

Freud, S. (1917). Mourning and melancholia. En J. Strachey, *The standard edition of the complete psychological works of Sigmund Freud* (14 ed., pp. 239-242). The Hogarth Press and the Institute of Psychoanalysis.

Freud, S. (1920). Beyond the pleasure principle. En J. Strachey, *The standard edition of the complete psychological works of Sigmund Freud* (14 ed., pp.1-283). The Hogarth Press and the Institute of Psychoanalysis.

Garland, C. (2002). *Understanding trauma: a psychoanalytic approach* (pp. 43/316). Karnac Books/Tavistock Clinic series.

Garland, C. (2004). Traumatic events and their impact on symbolic functioning: the perversion of loss. En Levy & Lemma, A. *Psychoanalytic perspectives on trauma* (pp. 22/192). Whurr.

Kilpatrick, E. (1948). A psychoanalytic understanding of suicide. *American Journal Psychoanal*, 8:13-23.

Lansky, M., (1987). Shame and domestic violence. En D.L. Natanson (Ed.), *The many faces of shame* (p. 335-362). Guilford Press.

Morrison, A.P. (1996). *The culture of shame* (225p.). Ballantine Books.

Segal, H. (1957). Notes on symbol formation. *International Journal of Psychoanalysis*. 38:391-397.

Smith, L. et al. (1998). An empirical study of the psychodynamics of suicide. *Journal of the American Psychoanalytical Association*, 46:777-796.

Winnicott, D. (1971). *Playing and reality*. Tavistock.

18. Relaciones pasionales[1]

Angela Piva

En ocasión de la jornada de la Sociedad Brasileña de Psicoanálisis en 2023, cuyo tema fue Adicciones y Dependencias, participé de un panel sobre neonecesidades y potencialidades adictivas. La propuesta de este tema me dio la grata oportunidad de reflexionar desde un vértice que aún no había analizado con detenimiento y profundidad. En el trayecto, me reencontré con el poderoso pensamiento de dos grandes psicoanalistas, Piera Aulagnier y Joyce McDougall y, por asociación y sorpresa, con la escritora Carla Madeira, que, como todo artista, tiene el don de poner en palabras el concepto de neonecesidades propuesto por McDougall y sobre las relaciones pasionales de Aulagnier, abriéndose desde ahí a una perspectiva vincular.

En una breve revisión, McDougall (2001) añadió a la noción de neosexualidad la de neonecesidad, cuando los objetos o las prácticas sexuales se buscan frenéticamente, al igual que las drogas. Ella propone que la solución adictiva es un intento de curarse frente a estados psíquicos amenazantes e insoportables y que, en un vínculo del carácter adictivo, el otro es colocado en la posición de objeto de necesidad. Según ella, la elección de un objeto adictivo no es aleatoria,

1 Trabajo presentado en la Sociedad Brasileña del Psicoanálisis de Puerto Alegre – Adicciones y dependencias. Noviembre de 2023.

porque el objeto elegido revela la búsqueda del estado ideal que el individuo intenta alcanzar.

Siguiendo con Piera Aulagnier (1985), encontramos la definición de una relación como pasional cuando el objeto se ha convertido para el Yo en fuente exclusiva de todo placer y ha pasado al registro de las necesidades, lo que es vital para su satisfacción. Según la autora, podemos diferenciar tres formas de relación pasional: la del toxicómano, la del jugador y la relación amorosa.

Voy a centrarme aquí en la relación amorosa en su versión pasional, una forma de violencia que promueve la alienación. Una relación pasional implica una situación de dependencia patológica y adictiva que se presenta potenciada por el malestar contemporáneo, donde los dispositivos tecnológicos funcionan como medios de control del otro como objeto de necesidad: GPS, exigencia de contraseñas de teléfonos móviles, patrullaje de las redes sociales, por ejemplo, que también constituyen otra modalidad adictiva.

En una relación pasional encontraremos determinadas características que me parece importante destacar aquí:

1. El Yo se piensa como teniendo el poder de ofrecer placer al objeto, pero no teniendo el poder de ser fuente de sufrimiento. Esta es una de las razones de la dependencia pasional.
2. El Yo atribuye al Yo del otro un poder exclusivo de placer. Este Yo se transforma en el único capaz de satisfacer lo que se ha convertido para el primero en una *necesidad de placer*. Sin embargo, este mismo Yo también tiene el poder desmedido de generar sufrimiento. Recordemos que en una relación pasional encontramos la prevalencia del sufrimiento, ya sea por rechazo del objeto o por temor a este rechazo.
3. Si el Yo se registra como desprovisto del poder de hacer sufrir al otro, se registra como alguien con un exceso de capacidad de

sufrimiento. Y a través de este sufrimiento, se legitima la necesidad de placer.

Aunque se puede encontrar un componente masoquista en las relaciones pasionales, verlas sólo desde este punto de vista sería reduccionista, ya que en la pareja sadomasoquista hay un compromiso de los Yoes en esta relación. Una experiencia masoquista no implica necesariamente pasión.

Todo es río

El libro de Carla Madeira es una obra maestra y tomo prestadas las palabras de la escritora Martha Medeiros (2023) "[...] cuando terminas de leerlo, te dan ganas de volver a empezar, en el mismo momento, esta vez para detenerte en cada línea, saborear cada frase, dejarte abrazar por la poesía de la prosa". La escritora me fue presentada en la obra de Joana Martins (2023) en función del trabajo de Berenstein (2007) sobre los estados de irritación que surgen como efecto de la intolerancia de la singularidad del otro en la medida en que no coincide con la representación y nuestro deseo.

Os comparto el capítulo que me cautivó, ya que describe un momento de pareja de Dalva y Venâncio, que describen de forma sensible, intensa y brillante una relación pasional.

> *Venâncio y Dalva se casaron enamorados. Sin esperanza. Cualquiera que los viera pedía a Dios la misma suerte. El amor tiene un nombre, pero no es nada que se pueda reconocer con sólo mirarlo. Sabemos lo que es el dolor, tiene un lugar e intensidades que caben en la ciencia. La rabia, el miedo y el odio tienen una forma de manifestarse. Pero, ¿y el amor? ¿Qué es sino un montón de gustos? Gusto por hablar, gusto por tocar, gusto por oler, gusto por escuchar, gusto por mirar. Gusto por abandonarse al otro. El amor*

no es más que gustar de muchos verbos al mismo tiempo. En el caso de Venâncio y Dalva, el gusto de cada sentido unió a los dos durante más de muchas vidas, parecían eternos por estar tan juntos. Uno saboreaba al otro. Vivieron así irrigados hasta que Dalva se quedó embarazada. La noticia parecía buena, el amor dando sus frutos, lo más sagrado de ella y de él juntos, la naturaleza perfecta proveyendo a la continuación de todo. Eso era lo que debían sentir, y pasaron mucho tiempo intentando hacer lo que debían. Insistieron en poner caminos ajenos en su camino. Y eso es lo que ocurrió. ¿Quién puede negar, a la mirada más honesta, que dado un ajuste perfecto no hay lugar para nada más? Era muy justa la manera que uno se unía al otro. Mientras Venâncio veía crecer el vientre de Dalva, vio crecer en él unos celos enfermizos. Pero era demasiado tarde, no podía controlar el curso del río. Estaba hecho.

Dalva ya deseaba a ese hijo más que a nada. Pensaba en él, hablaba de él, se ponía las manos en la barriga y no se separaba de ella. Era la cuna por aquí, bordados por allá, largos baños frente a su propio ombligo, tardes enteras cantando canciones de cuna con voz débil, de esas que hacen los adultos cuando creen que están encantando a los niños. Empezó a evitar a Venâncio por miedo a hacerle daño al bebé, se miraba más en el espejo que a los ojos de él, y fue alimentando en él la más profunda convicción de que en aquel vientre estaba creciendo un ladrón que iba a robarle para siempre a la mujer de su vida.

La locura comienza como una pequeña enfermedad. Se propaga célula a célula, apoderándose de todo, destruyendo la salud, acabando con la vida de quienes no encuentran recursos para detener los malos pensamientos que conforman los infiernos más profundos. El pensamiento suelto, insistente y amargo construye y anticipa la desgracia, es cruel en la forma en que destruye.

En ese día, Venâncio podría haber salido, ya estaba fuera, en la puerta, cuando se dio cuenta de que tenía la vejiga pesada y llena. Volvió a orinar. En los últimos años, el recuerdo de aquel segundo, el momento preciso en que decidió volver, le ha causado angustia y alivio a la vez. Aquella mañana había nacido su hijo y, cuando entró en la habitación, Dalva le ofrecía al bebé el pezón de su pecho. Los ojos de Venâncio se detuvieron allí, sintió un dolor de infidelidad, de traición, la nuca se le calentó en un casi desmayo. Ella estaba poniendo en la boca del niño el pezón del pecho que era suyo, el pezón que estaba despierto y desnudo, estaba allí, protuberante, listo sin que él lo hubiera excitado.

La boca del bebé buscaba ansiosamente el pecho lleno y húmedo, queriendo chuparlo, tragárselo y aún sin saber. El pezón se deslizaba por la boquita, queriendo ser atrapado por ella. Dalva se entregó a una emoción única, de la más conmovedora ternura. El momento de ella y su hijo cegó a Venâncio con una locura absurda. Le arrebató al niño de los brazos y lo arrojó lejos, golpeando a Dalva, golpeando, golpeando. Azotó[...]. (p. 19-21)

Después de semejante narración, parece que hay poco que decir, o que es innecesario. Sin embargo, vale la pena destacar aquí la diferencia entre el encuentro amoroso, el amor, palabra utilizada por el escritor al describir la relación de Dalva y Venâncio, y una relación pasional.

Volviendo a Piera Aulagnier, en el amor hay una relación de simetría, que presupone una relación de diferencia entre alteridades.

Badiou (2012) nos dice que el amor es la única prueba de existencia de la humanidad. El amor comienza con un acontecimiento. Es la experiencia del encuentro, como acontecimiento. Es simplemente la diferencia. El amor es siempre la puesta en escena de esta diferencia. En el caso de Dalva y Venâncio, la experiencia del amor, como acontecimiento que pone en escena el trabajo con la diferencia, no ocurrió y fueron tragados por la tragedia.

En la relación pasional se juega una relación asimétrica. Cabe señalar que esta relación asimétrica relaciona un Yo que tiene tendencia a idealizar y necesita utilizar al otro como prótesis, con otro Yo que se coloca en el lugar de ideal. El que se coloca en esta posición de objeto de pasión no sólo acepta ocupar esta posición, sino que la induce de diversas maneras.

> *Cuando Venâncio empezó a salir con Dalva, la convivencia con la familia de ella provocó un cambio en su vida, ya que aún no había experimentado un ambiente de afecto, libertad y alegría.*
>
> *La gracia con que Dalva cantaba, su voz afinada, la forma en que daba sentido a lo que decían las canciones y su manera de mover el cuerpo eran tan atractivas para él que no podían dejar de serlo para todos los chicos de la sala. En la cabeza de Venâncio, cualquiera que la mirase no podía escapar a sus encantos.*
>
> *Quería apagar la luz de Dalva en el living y encenderla en el dormitorio, sólo para él. Hasta que el día en que se celebraba su cumpleaños, al ver llegar a un amigo que le entregaba un ramo de flores, lanzó violentos puñetazos al chico. La familia se conmovió, la fiesta se canceló y Dalva se marchó en silencio. Al final de la noche, recibió una caja de madera con una carta de Venâncio y un anillo de*

> *compromiso. Le estaba pidiendo matrimonio. "El olvido empezaba a despojarse de su manto". (Badiou, p. 94)*

Yo diría aquí que diversos signos de violencia como presagios de tragedia fueron desmentidos tanto por Dalva como por Venâncio. Y el retorno de esta desmentida se produce de la forma más dolorosa posible.

> *El día que Venancio le arrebató a su hijo de sus cálidos brazos y lo arrojó lejos, ella conoció el dolor inhumano de perderlo todo. Perdió al hombre que amaba, al hijo que amaba y su fe. Venâncio la golpeó, y la misericordia de Dios no vino a rescatarla. Ella siguió viva. Morir habría sido un gesto de bondad, muerta habría perdonado a Dios. Ella quería la inconsciencia, no saber más, no haber visto, no haber vivido. Pero, al contrario, la oscuridad brillaba como nunca, todo estaba allí, en su cuerpo pesado e impotente, en su alma ensangrentada. No se olvidaría. Perdió todas las palabras.*
>
> *Venancio salió de la casa con su hijo en brazos mientras Dalva, en el suelo, intentaba levantarse y correr tras Venancio, pero su cuerpo no obedecía. La boca le sabía a sangre y apenas tenía los ojos abiertos. Aun así, arrastró su peso, intentó mantenerse en pie sobre sus temblorosas piernas. Se cayó. No podía recordar lo que acababa de vivir. Sintió que su diente arañaba su lengua herida. Las lágrimas no salían. Deseaba con sed sus lágrimas, quería llorar toda su sangre. Convertirse en un charco. Pero el susto le secó las lágrimas, quería llorar toda su sangre. Convertirse en un charco. Pero el susto secó sus aguas. La habían traicionado. Intentó pensar en el rostro de su hijo y no pudo recordarlo. Se desesperó, el aire desapareció. No veía dónde había caído su hijo, no sabía dónde había*

> *caído, no sabía si había llorado. ¿Qué clase de madre era la que no lo sabía? Por favor, hijo, perdóname. A su cabeza llegó el odio que veía en los ojos de Venancio, los ojos que tanto le gustaba mirar. ¿De dónde venía ese odio? Hijo, por favor, no mires. Dalva se derrumbó, necesitaba morir un poco. (Badiou, p. 67)*

El odio viene de la zona de sombras, por eso hay que rechazarlo, de lo contrario es necesario hacer un doloroso trabajo psíquico y de vinculación. ¿Dónde estaban sus ojos que no vieron crecer el odio celoso de Venâncio?

Pero la negativa del odio continuó, así como Dalva y Venâncio continuaron juntos en el silencio y el dolor. Dalva salía todas las mañanas y vagaba por la ciudad, con la mirada perdida y ausente. Venâncio iba a trabajar como un zombi y por la noche pasaba el rato en el prostíbulo de la ciudad. Y entonces llamó la atención de Lucy, la prostituta más famosa y deseada.

> *"Puta". No hay otro nombre para Lucy. De profesión era puta. Trabajaba en un prostíbulo, vivía en un prostíbulo. Pero esa no es la única razón por la que era una puta. Si esa fuera la única razón, podría haber sido llamada algo más respetuoso, como ramera o prostituta. Era una puta y punto, una palabra que, a secas, conlleva una condena que cualquiera que conociera a Lucy quería desahogarse de inmediato. Tenía una forma baja y arrogante de provocar a todo el mundo frotando su sexo sin censura, descubriendo sus pechos y lanzando palabras crudas y empapadas de barro. Una belleza disputada agresivamente por los locales le daba el poder de no alcanzar con mirarla: cualquiera que viera a Lucy quería saborearla [...]*

> *Lucy tenía deseos, no aceptaba la piedad de nadie, rechazaba sádicamente a las damas cristianas que le ofrecían un poco de bondad. Practico el goce y no el sufrimiento, humillaba... Repetía que de aquel prostíbulo, y tal vez de todos los demás prostíbulos del mundo, ella era la única a la que se podía llamar una mujer con una vida fácil. ¿Qué podía ser más fácil que la mía, una puta a la que le gusta dar?*
>
> *En este ir y venir de todos los colores, posesiones y credos, cuesta creer que Lucy se enamorara enseguida de Venâncio [...]*
>
> *Un hombre triste y pesado que llevaba consigo un tormento sin medida. Unas manos de carpintero marcadas por los errores de martillos y sierras y unos ojos profundos con abismos en su interior. Pues fue este hombre, desprovisto de toda vanidad, sudoroso y maltrecho, a quien Lucy vio sin interés y con cierta aversión, quien acabó provocando en ella una pasión desenfrenada, una de esas rojas-sangre tempestuosas que sólo una puta difícil sabe permitir.*
>
> *La historia de los dos no empieza con nada nuevo, es la tontería de siempre, gustarle a alguien a quien no le gustas. Todos querían a Lucy, compraban peleas, gastaban oro, hacían de todo por el placer de rozarse con ella. Excepto Venâncio. Éste llegaba al putero y se acostaba con cualquiera sin saber de la disputa. Ella se ofrecía, él se negaba. Fue un no con voz recta, un no con promesa, jurado en el silencio de sus entrañas. Nadie pudo sacarle el porqué. (Badiou, p. 11-12)*

La vida es interesante, ¿verdad? Venâncio se convierte ahora en un objeto de necesidad para Lucy. Era tan dueña de sí misma, siempre en control de los más variados hombres-objeto a su disposición y con los que disfrutaba de una sexualidad adictiva. Desconectaba de su dolor y cobraba por ello. Sin embargo, el rechazo de Venancio reabrió sus heridas, se obsesionó y también descargó su odio contra Dalva, igual que Venancio había hecho con ella y con su hijo. Maldijo, humilló, golpeó y mordió.

Interrumpo aquí y pregunto: si la dependencia generada en el encuentro amoroso y en el amor forma parte de esta experiencia, ¿cómo se desarrolla la capacidad de disfrutar de la dependencia sin que se viva como un riesgo y una amenaza?

Podemos abrir la perspectiva de que en la relación con el otro, cuando se pone en marcha el trabajo del vínculo comenzamos a trabajar con las diferencias. En un vínculo se puede activar la repetición y el potencial de adicción está presente en todo ser humano, pero todo vínculo también tiene el potencial de configurarse como un nuevo origen y nuevas posibilidades de subjetivación. De hecho, la escritora Carla Madeira también describe perfectamente esta posibilidad en su novela y les sugiero que disfruten de este libro. El título, *Todo es río*, me ha recordado también un pensamiento de Deleuze y Guattari, que utilizaré para cerrar esta reflexión. "'Entre' las cosas no designa una correlación posible de localizar que va de una a otra recíprocamente, sino una dirección perpendicular, un movimiento transversal que las lleva de un lado a otro, un riachuelo sin principio ni fin que roe sus orillas y adquiere velocidad en el medio (Deleuze y Guattari, 2011, p. 40).

Referencias

Aulagnier, P. (1985). *Os destinos do prazer*. Imago.

Badiou, A. (2012). *Elogio del amor*. Flammarion.

Deleuze, G.; Guattari, F. (2011). *Mil platôs: capitalismo e esquizofrenia* (Vol. 1 e 2.). Ed. 34.

Madeira, C. (2023). *Tudo é rio*. Record.

MacDougall, J. (2001). *As múltiplas faces de Eros*. Martins Fontes.

Martins, J. (2023). Unidos em um. Trabalho apresentado na disciplina Noções gerais de Vincularidade da formação em Psicanálise Vincular do Contemporâneo – Instituto de Transdiciplinaridade.

Medeiros, M. (2023). Apresentação do livro Tudo é Rio. Trabalho apresentado na Jornada Científica da Sociedade Brasileira de Psicanálise de Porto Alegre – Adicções e Dependências. Novembro de 2023.

Macdougall, J. (2001). *As Múltiplas Faces de Eros*. Martins Fontes.

19. Entre nos-otros: las múltiples caras de la violencia[1]

Teresa Nora Popiloff y Alicia Lotufo de Wainstein

Esta enunciación, las múltiples caras, evidencia que no hay una única forma de expresión de la violencia, tampoco una homogeneidad en su manifestación. Entendemos que las violencias, que pueden ser solapadas o explícitas, están incrustadas en la misma condición humana y encuentran muy diferentes formas de representación de acuerdo con ciertas épocas, situaciones y culturas.

Intentaremos problematizar brevemente el estatuto de la violencia vincular. Un concepto que tal vez se replica y se sobrentiende que nos trae la dimensión de la relación con el otro y con los otros.

Entre "nos-otros" alude no sólo a esos otros que "habitan" nuestro inconsciente y aquí ponemos de relieve la transmisión inter y transgeneracional de la violencia y sus efectos, situaciones traumáticas, secretos inconfesables depositados en el psiquismo de un sujeto de otra generación sino también a esos "otros" del mundo que nos plantean el trabajo de procesar las diferencias entre yo y el otro, entre el

---

1 Estas ideas son una elaboración de las conceptualizaciones trabajadas en el taller "Entre nos-otros. Las múltiples caras de la violencia" que hemos presentado dentro del Proyecto Talleres – 2023 organizado por la Comisión de Psicoanálisis de Familia y Pareja de FEPAL (CPFP-Fepal).

prójimo y el semejante. Trabajo siempre inconcluso y con diversos resultados, de los cuales las relaciones de poder y la violencia nos conmueven diariamente, tanto en nuestra vida social como en el trabajo psicoanalítico. "Hoy el término violencia se ha impuesto claramente en el vocabulario conceptual desalojando el de agresión. Cuando se leen textos de hace unas décadas esta traducción hay que hacerla" (Rodulfo, 2009, p. 19).

En 1915, Freud. escribió: "lo importante del mandamiento "no matarás" nos da la certeza de que somos del linaje de una serie interminable de asesinos que llevaban en la sangre el gusto de matar" (1992, p. 298). Si hemos de tener en cuenta nuestras mociones inconscientes de deseo, somos como los hombres primordiales, que implementaban la violencia en variadas formas. Asistimos, una vez más, al estallido de guerras, a la distribución desigual de las riquezas, a la marginalidad y diversas formas de esclavitud aún en vínculos familiares y de pareja, venganzas por propia mano y cuantas otras más.

Pensamos que existe una imperiosa y prioritaria necesidad de crear y brindar claves para producir, con la utilización del bagaje conceptual psicoanalítico, modos novedosos que permitan sostener una cuota de esperanza y paliar el sufrimiento psíquico que entendido vincularmente deviene del hecho de ser seres sociales. Somos con.

Curiosamente habría antecedentes tempranos de aquello que luego devendría lo vincular. En 1967, Bleger expresaba[2]

> *Tener que admitir, tal como se hace, la existencia de la identificación proyectiva-introyectiva para todos los casos exige el supuesto de que cada sujeto es un "sistema cerrado" y que se comunica por diversos canales con otros seres humanos, mientras que admitir la participación como*

2 Ya pensaba en términos de un sistema abierto y no de un sistema cerrado.

> *fenómeno originario implica la hipótesis de que el ser humano comienza o parte de una organización como "sistema abierto" y que gradualmente se va individualizando y personificando. (Bleger, 1967, p. 189)*[3]

Los aspectos que las dimensiones intrapsíquicas, intersubjetiva o vincular diferencian no siguen cortes nítidos ni planos. Su interpretación dependerá de la perspectiva teórica del analista y de la situación clínica. Así desde un registro intersubjetivo Kaës (2009) se pregunta si

> *[...] ¿debemos considerar al vínculo a partir de cada sujeto considerado aisladamente, pero desde el punto de vista en el cual sus relaciones de objeto y sus identificaciones son efectos del vínculo, o bien debemos admitir que la realidad psíquica en los vínculos adquiere una consistencia específica que dispone de formaciones y procesos propios?*

Dentro del mismo registro, autores del psicoanálisis relacional como Jessica Benjamin, citada por Puget (2015, p. 56), entienden que relacionarse es del orden del reconocimiento del campo de sí mismo, es compartir una experiencia mental análoga.

En el registro de lo vincular, la diferencia de lo intersubjetivo, el énfasis está puesto en los espacios entre. Lo vincular – según entendemos – muestra la problemática del encuentro que no está objetivada vía representación ni subjetivada vía reconocimiento mutuo. La presencia de cada uno de los habitantes del vínculo excede lo representado por el otro.

---

3 En Bleger, J. (1967). *Simbiosis y ambigüedad.*

Un ejemplo clínico de violencia familiar pensado desde el registro intersubjetivo

Marta, una joven de dieciocho años, hija única, quedó hemipléjica a consecuencia de un tumor cerebral. Si bien la calidad del tumor no comprometía su vida, dejó por el lugar donde estaba ubicado esta irreparable secuela. Los médicos tratantes estaban sumamente afectados, no sólo por la tragedia de esta joven, sino también por la situación familiar.

La madre la sometía a malos tratos, no sólo verbalmente ya que consideraba a Marta "mentirosa, desorganizada y desobediente" sino que la sometía también a castigos corporales cuando no se ajustaba a sus requerimientos, relacionados con su modo de asistirla o con la dieta que le había impuesto conforme a lo que ella consideraba "saludable".

Cuando Marta llegó a la consulta con un hematoma en la cara, los médicos solicitaron una consulta psicológica para los padres y hasta se generó en los profesionales la fantasía de adoptarla.

En las entrevistas con los padres, aparece un padre desvalorizado, apocado, huidizo, con escasa participación; casi no hablaba y miraba hacia otro lado. María, la madre, entra sonriente, bien vestida, maquillada. Es ella quien habla. Ante la pregunta acerca de cómo afronta la familia la situación por la que le toca atravesar, María dice sentirse maltratada por la hija enferma: "ella es pachorra, desorganizada, no acepta la dependencia de mi en este momento o que el padre vea por mis ojos. Yo tengo que ser fuerte".

En sucesivas entrevistas María relata la historia de su hermano mayor Dardo, de ocho años, muerto en un accidente vial cuando ella tenía ocho meses. Recuerda que su propia madre la culpabilizó por esta muerte, ya que manifestó que por tener que atenderla no pudo ir a buscar a Dardo al colegio.

La saga familiar relata el inmenso parecido de Marta con Dardo, tanto en lo físico como en el carácter: "Todos me decían que yo era el Dardo".

Proponemos que la identificación con este significante – dardo – fue su posibilidad defensiva frente a la carga de culpa, dolor y duelo no resuelto, violentamente incrustada en ella, la hija sobreviviente, dentro de una ecología familiar desgarrada.

En los vínculos parentofiliales se producen canales privilegiados de transmisión psíquica. Cuando nace Marta, María-Dardo, no da a luz una niña en cuyo ser impactará con violencia, da a luz un Golem. Marta estaba atada "antes del origen" al destino de otro, a la violencia heredada.

Podemos preguntarnos qué sucedió en los abuelos maternos en el duelo por Dardo. Pensamos que quedaron en ellos esos elementos brutos que Eiguer citado por Jaitín (2006) llamó "objetos huecos" (1986).

Como expresara Kaës (1993), "[...] no solamente a partir de lo que es falla y falta se organiza la transmisión, sino a partir de lo no advenido, lo que es ausencia de inscripción y de representación, o de lo que, en la forma del encriptado está en estasis sin ser inscripto" (p. 24).

Los padres de Paula no sólo transmitieron lo que puede ser dicho, representado en una historia, en un mito familiar, sino aquello no dicho. ¿Qué consecuencias tuvo ser hija de una madre en duelo, hija de una "madre muerta" como la podría considerar Green (1986)? ¿Quién emerge de aquel maternaje interrumpido?

¿Un sistema defensivo materno al que Liberman (1993) describió como "madre tira bombas"? ¿Una madre que siguió siendo ese dardo envenenado con el contenido de culpa, duelo no procesado y dolor, que se arrojaba agresivamente sobre el psiquismo de Marta en un intento de cumplir la fantasía de deshacerse de ella?

A propósito de la noción de violencia vincular

Desde una perspectiva vincular, "ser con" nos expone a un afuera, a una exterioridad que inevitablemente hace mella en la supuesta interioridad del sujeto y en su supuesta individualidad. Desde esta perspectiva, entendemos una relación como el trabajo de esa exterioridad que perturba, que hasta diríamos socava, la identidad del sujeto concebido como un sí mismo individual e interior. Esta apertura al *entre*, esta exposición inevitable, implica el cuestionamiento de la propiedad del sí mismo originaria.

La identidad es heredera de múltiples identificaciones parciales, cruzadas, a veces fragmentadas, cambiantes, fallidas, inconclusas que se articulan en ese proceso incesante que es el advenimiento del sujeto (advenimiento que nunca termina de llegar). Nunca se culmina en esa identidad ideal concebida como un sujeto acabado en sí mismo.

Los otros siempre están desde el nacimiento del infante humano, no sólo los padres. Los dispositivos tecnológicos, supuestamente exteriores a un espacio familiar, ya están presentes instalados en el corazón mismo de lo familiar y en ocasiones son vehículo de mensajes que exhiben, impulsan o pretenden justificar actos violentos.

Resulta difícil encontrar una interpretación única que se ajuste a las acciones que podemos considerar violentas, pues insistimos en que sólo podemos conceptualizar la violencia en una situación. Independientemente del modo en que la consideremos aquella, nunca es sin consecuencias. Nos aproximamos a una definición de la violencia cuando decimos que es el resultado de la acción que ejerce un individuo o grupo contra un tercero cuyas consecuencias pueden oscilar desde la conmoción hasta la muerte. La posibilidad de la muerte como consecuencia última de una conducta violenta está siempre presente.

Lacan (1983) en su Introducción al comentario de Jean Hippolite escribió: "No sabemos acaso que en los confines donde la palabra **dimite** empieza el dominio de la violencia y que reina, ya allí, incluso sin que se la provoque". Ubica de este modo a la violencia del lado del acto y no de la palabra.

Pensadores como Jean Marie Müller, director del Instituto de investigación para la resolución no violenta de conflictos[4], entienden que hablar es el fundamento y la estructura de la socialización y se caracteriza por la renuncia a la violencia.

A pesar de lo así enunciado bien podemos pensar que el lenguaje puede implicar violencia a su vez, así como justificar intelectualmente situaciones violentas. La distancia que éste implica respecto del acto no necesariamente supone su ausencia. De allí la multiplicidad de manifestaciones de la violencia.

Insistimos en la dificultad de establecer diferencias absolutas entre las diferentes caras de la violencia, sea ésta social, aquella que asoma en las relaciones de pareja o bien la violencia familiar. Está conformada por hilos que van urdiendo una trama de tolerancia a las mociones pulsionales destructivas, las que de pronto precipitan en un acontecimiento que se destaca sobre otros.

¿Cómo llamar a ese ser con otros que expone inevitablemente la supuesta individualidad? Algunos lo llaman producción vincular, producción *entre*. No hay producción vincular sin cierta "inquietud", sin incertidumbre, lo que nos introduce en la cuestión del encuentro con la alteridad: la ajenidad de lo propio y la propiedad de lo ajeno. Es en el vínculo donde se evidencia la experiencia de una alteridad constitutiva. No hay vínculo posible sin la experiencia de esa alteridad.

Lo no coincidente, aquello irrepresentable, presenta una incógnita radical. La alteridad no se deja reducir a representación alguna y se impone como un exceso. Así entendida, se presenta como una singularidad que se le impone a cada uno de los sujetos del vínculo, como un exceso en tanto que supera la representación que uno tiene

---

4 Institut de recherche sur la résolution non-violente des conflits.

del otro y de sí mismo. Hay allí algo del orden de lo desconocido, de lo extraño, de la ajenidad, de la singularidad, de lo no representable.

Según Puget (2015), "[...] para la relación entre dos o más otros, los conceptos básicos son la diferencia radical, la alteridad y la ajenidad y además un hacer entre dos o más concebido como el costo a pagar para ir perteneciendo y habitando los vínculos" (p. 20).

Tal vez podamos acercar la alteridad radical a cierta conceptualización de lo real en Lacan. En ésta el autor conceptualizará lo real como lo imposible, refiriéndose entonces al hecho de que lo real rechaza toda representación, a las limitaciones evidenciadas por lo simbólico, a esa imposibilidad del significante de capturar todo lo que está en juego, insuficiente para expresar lo que existe. "Lo real no es el mundo. No hay la menor esperanza de alcanzar lo real por la representación" (Lacan, 1974, p. 82).

¿Acaso es la violencia una conducta con sentido dirigida a sí mismo o a un otro o es pura descarga, pasaje al acto y en tal caso, es aparentemente sin sentido? Cuando en ciertas circunstancias irrumpe, ocurre sin medida, ¿qué se violenta?,¿Por qué sucede? ¿Cómo comienza? ¿Qué tipo de vínculo se organiza a partir de ella? ¿Podemos articular un impulso a un propósito? El sujeto o los conjuntos violentos manifiestan que actúan "porque sí". Se suele hablar de "desbordes", de salirse de cauce, de estar fuera de control, fuera de sí. Por nuestra parte pensamos que la violencia aún requiere ser pensada vincularmente y no individualmente.

La violencia constituye en lo vincular una acción por apropiación, por destitución de la alteridad del otro y de sí mismo. Es una confiscación que horada y que lastima a los integrantes del vínculo, que busca neutralizar la expresión de la potencia del otro en su afán de querer reducir todo a lo semejante, a lo familiar, a lo no otro.

Se suele asociar la violencia al poder y a las relaciones de poder. Y estas últimas estuvieron pensadas como la violencia que un sujeto ejerce sobre el otro. Así pensada la violencia recae sobre un sujeto y se dice entonces que tal o cual es un sujeto, él mismo, violento.

Foucault cambia sustancialmente la concepción del poder. No lo piensa como la relación entre un soberano y un dominado, de uno contra otro, sino que lo piensa como "la multiplicidad de las relaciones de fuerzas inmanentes y propias del dominio en que se ejercen y que son constitutivas de su organización", agregando que "el poder no es una institución, y no es una estructura, no es cierta potencia de la que algunos estarían dotados: es el nombre que se presta a una situación estratégica compleja en una sociedad dada" (Foucault, 1976, p. 112 y 113).

Entendido al modo foucaultiano, no hay sujeto de poder tampoco habría sujeto de la violencia. Nos referimos a que el poder ya no es el poder de sometimiento de uno a otro – en cuyo caso estaría ejercido por un sujeto – sino que entendemos que los sujetos son efectos del poder. Partiendo desde las relaciones de fuerzas, no hay sujetos de poder sino terminales. Los sujetos son efectos de las mismas fuerzas y no causas. Consecuentemente, si el sujeto es el emergente de una red como si fuese el través y no la causa, ese través lo hace activo y pasivo a la vez de una situación mucho más compleja. Muchas veces nos encontramos con un adolescente cuyas conductas agresivas suelen interpretarse rápidamente como intentos de afirmación cuando en rigor son una reacción a un clima tóxico de violencia. La violencia es de los vínculos. Nadie es violento en sí mismo. Pensarlo así no sólo simplifica lo que de suyo es fuertemente complejo, sino que en reiteradas ocasiones conduce a acciones capaces de reforzar la violencia misma. Nos referimos, por ejemplo, a recursos de exclusión tales como la orden de restricción perimetral.

Una ilustración clínica

Jorge y Ana forman una pareja donde él se violenta asiduamente. En medio de las entrevistas grita con fuerza. Ana muestra su violencia buscando transferencialmente violentar a la terapeuta cuando intenta evitar que piense libremente, por ejemplo, cuando pregunta acerca de la violencia de Jorge. Intenta no dejarle más opciones que el decir lo que ella quiere que diga. Busca que la terapeuta confirme al marido en el lugar del violento. Simultáneamente con las entrevistas de pareja, Ana consulta en un Centro de la Mujer por la violencia en la pareja donde lo primero que le indicaron es que dejara el tratamiento de pareja.

Ante esta indicación reflexionan con la terapeuta que desde el inicio del tratamiento no hubo situaciones violentas y tampoco se había incrementado el malestar entre ellos.

Para el centro de la mujer está definido que el portador de la violencia es Jorge y hay que apartarlo. Esa sería la estrategia. La terapeuta entiende que, porque haya un hombre violento en la pareja, esto no indica que la violencia sea sólo suya, puede serla, pero no quiere decir que lo sea.

Se plantearía aquí la diferencia entre pensar en términos de "sujetos violentos" y pensar en términos de relaciones de fuerzas. La propuesta de la terapeuta entiende que el sujeto se constituye en el **entre**. No habría entonces sujetos constituidos; el sujeto siempre está (es) en la relación, las relaciones hacen al sujeto y no el sujeto a ellas.

Así entendido la terapeuta intenta poner a jugar la cuestión de la violencia a ver qué sucede en el vínculo, cómo la generan, qué es lo que instituye en cada uno.

Podemos pensar que hay un aspecto del vínculo analítico que responde a la idea clásica de transferencia y otra dimensión donde se producen efectos y sucesos que tienen que ver justamente con el poder instituyente de lo vincular, con el aquí y ahora y el carácter inédito del encuentro entre los pacientes y el analista. Parejas y familias evolucionan por contactos creativos surgidos por efectos inesperados como son los efectos de presencia e interferencia.

Para producir transformaciones a partir del sufrimiento de parejas o familias resulta necesario la posibilidad de trabajar los "efectos de presencia" (Puget, 2003) en tanto éstos últimos constituyen frecuentes causas de desorganizaciones de todo posicionamiento identitario. Puget y Berenstein crearon la expresión efectos de interferencia "[...] para hablar de lo que se produce en sesión del orden de los efectos de presencia y, por ende, de la potencialidad del espacio entre dos. Ello excede a las conceptualizaciones basadas en el sujeto con sus objetos internos-externos" (Berenstein, 2004; Berenstein y Puget, 2005, Puget, 2015, p. 40).

¿La violencia cumple alguna operación? ¿Una operación de reunión, de sostenimiento de la unidad de los integrantes de la familia? ¿Acaso al hablar de violencia familiar no tendemos a hacer de lo familiar, una interioridad reunida en sí misma que por ello mismo llama a la violencia? A su vez, la búsqueda de la homogeneidad expresa una particular modelización del espacio mediante la cual la familia fuerza sostener un adentro "familiar" resistiendo todo afuera como extraño, foráneo. La pregunta por la violencia familiar nos conduce entonces a replantear la división "naturalizada" de ese afuera y ese adentro, de lo familiar y lo social. ¿Dejamos por fuera lo social cuando hablamos de violencia familiar?

En parejas y familias muchas veces encontramos que tienen una necesidad de imponer significados únicos, de reducir todo a lo semejante. La supresión de la alteridad ejerce violencia en la constitución misma de la idea de familia. Entendemos que esto por una parte supone una expresión de cierta resistencia a lo vincular, resistencia que, al borrar las diferencias en favor de una construcción homogénea, cerrada sobre sí, se constituye en violencia. Los lazos del amor tienen muchas veces su trampa potencial en las inciertas fronteras entre cuidar, controlar, vigilar y sojuzgar. En la medida en que la misma se infiltra en el amor termina por tergiversarlo. Tergiversarlo en lo que podríamos llamar, junto al psicoanalista Ricardo Rodulfo (2017), "el amor al dominio". Porque em sí, el dominio puede abarcar motivos políticos, económicos, pasionales.

En algunas ocasiones la violencia, como propone Puget (2005), "crea un vínculo adhesivo en el cual la subjetividad de cada uno se va diluyendo y las diferencias pierden su potencialidad vincular". Muchas veces el vínculo violento se sustenta sobre una relación de necesidad, la de supervivencia de un rasgo identitario lo cual incide en la dificultad para desprenderse. Así en estos vínculos el otro aparece en la mente del otro de la pareja como imprescindible y la violencia se instala como único medio para resolver la angustia y la intolerancia que produce la presencia del otro en tanto otro. Aparecen fijaciones de apego amoroso a los otros del vínculo quienes responden negativamente a las demandas de ternura que les son repetidamente solicitadas.

Cuando las parejas consultan específicamente por su compulsión a la violencia, encontramos que en su comienzo ésta ha sido negada, desmentida y/o banalizada. Las discusiones conyugales se expresan con palabras cuya función es la de denunciar la incomprensión y responsabilidad del otro por las desavenencias. Manifiestan en el discurso sufrimiento y reproches y entienden que el cambio se producirá en la medida en que el otro del vínculo cambie. No imaginan otro modo de hacer. La violencia se torna un sostén precario. Desconocen que su sufrimiento es vincular y que está en la condición misma de lo vincular dar lugar a aquello que discrepa, que no es regular.

El ir encontrando un espacio para expresar aquello que les sucede en presencia del analista y del otro constituye un trabajo vincular. Como expresa Ungar, "Intervenir no es solo dar sentido o "descubrir" los contenidos inconscientes sino "una actividad ligada a describir y a conjeturar imaginativamente en un trabajo interpretativo llevado adelante por analista y paciente" (Ungar, p. 14).

A modo de conclusión

La violencia enlazada a lo vincular produce estupor y constituye un desafío. Preservar la actitud psicoanalítica como un modo de pensar nos fuerza a instrumentar procedimientos creativos ante la "clausura de sentido" en términos de Cornelius Castoriadis. Requiere un proceso de elaboración y reformulación constante, una necesaria apertura intelectual y fundamentalmente un compromiso ético. No se trata aquí de hallar un modo de conjurar la violencia. De allí que resulta necesario instalarse en los modos mismos de la relación, desenmarañar sus líneas sin dejarse atrapar por la tentación de adoptar prácticas de exclusión, extirpación de la violencia. Para el pensar del psicoanalista, para nuestra práctica, se trata en cada caso de recorrer tierras desconocidas. Desafío tanto para los psicoanalistas como para los integrantes de cada vínculo y establecerlo.

La clínica nos interpela con severos y crecientes casos de violencia. Ante ellos, uno de los primeros recursos que se instrumentan, es la judicialización de las relaciones en la búsqueda de identificar al sujeto violento. Continuación del modelo que busca al sujeto de la violencia para luego sancionarlo declarandolo culpable. Entonces, con frecuencia, medidas cautelares como las órdenes de exclusión del hogar o de restricción perimetral son utilizadas.

Pensamos que la perspectiva y el trabajo vincular es una tarea que sin quitar responsabilidad puede desculpabilizar procurando así sostener ese tejido que nos constituye en tanto seres sociales y esperar como dijo Rodulfo (2012) "algo mejor de nuestra existencia".

Referencias

Berenstein, I. (2004). *Devenir otro con otro(s): ajenidad, presencia, interferencia*. Paidós.

Berenstein, I. (2001). *El sujeto y el otro*. Paidós.

Berenstein, I. (1997). Vínculo familiar: hechos, sucesos y acontecimientos. *Revista AAPPG.*

Berenstein, I. (1990). *Psicoanalizar una familia.* Paidós.

Bleger, J. (1967). *Simbiosis y ambigüedad. Estudio psicoanalítico* (4 ed.). Paidós.

Bracchi, L.M. (2011). *Vicisitudes de la clínica con parejas: lo nuevo es el vínculo.* http://dspace.uces.edu.ar:8180/xmlui/bitstream/handle/123456789/1258/Vicisitudes_Bracchi.pdf?sequence=1

Foucault, M. (1977). *Historia de la sexualidad. La voluntad de saber.* Siglo XXI.

Green, A. (1986). La madre muerta. En A. Green, *Narcisismo de vida, narcisismo de muerte.* Amorrortu.

Freud, S. (1992). De guerra y de muerte. Temas de actualidad. En J. Strachey (Ed.) y J.L. Etcheverry, *Obras completas* (Vol. XIV, pp. 273-303). Amorrortu editores.

Jaitin R. (2006). *Clínica del incesto fraternal.* Lugar Editorial.

Kaës, R. (2009). La realidad psíquica del vínculo. *Revista Internacional de Psicoanálisis de Pareja y Familia,* 6.

Kaës, R. et al. (1993). *Transmisión de la vida psíquica entre generaciones.* Amorrortu editores.

Koval S., Popiloff, T. (2020). Un paseo con un niño. De lo individual a lo vincular. En R. Vergara. *La subjetividad puesta en jaque.* Vergara Editorial.

Lacan, J. (1988). *Escritos.* Siglo XXI.

Lacan, J. (1974). La tercera. En J. Lacan. (2010), *Intervenciones y textos (Vol. II).* Editorial Manantial.

Liberman, D. (1993). *Del cuerpo al símbolo.* Paidós.

Puget, J. (2015). *Subjetivación dicontinua y psicoanálisis. Incertidumbres y certezas.* Lugar Editorial.

Puget, J. (2005). Violencias en pareja y familia. Función testimonio, estado de amenaza, crueldad. *Actualidad psicológica*, 328.

Rodulfo, R. (2017). *Ensayos sobre el amor en tiempos digitales. Dominios sin dueño*. Paidós.

Rodulfo, R. (2012). *Padres e hijos. En tiempos de retirada de las oposiciones*. Paidós.

Rodulfo, R. (2009). *Trabajos de la lectura, lecturas de la violencia. Lo creativo – lo destructivo en el pensamiento de Winnicott*. Paidós.

Spivacow, M. (2005). La intervención vincular en el tratamiento psicoanalítico de pareja. *Revista Aperturas*, 19. https://www.aperturas.org/articulo.php?articulo=0000324

Ungar, V. (2015). El oficio de analista y su caja de herramientas: la interpretación revisitada. *Revista Uruguaya de Psicoanálisis*, 121, 41-63. https://www.apuruguay.org/apurevista/2010/16887247201512106.pdf

Wainstein, A.I.L. (1996). Laura, su historia. Reflexiones sobre la psiquis, el soma y lo transgeneracional. *Revista de Psicoanálisis Asociación Psicoanalítica Argentina,* Tomo LIII, n. 4, p. 957-969.

20. Comentario sobre la película *Madres paralelas* de Pedro Almodóvar[1]

Silvia Resnizky

Madres paralelas es una película de Pedro Almodóvar que expone múltiples cuestiones, todas muy actuales. La película se refiere no solo a las maternidades en plural tal como su mismo título nos lo adelanta, sino también a la violencia de género, a la identidad y a la memoria, al embarazo adolescente y a las nuevas configuraciones familiares. Almodóvar celebra la maternidad, pero también reflexiona sobre todo lo que se le exige a la mujer al ser madre.

Dos mujeres, Janis y Anna, coinciden en la habitación de un hospital. Las dos son solteras y quedaron embarazadas accidentalmente. Janis de mediana edad es madre por decisión propia y está emocionada ("lo mío fue un accidente, pero estoy contenta"). Anna es una adolescente, menor de edad, asustada y traumatizada. Se conocieron durante su internación en las horas previas al parto y siguen en contacto luego, sin saber en principio que sus bebas fueron cambiadas accidentalmente en el hospital durante los primeros días de vida.

1 Presentado en las Jornadas sobre "Clínica psicoanalítica de pareja y familia hoy" organizadas por la Sociedad Psicoanalítica Brasileña de Río de Janeiro. Mayo 2022.

Una de las bebas, Annita, muere un tiempo más tarde por muerte súbita y Janis, una de las mamás protagonistas, se da cuenta que esa beba que ella tiene no es su hija, que la que era su hija biológica, Annita, es la que había muerto por muerte súbita mientras dormía.

La historia relatada en la película logra ensamblar la contradicción de Janis, protagonizada por Penélope Cruz, embarcada en la búsqueda de la verdad en torno a su historia y a la identidad de sus antepasados al mismo tiempo que oculta la identidad de su propia hija.

La recuperación de la memoria histórica es una problemática que en España sigue vigente como consecuencia de la guerra civil y la dictadura franquista. La película toma una postura clara cuanto a la memoria histórica y a la identidad.

El drama de los desaparecidos como ciudadana argentina que soy no me es ajeno. Durante la dictadura militar (1976-1983) hemos padecido en mi país el terrorismo de Estado que llevó además del asesinato y encarcelamiento de mucha gente a la existencia de 30 000 detenidos desaparecidos enterrados en fosas comunes en lugares desconocidos e incluso arrojados sus cadáveres al río. Mujeres embarazadas fueron secuestradas y asesinadas luego de dar a luz y sus bebes apropiados y dados en adopción a otras familias, incluso a familias involucradas en la desaparición y muerte de sus madres y padres.

Frente a la violencia y el terrorismo de Estado, las Madres y Abuelas de Plaza de Mayo surgieron como un movimiento de resistencia auto-organizado, como un colectivo fraterno integrado exclusivamente por mujeres que se gestó durante la dictadura cívico-militar en la Argentina. Inicialmente con el fin de recuperar con vida a los detenidos desaparecidos, su lema fue pedir la aparición con vida de los desaparecidos, localizar y restituir todos los bebés y niños apropiados y establecer luego quiénes fueron los responsables de los crímenes de lesa humanidad para promover su enjuiciamiento.

Comenzaron a reunirse en 1977 los jueves a las 15h30 en Plaza de Mayo. Ante la orden policial de no detenerse ni agruparse, sino circular, decidieron caminar alrededor de la plaza, frente a la sede de la casa de gobierno para dar visibilidad a sus casos. Las Madres al principio eran 14 y llegaron a ser 6000, daban vueltas alrededor de la Pirámide en Plaza de Mayo todas las semanas, con pañuelos blancos hechos de tela de pañal en sus cabezas con el nombre de sus hijos desaparecidos bordados, algunas llevando en sus manos carteles con fotos de sus hijos o hijas. Ni el frío ni la lluvia ni los policías a caballo podían detener su marcha. Tampoco el secuestro y la desaparición de Azucena Villaflor, una de sus fundadoras. La dictadura se refería a ellas como "las locas de Plaza de Mayo".

Estos colectivos fraternos de Madres y Abuelas aparecen frente al terrorismo de Estado como alternativa al vacío de referentes, al silencio, a la complicidad, al ocultamiento.

Apenas iniciada la búsqueda de los familiares desaparecidos surgió el problema de cómo identificar los cuerpos que podían aparecer en fosas comunes y cómo identificar a los nietos. La genética era una vía posible para complementar la información aportada por la antropología forense.

En cada uno de los viajes realizados al exterior las abuelas consultaban genetistas, antropólogos forenses y hematólogos para saber si existía algún elemento constitutivo de la sangre que sólo apareciera en personas pertenecientes a la misma familia. Gracias a los avances desarrollados por la genetista Mary Claire King y la colaboración de un equipo internacional de científicos se logra formular lo que denominaron *índice de abuelidad*, siendo fundamental el rol que jugaron las Abuelas para incentivar el desarrollo de esta técnica. Este índice permite determinar la filiación de un niño en ausencia de sus padres, establece la posibilidad de parentesco entre un nieto y sus abuelos a partir del análisis del material genético.

A lo largo de los años las Abuelas de Plaza de Mayo han tenido que afrontar situaciones complejas. Algunas personas identificadas por ellas como posibles nietos, hijos de desaparecidas y desaparecidos, niños apropiados, se han negado a realizar los tests que les permitirían conocer su identidad. Resulta elocuente al respecto el testimonio de un nieto recuperado: "Sabía que era adoptado y tenia la sensación de que posiblemente mis padres podían haber sido desaparecidos durante la dictadura, pero estaba bien con quien era y no me interesaba entrar en una búsqueda con resultado incierto. Fue recién en 2006 que me di cuenta que había mucho egoísmo en mi postura. Tenía que ser consciente que del otro lado podía estar buscándome un hermano, un tío, una abuela. El derecho a la identidad no se negocia, no se abandona y no se olvida".

El equipo de antropólogos forenses argentinos surgió en 1984, un año después de la vuelta a la democracia, también a instancias de Abuelas de Plaza de Mayo para que colaboraran con el antropólogo estadounidense Clyde Snow en la recuperación de los cuerpos enterrados ilegalmente durante la dictadura. El objetivo era restituirlos a sus familiares y brindar a la justicia y a las comisiones investigadoras los resultados de ese trabajo forense.

Cuando asistí al 41 Congreso Internacional de la IPA en Santiago de Chile en 1999 pude participar de la proyección del documental *Fernando ha vuelto*. Fue conmovedor para los que estábamos allí haber podido ver el minucioso trabajo de los antropólogos forenses y el profundo significado que tuvo para la familia el poder recuperar el cuerpo del que hasta ese momento era un desaparecido.

Almodóvar plantea una clara posición con relación a la memoria. Anna plantea en una fuerte discusión con Janis, que no sirve ni tiene sentido mirar al pasado. Janis se enfada y le responde enfáticamente: "Es hora que te intereses en el país que vives, hay 100 mil desaparecidos. A sus nietos y bisnietos les gustaría identificarlos para poder darles sepultura digna. Hasta que no lo hagamos no habrá terminado la guerra".

La película también nos propone pensar que si bien se trata de dos embarazos no buscados. Son muy diferentes las circunstancias vitales de cada una de las protagonistas, así como son distintas las configuraciones de sus respectivas familias de origen.

El embarazo de Janis es producto de un encuentro amoroso con un antropólogo forense al que Janis conoce por su trabajo como fotógrafa y al que luego consulta su historia personal. Aunque él refiere no estar en condiciones de ser padre en ese momento, Janis decide seguir adelante sola con el embarazo y llama a su niña Cecilia, como su abuela materna. Janis es hija y nieta de madre y abuela solteras. Su bisabuelo es un desaparecido. Se lo llevaron los falangistas de su casa recién declarada la guerra cuando su abuela tenía 10 años. Su padre parece haber sido un dealer venezolano. Su madre muere de sobredosis a los 27 años cuando ella tenía 5 años. ¿Será la transmisión transgeneracional de restos radioactivos lo que lleva a la mamá de Janis a la muerte por sobredosis? Janis es criada por su abuela. Lleva el nombre que le diera su madre por Janis Joplin, una cantante de *rock* que también murió a los 27 años por una sobredosis. Fue una niña criada con amor por esa abuela que tenía a su papá desaparecido y dejó muy bien documentada la historia referida a la desaparición de su padre y a la presunción de que fue enterrado en una fosa común a la salida del pueblo. Janis es fotógrafa como su bisabuelo desaparecido, que era maestro y fotógrafo, y va en busca de la verdad siguiendo la información que su abuela le dejara.

Janis fue criada por una abuela que perdió a su padre a los 10 años y luego a una hija muy joven de 27 años. Es bisnieta de un bisabuelo desaparecido, su mamá por tanto tenía graves problemas por consumo de drogas y su papá era un dealer. Janis debió haber padecido situaciones traumáticas tempranas.

Quizás también sean esas huellas traumáticas y restos radioactivos los que no tenían aún representación, los que llevaron a Janis a ocultar la identidad de la niña por no sentirse en condiciones de afrontar esa tremenda pérdida, el duelo de verse separada de la niña a la que estaba criando amorosamente como su hija. Una conjunción de lo no simbolizado de la historia individual y de la historia colectiva.

El concepto de transmisión radioactiva fue desarrollado por Yolanda Gampel (2002), una psicoanalista argentina que reside en Israel que ha trabajado con poblaciones que han sufrido catástrofes sociales. El término radioactivo pertenece a la física, pero ella lo trabajó como una metáfora de los efectos de la violencia socioestatal, que al igual que la radioactividad penetra en nuestro aparato psíquico sin que tengamos control sobre su ingreso, su implantación y sus efectos. La transmisión y la identificación radioactivas aluden a la transmisión de traumas sufridos por los sujetos a causa de la violencia social. Todos podemos ser receptores pasivos y/o transmisores de esa radioactividad, que puede ser transmitida transgeneracionalmente produciendo efectos en las generaciones siguientes. Un hecho traumático puede ser transmitido de una generación a otra y producir efectos a muy largo plazo. Los "residuos radiactivos" inodoros e incoloros pueden irrumpir como desorden psíquico, como enfermedad somática, como una pulsión desencadenada en la tercera generación.

Haydee Faimberg (1988) se refiere al "telescopaje de las generaciones", identificaciones inconscientes alienantes que condensan tres generaciones y pueden revelarse en la transferencia.

Inés Vidal (2010), psicoanalista argentina, se refiere al estatuto metapsicológico de las experiencias traumáticas que describe como huellas que quedan inscriptas como elementos perceptivos, desarticulados y heterogéneos que no han adquirido representación[2].

2 Vidal I.

La transmisión también puede organizarse a partir de lo negativo, de aquello no advenido, por carecer de inscripción en lo simbólico. Se trasmite no solo lo que falla y/o falta, también se transmite aquello que aún no ha encontrado un lugar y un sentido en quien transmite. La negatividad refiere no sólo a lo reprimido, negado, sino también a lo que nunca fue representado ni es representable por medio de palabras. Eso que no está, eso que falta es justamente lo que se transmite.

La negatividad alude a la formación de criptas o fantasmas tal como fueran descriptas por Abraham y Torok, generando un modo patológico de transmisión que atenta contra el proceso de historización a la manera de un muro impenetrable.

Los duelos inconclusos, por ejemplo, terminan expresándose en las generaciones siguientes como palabras o actitudes que resultan incomprensibles y afectan la vida cotidiana. Los fantasmas que habitan la cripta pueden retornar en la forma de actos, signos, síntomas incomprensibles para el sujeto, que no tiene las claves para descubrir de que se trata. Pueden manifestarse también como agujeros en la memoria, como ataques contra la actividad de ligadura.

Anna, la otra mamá protagonista, es hija de una mujer, Teresa, actriz que se casó para huir de la casa de sus padres y al año nació su única hija, Anna. Se divorció para poder continuar con su vocación de ser artista y ese divorcio fue una transgresión a todos los mandatos de su época y de su medio social. Pagó el precio de haber sido separada de su hija Anna durante años. El embarazo de Anna es producto de una violación en manada que no es denunciada. Anna es víctima de violencia de género silenciada. Seguramente además ha sufrido traumas tempranos al haber sido separada muy precozmente de su madre. El padre envía a Anna a vivir con su madre a raíz del embarazo, más que nada con la idea de evitarse él un conflicto, un escándalo. Y en ese vínculo conflictivo y difícil entre Anna y Teresa que Almodóvar vuelve a poner en un primer plano la cuestión de la maternidad. Si bien Anna no desea la maternidad, a partir del nacimiento de la niña no se separa de ella. Logra diferenciar el vínculo con su beba de la forma en que ésta fue concebida, la llama con su mismo nombre y al mismo tiempo logra armar con su madre un vínculo diferente.

No sabemos si la inclinación homosexual de Anna es reactiva a la violación sufrida, si es una manera de encontrar refugio frente a la tremenda pérdida de su beba, constituyendo con Janis una familia con una niña a quien cuidar.

La restitución de Cecilia a Anna, el duelo de Janis por la niña muerta (encontré a mi hija cuando ya estaba muerta) habilita probablemente el reencuentro de Janis con Arturo, el fotógrafo y el nuevo embarazo. Dice Janis: si es niña se llamará Anna, como la beba fallecida, y si es varón, Antonio, como el bisabuelo.

Es elocuente la frase final de Eduardo Galeano con la que termina la película: "No hay historia muda: por mucho que la quemen, por mucho que la rompan, por mucho que la mientan, la historia humana se niega a callarse la boca".

La memoria no es la preservación estática de un saber ya constituido, la memoria se revela como una construcción, como memoria en movimiento.

Pensar la memoria en una dimensión que excede el recuerdo, decía Derrida, la instituye como pizarra de la subjetividad. De tiempo en tiempo – sostiene S. Freud (1895 [1950]) – el material preexistente de huellas mnémicas experimenta un reordenamiento según nuevos nexos, una retranscripción. El texto psíquico se inscribe una y otra vez, no se trata de un archivo simple ni de marcas unívocas. Cada nueva escritura afecta y es afectada por las anteriores.

Por su parte, Elizabeth Jelin (2022) afirma que el espacio de la memoria es un espacio de lucha. "La 'memoria contra el olvido' o 'memoria contra el silencio' esconde lo que en realidad es una oposición entre distintas memorias rivales (cada una de ellas con sus propios olvidos). Es en verdad "memoria contra memoria".

Como analistas, sabemos que efectivamente, como bien dice Eduardo Galeano, la historia no es muda, insiste y produce efectos por más que intenten amordazarla.

Referencias

Derrida, J. (1967). *La escritura y la diferencia.* Anthropos.

Freud, S. (1982). *Proyecto de psicología.* Amorrortu editores.

Faimberg, H. (1988). A la escucha del telescopaje de las generaciones: pertinencia psicoanalítica del concepto. En H. Faimberg, R. Kaës, M. Enriquez (2006), *Transmisión de la vida psíquica entre generaciones.* Amorrortu editores.

Gampel, Y. (2002). El dolor de lo social. *Revista Psicoanálisis APdeBA*, 1/2, v. XXIV.

Gampel, Y. (2006) *Y esos padres que viven a través de mí. La violencia de Estado y sus secuelas.* Paidós Ibérica.

Jelin, E. (2022). *Los trabajos de la memoria.* Fondo de Cultura Económica Argentina.

Mauer, S., Moscona, S., Resnizky, S. (2014). *Dispositivos clínicos en psicoanálisis.* Letra Viva.

Mauer, S., Moscona, S., Resnizky, S. (2020). *Psychoanalytic work with families and copules* Routledge.

Vidal, I. (2010). Clínica de lo traumático: la función del analista. *Revista Psicoanálisis de APdeBA*, 2/3, v. XXXII.

21. Sufrimientos de hoy, efectos de producción de subjetividades y la experiencia analítica[1]

Elizabeth Palacios

Pensemos la clínica de hoy

A partir de una serie de viñetas clínicas nos adentraremos en el tema que pretendo abordar.

Caso de Jack y Jill

Jack y Jill son una pareja de treintañeros. Habían sido mejores amigos durante la universidad y cuando finalizaron los estudios decidieron que no querían separarse y se casaron. Jill fue contratada por una multinacional, en un puesto de trabajo deseable por alguien como Jill y Jack, en un país culturalmente muy diferente. Cuando me consultan hacía seis meses que vivían en España y llevaban 7 años casados. Habían vivido en 4 países diferentes y en el interín habían tenido 3 hijos, la más pequeña de 2 años. Decidieron migrar a España porque culturalmente el país les resultaba atractivo, y pertenece al mundo occidental. Jill había padecido una importante crisis de ansiedad por

1 Presentado en la V Jornada: La Pareja y la Familia en el Diván, organizado por la SBPRP, día 29 de octubre de 2022.

la que estuvo hospitalizada una semana antes de nuestro encuentro, pensaron que se trataba de una angina de pecho.

Jill aparece como la depositaria en la pareja de toda la locura y la que busca activamente un terapeuta de pareja. Solicita a sus suegros que convenzan a Jack de que "este matrimonio se va a pique y que hay que intentar salvarlo, yo ya no tengo fuerzas". Al primer encuentro Jill acude con su traje de ejecutiva y Jack parece un turista que va de excursión. Jack se veía incómodo y miraba al vacío, como si no estuviera con nosotros. Jill hacía todo lo posible por mantener el contacto visual conmigo, generando un clima emocional amable. Ella fue la que espontáneamente comenzó a explicar su inmenso sufrimiento en la relación con Jack. Este interrumpe en tono de reproche para decir: "No entiendo qué te está fallando, tenemos todo lo que alguien pudiese desear tener a nuestra edad. Una familia, una bonita casa en un bonito país y, sin embargo, ¡piensas que no nos va bien!" Jill responde con cierta exasperación: "Nuestra pareja no está funcionando bien. Siento que no hemos podido construir una relación a la que pertenezcamos, una sensación de hogar, y tú no entiendes eso". Me mira y explica: "Yo creo que Jack tiene dificultades con sus emociones, antes conseguíamos conectar de alguna manera, pero ahora es todo mucho más difícil. Necesito sentirlo cerca, se lo digo una y otra vez, pero no cambia. Ahora estamos en una situación muy mala, somos incapaces de hablar cuando estamos juntos. Cuando llego a casa no podemos ni saludarnos, es como si yo fuera transparente para él, como si no quisiera que estuviera allí." Jack explica que teletrabaja y que sigue el horario de la costa oeste, así que se va a dormir mucho más tarde que Jill, dos horas antes de que ella se levante. "Trabajo mucho, y lo hago todo desde casa. A veces, cuando Jill se levanta, yo aún no me he dormido y oigo sus pasos por la casa... Intento hacerla feliz, hacer las cosas que hace una familia los viernes por la noche y los fines de semana, pero nada parece salir bien. Siempre me malinterpreta".

Años atrás, Jill había aceptado la interpretación de Jack acerca de sus dificultades mentales, como portavoz del mal funcionamiento de la pareja, llegando a medicarse. Ahora comprendía que lo que le provocaba verdadero sufrimiento era el tipo de relación que mantenía con Jack. El no poder volver al estado en el que eran mejores amigos y podían estar horas juntos hablando de sus vidas era imposible de ser recuperado. No tenían relaciones sexuales desde que ella se había embarazado de la hija pequeña. No fue fácil para ellos comprender que estaban teniendo grandes dificultades como pareja, que no eran capaces de hacer sentir el uno al otro un sentimiento de pertenencia a la relación que habían intentado construir, que no podían sentirse seguros en compañía el uno del otro, que habían realizado muchos cambios, que habían experimentado muchas pérdidas, muchos países, tres bebés, muchas cuestiones importantes en la vida que necesitaban de un estado mental que no habían podido conseguir y que se culpaban desesperadamente el uno al otro de estas dificultades, en un estado constante de reproche.

Construir un espacio de pertenencia significa que somos capaces de habitar esos lugares y llevar a cabo las acciones pertinentes, que nos permitan ser dueños de ese lugar y de esa realidad. Necesitamos estar alojados en esos lugares para poder llevar a cabo esas acciones. Esto no puede ser así si se nos excluye por la alteridad (Derrida, 1997; Levinas, 1971) o si se nos considera una posesión del otro y la alteridad queda encubierta por la similitud.

Nuestro presente impone nuevos problemas que deben ser valorados y que no existían en el pasado, nos obligan a incluir no sólo la compulsión de repetición. Las relaciones entre las personas tienen lugar en espacios y situaciones fluidas con poca estabilidad y esta relación depende de lo que sean capaces de hacer juntos, que siempre es imprevisible. Estas realidades no tienen que ver con el desamparo original, tienen que ver con un intercambio entre sujetos que conviven en una posición de simetría.

Caso de Ramiro y Rita

Otros dos jóvenes en su treintena, Ramiro y Rita, casados hacía 8 meses, se dirigen al dispositivo que armamos durante la pandemia para asistir a sujetos en estado de sufrimiento. Se encuentran angustiados y desbordados. No saben cómo responderán cuando se abran las fronteras entre las provincias, si se separarán, si se divorciarán, si se suicidarán o si uno matará al otro. Aquella fantasía de pareja que seguramente les permitió unirse y los proyectos que ambos iniciaron para mantener esa creencia en ese momento se habían visto trastocados. Utilizaron el dinero que inicialmente pensaron destinar para el pago de una entrada para adquirir una vivienda una vez casados, junto al obtenido a partir de un crédito bancario, a pagar en varias décadas, a la apertura de un negocio de restauración: "Nuestro gran proyecto". Ella "fresca, divertida, aventurera" fotógrafa de eventos, y unas cuantas cosas más, como muchos jóvenes contemporáneos. El, un muchacho formado para el negocio "tranquilo, alegre y emprendedor". Pero "todo se ha venido abajo con el comienzo del confinamiento". Los meses de bonanza económica en el negocio, metaforizados en meses de bonanza en ese vínculo lleno de esperanza del comienzo de la convivencia desaparecieron junto a la restricción en las libertades de todos los ciudadanos.

Podríamos pensar: ¿Cuál sería la idea de pareja que Ramón y Rita habrían acuñado en su inconsciente vincular? ¿Cuál sería la fantasía constitutiva de la misma, que les facilitaría mantener la creencia de que a partir de los proyectos que se plantearon podrían resolver esos conflictos con los que venían desde sus propios grupos de origen? No contaban, como ninguno de nosotros podía contar, que una situación sociocultural y política mundial trastocaría la economía de esa fantasía constitutiva, así como la economía bancaría de sus proyectos de por vida.

La pandemia se transformó en una invasión ambiental violenta que los violentó y el conflicto de pareja se desplegó con la aparición de "las locuras privadas" (Green, 2005) de cada uno de los que habitan este vínculo. Algo interrumpió abruptamente sus planes y esto se transformó y se desvió a un conflicto de pareja. Frente a esta situación extrema ellos piensan que "había cosillas" antes, que ya estaban allí y que eran las posibles sombras que podrían entorpecer esos deseos de lograr los planes trazados. ¿Por qué en lugar de mantenerse unidos a través de la solidaridad en este caso la situación se torna violenta y las reivindicaciones y el reproche ganan todo el espacio del vínculo de pareja? ¿Cómo ayudarlos a soñar un futuro? Pensar desde la perspectiva vincular nos ha permitido plantearnos los efectos de sufrimiento y los procesos de cambio que se experimentan en estas circunstancias en los vínculos humanos entre familias, parejas y en el más amplio contexto social. Nos encontramos frente a un suplemento azaroso que irrumpió en el contexto de repetición. En el mismo borde entre el ser y el no-ser, en el borde de la discontinuidad, viéndonos obligados a tener que abordar nuevas posibilidades subjetivas que se manifiestan de forma imprevisible.

La familia de Joaquín y Merche

Joaquín y Merche consultan como familia. Su hija adolescente de 15 años, Amapola, no ha podido acudir. No saben qué hacer con ella, permanece encerrada en casa desde la pandemia sólo comunicándose a través del ordenador y grabando videos en vivo que son visionados por gran cantidad de seguidores. Quiere ser Youtubera, no quiere conectar con la gente de manera directa, dice que es una *hikikomori*[2] y que no le importa participar en nuestros encuentros, pero que no

---

2 *Hikikomori*: término japonés que se refiere a personas, generalmente jóvenes, que se retiran de la vida social y pasan la mayor parte de su tiempo en casa, a menudo en su habitación, evitando el contacto humano y las interacciones sociales. Encuentran consuelo y entretenimiento en actividades solitarias como los videojuegos, la navegación por internet o la lectura.

podrá acudir de manera presencial. Cuentan como de pequeña estaban los tres muy unidos, que Amapola acompañaba a su padre a todos los sitios a los que éste decidía llevarla, pero que desde hace dos años se le hace todo difícil. Con el padre no hace más que discutir y él no puede con ella. La madre comenta escenas violentas entre ambos. El padre se ve cabizbajo, desalineado, con una apariencia mucho mayor a la que le correspondería por su edad. La madre en un tono amable y conciliador, a la vez que triste, comenta con ritmo enlentecido las dificultades familiares que han venido atravesando. Todas, según la narración que construyen, ligadas al cambio de manera de estar en el mundo de Amapola. Sin que aparentemente le concedan demasiada relevancia, casi como un dato al pasar, me voy enterando que Amapola se ha realizado cortes en el cuerpo, ha sufrido *bullying* en el colegio, ha frecuentado grupos *trans*, como respuesta a una pregunta comentan el nombre que tenía en esa tribu urbana. No saben qué hacer con Amapola, así que decidieron mandarla sola a una casa que tienen en una ciudad a cien kilómetros de donde viven y que es en donde me consultan. Pensaron que así estarían más tranquilos y que ella se daría cuenta de que tenía que empezar a vivir por ella misma. Es sorprendente como llegan a esta conclusión dado los datos que aportan, y a los que no pueden concederle la significación de gravedad de la que son portadores. La madre comenta que finalmente la decisión que han tomado ha aumentado la angustia de ambos padres. Ahora no la ven cada día encerrada en su habitación y se han evitado las constantes peleas entre Amapola y el padre, pero no saben si come o no, si duerme y lo que querían lograr que es que ella aprendiese a gestionarse su día a día no lo han logrado. Amapola no contesta las llamadas telefónicas. Hace lo mismo que hacía en la casa familiar sólo que ahora no la ven.

Acerca del encuadre

Se trata de una situación clínica que requiere ser pensada. Tras un largo silencio en un encuentro grupal *online*, de un seminario solidario, realizado para colaborar con colegas de un país bajo el estado de tiranía del gobierno, con pérdida de la libertad de expresión, un asistente nos relata la siguiente cuestión clínica: "No he podido recibir a un paciente al que vengo atendiendo en un encuadre analítico hace unos años".

En ese país se habían suspendido las garantías sociales, atravesaban una situación de catástrofe social, con pérdida de las garantías del derecho a la vida: un estado de excepcionalidad. El paciente no podía asistir a alguna de sus sesiones ya que debía asistir a los tribunales convocado por las autoridades al haber participado en una manifestación silenciosa en la que un amplio conjunto de ciudadanos manifestaba su desacuerdo con las medidas que el gobierno les estaba haciendo padecer. El supervisor de este joven analista le había indicado que era importante preservar el encuadre como forma de meta comunicar al paciente la continencia que debían poder proveerle los encuentros analíticos en estos momentos difíciles. Le indica que el cobro de las sesiones en este caso es importante que se mantenga para que el paciente pueda así ver que su analista sigue disponible para él.

Nuestros esquemas referenciales y nuestra implicación en la práctica analítica que desarrollamos hacen a los procesos de subjetivación que nosotros como psicoanalistas vamos transitando en los contextos institucionales de los que participamos. Los saberes que constituyen nuestra práctica como analistas, así como los elementos técnicos que conforman esa práctica social, la psicoanalítica, da cuenta de las condiciones, sociales, políticas y económicas de como esos saberes se han construido. A mi entender, nuestra posición como psicoanalistas, requiere de revisiones periódicas para que no se pierda en el camino el poder subjetivante de nuestro dispositivo terapéutico.

Lo intra lo inter y lo transubjetivo

El sujeto al que fundamentalmente nos dedicamos la mayoría de los psicoanalistas es al sujeto individual, a su mundo interno, sus objetos internos, sus conflictos, a sus procesos de subjetivación y la realidad psíquica inconsciente que es su hipótesis constitutiva. El modo en que este saber se constituyó y la modalidad técnica que adquirió para abordar al sujeto individual nos obligó a tener que recurrir a una maniobra que nos permitiese abordar la realidad intrapsíquica individual (Kaës, 1987, 1993). Esta maniobra consistió en tener que aislar lo intrapsíquico de otros factores, me refiero con ello a los espacios intersubjetivo y transubjetivo. Se trata de un ardid por medio del cual restringimos nuestro objeto de estudio con una intención técnica, dejando al margen un remanente que es desestimado en ese contexto de intervención. Nuestra existencia es efecto de esa realidad psíquica inconsciente de la que participan otros sujetos que nos asisten en la formación de estructuras intrapsíquicas, así como nosotros participamos en la constitución de la realidad psíquica de otros. Hoy podemos resignificar las teorías freudianas del Yo, del Superyo, de las identificaciones en términos intersubjetivos (Kaës, 2009). Conceptos tales como represión, apuntalamiento de la pulsión, alianzas inconscientes requieren que consideremos esa dimensión.

El concepto de intersubjetividad proviene de otros campos del saber afines y son importados desde ellos, la filosofía, la lingüística y el psicoanálisis francés. Esto nos plantea una cuestión que no podemos dejar de considerar: si tal como plantea Freud en *Introducción al narcisismo* (1914) somos eslabones de una cadena de sujetos que nos preceden y nos anteceden. Tal como plantea René Käes (2009), podemos ser considerados sujetos singulares y plurales, constituidos y a la vez somos constituyentes de conjuntos, alianzas y vínculos. Las relaciones de objeto y las identificaciones son la resultante de participar de esos conjuntos, sean estos vínculos intersubjetivos o organizaciones más complejas. Podríamos definirnos a cada uno de nosotros como un texto sofisticado, como una especie de hipertexto, compuesto por un entramado de otros textos, de ligazones de múltiples raigambres que pueden facilitarnos la vida, proveernos de múltiples posibilidades de creatividad y solidaridad o encadenarnos a toda clase de sufrimientos, a la destrucción o incluso a la muerte.

Intervenir en vínculos, formar parte de conjuntos, requiere de una exigencia de trabajo psíquico. Investimos con nuestra libido narcisista y objetal a ese otro, a ese conjunto intersubjetivo y a la vez somos reconocidos por esos otros como sujeto de ese/esos vínculos. Piera Aulagnier en *La violencia de la interpretación* (1977) desarrolló el concepto de *contrato narcisista*. Ella plantea que este contrato tiene como suscriptores al niño y al grupo, que el grupo anticipa la catequización que el niño realizará de éste. El grupo inviste al niño como voz futura y le requerirá que repita los enunciados de la herencia, garantizando su permanencia. También señala que el niño, a su vez, solicitará tener el derecho a ocupar un lugar propio, independiente del concedido por los padres, que, manteniendo las leyes del conjunto, pueda conservar la ilusión de permanencia a lo largo del tiempo transmitiéndola a otros que vendrán tras de sí. Adoptar los ideales del conjunto en detrimento de otros propios es un proceso complejo, conflictivo, ni siempre factible de ser conseguido, nos impone creencias, adhesiones a ideales, normas, compartir sentimientos e ideologías. Promueve operaciones defensivas que inciden sobre los psiquismos participantes. Todas ellas son exigencias por participar en vínculos intersubjetivos, por constituirnos en sujetos de vínculos. Ser parte de una "comunidad de derecho" garante de nuestra participación en una comunidad, en un contexto cultural, nos permite participar de un lugar psíquico común, de una envoltura psíquica común que nos provee de continuidad y continencia vincular, de una ilusión de pertenencia, de una aparente seguridad conjunta. Alianzas inconscientes de diverso orden operan desde momentos iniciales del devenir humano, este tejido relacional liga a cada sujeto humano al conjunto, al grupo al que pertenece definiendo diversos niveles contractuales estructurantes sean estos de orden familiar (filiación, parentalidad, generacional, transgeneracional), así como otras alianzas que nos ligan al contexto social del que participamos (lo fraterno, el padre como representante simbólico, el control de los impulsos destructivos) son garantías del espacio psíquico común que habitamos (Käes, 1993).

Las catástrofes y crisis sociales de las que participamos hacen a esta pérdida de garantías. Este marco transubjetivo afecta al marco psíquico individual ya que ejerce un efecto estructurante o desestructurante sobre las formaciones intrapsíquicas del inconsciente individual: el Superyó, los ideales, funciones del Yo descansan sobre estas alianzas inconscientes que apuntalan estos garantes culturales y societarios.

Efecto de lo transubjetivo en los psiquismos individuales: producción de nuevas subjetividades y de nuevos estilos vinculares

La realidad psíquica de los vínculos intersubjetivos es de importancia si hemos de intervenir terapéuticamente. Nos obliga a tomar en cuenta la consistencia de ese espacio entre los sujetos, esa realidad psíquica común, compartida y no sólo el efecto de ese espacio intersubjetivo sobre el mundo interno de cada sujeto. Los sujetos nos constituimos en la intersubjetividad como sujetos del inconsciente y cada uno de nosotros a su vez formamos parte de la intersubjetividad que se entreteje con otros. Observamos que la consistencia y las formas contemporáneas del vínculo intersubjetivo se encuentran en mutación. Las garantías culturales y societarias no cumplen más sus funciones de encuadre, de marcas contextuales, han dejado de cumplir su papel. En los casos en los que se han producido rupturas, transformaciones catastróficas, las amenazas al conjunto son inevitables y el sufrimiento de aquellos que habitan esos conjuntos también. Son visibles en el mundo contemporáneo y en nuestras consultas de niños y adolescentes la falta o variaciones de los sistemas intersubjetivos de paraexcitación y de los apuntalamientos de la vida pulsional. La constitución de objetos internos estables se ve sustituida por formaciones no subjetivadas o escindidas observándose que los procesos de simbolización se van desdibujando, que hay dificultades sublimatorias y un importante sufrimiento narcisista. La formación del inconsciente y el preconsciente se ven inevitablemente afectadas junto a ellas la formación de la alteridad, la capacidad de amar, de trabajar, de soñar, de pensar, el uso de las representaciones verbales y la construcción de sentidos inherente a la calidad de las relaciones intersubjetivas. Observamos variaciones en los procesos de formación de identificaciones y de las alianzas intersubjetivas estructurantes que instituyen interdicciones fundantes, como lo pueden ser el incesto o el asesinato, que promueven la renuncia a la puesta en acto de fines pulsionales destructivos. Todo aquello ligado al contrato narcisista parece estar en proceso de destitución.

El concepto de sujeto social o sujeto de la cultura (Castoriadis, 1986) proviene de otras áreas del saber (la antropología, la sociología, la filosofía, la historia). Podríamos decir que para el psicoanálisis sería todo un reto poder instituir hipótesis teóricas que le permitiesen incorporar en su cuerpo teórico y por onde en sus prácticas, el cuerpo de lo social, aquello que hace a lo transubjetivo que modela la constitución subjetiva en una época, en un contexto sociohistórico. Supondría dar cuenta de que cada sujeto singular se constituye subjetivamente en un mundo de redes vinculares múltiples, como efecto y causa intersubjetiva.

Los profundos cambios que han acontecido en estas últimas décadas han generado un nuevo contexto en donde observamos nuevas maneras de vincularse en lo social, con los otros. Transformaciones en el modo como se establecen lazos sociales, que dan lugar a formaciones de conjuntos en donde la exclusión y la marginalidad están presentes junto a manifestaciones de un importante individualismo. Son transformaciones que tienen un efecto de producción de nuevas subjetividades, nuevos estilos vinculares, que provocan nuevos padecimientos y nuevas formaciones de síntoma o trastornos, que nos convocan a tener que plantearnos nuevas modalidades de intervención. Desde esta perspectiva, la subjetividad puede ser pensada como estructura en permanente cambio, como un sistema abierto, tal como lo desarrolla Janine Puget en *Subjetivación discontinua y psicoanálisis – incertidumbres y certezas* (2015). Los términos subjetividad y subjetivación se han deslizado dentro de nuestra disciplina no hace tanto tiempo. Silvia Bleichmar (2005) proponía analizar la incidencia de los factores socioeconómicos y políticos causadores de estados de desamparo y violencia que ponen en peligro el contrato narcisista. Marcelo Viñar (2012) ha destacado que los psicoanalistas no podemos dar la espalda a esta *mutación civilizatoria* y sus efectos sobre la constitución de los psiquismos, a los cambios significativos que los modos históricos y sociales tienen en la producción del sujeto psíquico, cambios que afectan a las formas de trabajo, de amor, de la sexualidad, de como tener hijos, de configuraciones familiares, las formas de presentación de los sufrimientos, entre muchas novedades que acompañan al nuevo milenio. Diversos debates tienen lugar en foros psicoanalíticos en torno a de que manera mantiene su vigencia el Edipo en las nuevas formas de subjetividad. Green (2005) anunció la muerte del Edipo ya que a su entender en las sociedades contemporáneas no se mantiene el papel que tradicionalmente se adjudicaba al padre en su dimensión simbólica.

Los vínculos y la producción histórica de las subjetividades constituyen un campo de reflexión que intenta pensar las formas de existencia de los sujetos, las modalidades de ser sujeto de una cultura determinada, como efecto de ciertas prácticas sociales que funcionan como dispositivos. La epistemología de la complejidad (Morin, 1994) nos permite abordar aquellos fenómenos que no pueden ser pensados solamente desde un cuerpo de saber, al ser considerados sistemas abiertos, como es el caso de la subjetividad humana. Comprender los complejos procesos de transformación de agrupamientos y instituciones que conforman la sociedad que nos toca vivir es fundamental para plantear nuestras intervenciones clínicas.

Palabras finales

Freud sostiene en *Psicología de la masas y análisis del Yo* (1921) que el aumento de las afecciones nerviosas es un producto de las exigencias culturales. Es por ello por lo que no podemos dejar de considerar el carácter fundante de lo social en la constitución del psiquismo. Desde su eje de análisis la psicología individual es a la vez psicología social.

Jill y Jack, Ramiro y Rita, Amapola y sus padres y el colega del país en guerra nos obligan a repensar nuestra disciplina, nuestras herramientas teóricas y técnicas. Considerarlas como productos histórico-sociales seguramente constituye un gran ejercicio de descentralización, incluso puede provocarnos sufrimientos narcisistas, pero también puede habilitarnos para pensar prácticas transformadoras allí en donde nuestros saberes y dispositivos técnicos muestren su agotamiento.

Referencias

Aulagnier, P. (1977). *La violencia de la interpretación. Del pictograma al enunciado*. Amorrortu Editores.

Bleichmar, S. (2005). *La subjetividad en riesgo*. Topia Editorial.

Castoriadis, C. (1986). *Los dominios del hombre. Las encrucijadas del laberinto*. Gedisa.

Derrida, J. (1997). *El monolingüismo del otro o la prótesis del origen*. Manantial.

Freud, S. (1914). *Introducción al Narcisismo*. En S. Freud. *Obras completas* (Vol. XIV). Amorrortu Editores.

Freud, S. (1921). *Psicología de las masas y análisis del Yo* (Vol. 18). Amorrortu editores.

Green, A. (2005). *La causalidad psíquica. Entre naturaleza y cultura.* Amorrortu editores.

Kaës, R. (1987). Los organizadores psíquicos del grupo. *Revista de Psicología y Psicoterapia de Grupo* de la AAPGBA, XII.

Kaës R. (1993). *El grupo y el sujeto del grupo* (pp. 327-329). Amorrortu editores.

Kaës, R. (2009). *La realidad psíquica del vínculo. Rev. Internacional de psicoanálisis de familia y pareja*, 6(2).

Levinas, E. (1971). *Totalité et infini: essai sur l'extériorité.* Martinus Nijhoff.

Lévinas, E. (1991). *Ética e infinito.* Visor.

Morin, E. (1994). *Introducción al pensamiento complejo.* Gedisa Editorial.

Puget, J. (2015). *Subjetivación discontinua y psicoanálisis. Incertidumbres y certezas.* Lugar Editorial.

Viñar, M. (2012). *Mundos adolescentes y vértigo civilizatorio.* Noveduc.

22. Un matrimonio exitoso según la teoría de Spivacow[1]

Ana Velia Vélez de Sánchez Osella, Carmen Maria Souto de Oliveira, Lúcia Eugênia Velloso Passarinho, María Lucía de Aragão Canalli, Maria José Miguel y Nize Nascimento

Resumen

Este artículo tiene su origen en el taller que coordinó el grupo de estudio sobre psicoanálisis de pareja y familia de la SPBsb por invitación de la Fepal. Nuestro grupo surgió de la necesidad de intercambiar experiencias clínicas y profundizar en el estudio del psicoanálisis familiar y de pareja, ya que esta práctica clínica tiene especificidades que demandan una teoría que vaya más allá de la comprensión del psicoanálisis tradicional. A lo largo de nuestros estudios, nos dimos cuenta de que la lectura de Spivacow respondía a las expectativas y ansiedades del grupo, que se sumergía en este tipo de cuidados, con las dificultades inherentes a nuestro trabajo. El autor nos presenta un enfoque teórico articulado y entrelazado con la experiencia clínica. Presentamos sus principales ideas y principios teóricos.

---

1 Presentado en el Proyecto Talleres – 2023 organizado por la Comisión de Psicoanálisis de Familia y Pareja de FEPAL (CPFP-Fepal).

Los sufrimientos que se originan en las relaciones amorosas ocupan un lugar importante en la vida de las personas y constituyen un tema común en la práctica psicoanalítica (Spivacow, 2018).

Spivacow nos muestra que durante el cuidado del vínculo es fundamental observar las características de la pareja que busca ayuda, siempre teniendo en cuenta las subjetividades y la cultura en la que están insertos. Al enfatizar la importancia de tratar con la perspectiva de que el sujeto es singular y individual en su estructura instintiva, pero no es en absoluto estrictamente individual, considerando los espacios compartidos del vínculo y lo que se produce entre los sujetos del vínculo, enfatiza que todo evento psíquico es bidimensional.

En otras palabras, las dimensiones intra y intersubjetiva constituyen dos caras de un mismo modo de funcionamiento, sin límites claros entre ellas. El encuentro entre dos o más sujetos afecta y modifica las subjetividades de cada uno de los pares. En este sentido, el analista debe estar atento a los procesos de subjetivación de cada una de las parejas, a las historias individuales, a las familias de origen, a las transmisiones transgeneracionales y a las expectativas individuales.

Observar la dinámica de la pareja en el momento de la sesión, así como la fantasía fundacional del enamoramiento inicial, generalmente acompañado de la sensación de continuidad y plenitud, es fundamental. Según Freud, el enamoramiento moviliza funciones psíquicas impulsadas por el principio del placer. Es más un reencuentro que una cita; que, por su naturaleza, está condenado al desajuste. En nuestra sociedad existen diferentes formas de relación en la población adulta: matrimonios, no matrimonios, ocasionales, duraderos, homoafectivo, heterosexuales etc. Las parejas que buscan tratamiento psicoanalítico tienen ciertas características: el interés por lo psicológico, la libre elección de sus pares y la libertad de separarse. Se trata de relaciones que se originan a partir del enamoramiento: las parejas no se imaginan separadas, y la sexualidad juega un papel importante, entre otras cosas por su ausencia.

El enamoramiento inicial es un estado transitorio de atracción fulminante e intensa idealización. Es un momento de fusión, de posesividad, de implicación narcisista. Se rige por el principio del placer. El final del enamoramiento, a su vez, se produce a través de la ira narcisista. Los arreglos inconscientes iniciales entran en crisis, ya que el desequilibrio entre el principio de realidad y el principio de placer amenaza el vínculo. El post enamoramiento entra en juego y se caracteriza por la oscilación entre las dos fases anteriores, un movimiento de alternancia que se produce a lo largo de la vida de la pareja. El trabajo clínico consiste en señalar las representaciones, significados y resignificaciones que se colocan en la relación y que entran en conflicto con las de la pareja.

Para Spivacow, el enamoramiento y el amor son dos modos diferentes de funcionamiento. El amor funciona según el principio de realidad, con la elaboración de la frustración, ligada al proceso secundario del placer pospuesto. El autor lo compara con el árbol que funda sus raíces en el inconsciente, pero cuyas ramas superficiales funcionan según el principio de la realidad. El enamoramiento se compone de un funcionamiento psíquico más primitivo. También tiene sus raíces en el inconsciente, pero sus ramas son productos del inconsciente modificados por la superficie preconsciente; por lo tanto, no existe una demarcación clara entre el amor y el enamoramiento. En las oscilaciones de la vida de pareja, el enamoramiento es el motor de la tendencia apasionada, y el amor es el motor de la tendencia realista y sensible. Aunque existan diferencias entre ellos, en ambos predomina el principio del placer, y en el amor, el principio de realidad juega un papel protagonista.

La llegada del primer hijo es un momento de gran importancia en la vida de la pareja, según el autor. Es un momento de crisis, porque la pareja ya no consiste en un todo en sí mismo. Se activan nuevos ajustes operativos: madre-hijo, padre-hijo, madre-padre. El tercero en la relación reactiva los desencadenantes y las regresiones tanto en mujeres como en hombres. A menudo el hombre se siente herido en su narcisismo, porque se siente abandonado por su esposa. Se reactivan los sentimientos de exclusión, ira y resentimiento. Las mujeres, generalmente agobiadas por la ausencia de apoyo de sus parejas, se sienten solas y resentidas por las renuncias y la pausa en el desarrollo profesional. La mujer retrocede instintivamente a los inicios de su vida, experimentando una intensa comunicación con su bebé. La interacción con el marido se debilita, y la pareja conyugal puede abandonar la escena, dando paso a la pareja parental. Este momento requiere de ambos un trabajo de elaboración complejo y difícil, pero también puede significar una oportunidad de crecimiento y fortalecimiento del vínculo.

Cuando la pareja está en crisis, la transferencia entre ellos, que hasta entonces era positiva, muestra la otra cara de la moneda y la pareja pasa de la idealización a la crítica. El papel del analista de pareja es interpretar y producir *ideas* que los acerquen lo más posible al principio de la realidad, tanto en relación consigo mismos como entre sí. Es importante no perder de vista que la interpretación no se dirige a un sujeto, sino a ambos, considerando que las funciones responsables del sufrimiento son construcciones del dúo. También debemos estar atentos a la transferencia con el analista, la transferencia entre las parejas y la contratransferencia.

El autor enfatiza que el vínculo está constituido por investiduras recíprocas entre dos o más sujetos que se modifican o no, según la respuesta del otro, generando modos de funcionamiento, alianzas e inter determinaciones inconscientes, en un proceso continuo de subjetivación. Sin embargo, señala que no hay mente de pareja, no hay inconsciente grupal, sino un tercer espacio de determinación psíquica, que se comparte y se suma a la psique individual.

Además, en la comprensión de Spivacow, el vínculo de la pareja privilegia el discurso conjunto, centrándose en la articulación entre lo intersubjetivo. De esta manera, es posible tener una observación privilegiada de la psicodinámica de la pareja, permitiendo al analista ser testigo de las conductas dirigidas a provocar acciones y el papel de las inducciones en la vida de la pareja. La escucha y la mirada del analista apuntan al descubrimiento de las alianzas y fantasías inconscientes que configuran el vínculo, en la transferencia con el analista y entre los miembros de la pareja, en la contratransferencia, así como en las influencias recíprocas, conscientes y inconscientes, es decir, la indeterminación, que conduce al principio de realidad o al principio de placer. Así, ella se compara con las aguas del río que fluyen libremente, sujetas a influencias recíprocas y alianzas inconscientes a los diques que inhiben, facilitan o dificultan el curso de las aguas.

Trabajar en dispositivos de unión tiene particularidades y problemas que difieren de la dinámica individual. Entra en juego la mirada entre los socios y la mirada del analista. La comunicación gestual está presente y dice mucho de lo que no se habla, sino que se representa corporalmente. Spivacow no niega el valor y la importancia de la atención flotante de Freud, pero considera más apropiado hablar de teorización flotante, término acuñado por Piera Aulagnier, ya que los analistas de la misma escuela suelen decir cosas similares, pero no se puede negar la operatividad del lado personal del analista. Así, se entiende que la subjetividad del analista es lo que diferencia su discurso de los de otros colegas. Cree que el analista no opera en un campo neutral, por el contrario, siempre está implicado. Su subjetividad pesa en todos los sentidos, sus ideologías personales y políticas, su experiencia de vida, sus valores y principios éticos. Sobre todo, ante una pareja en la que existe un conflicto de intereses y decisiones que afectan a los hijos o en situaciones de enfermedad física de uno de los miembros de la pareja, que exigen una posición ética por parte del analista.

Spivacow señala que la mejor manera de evitar que los aspectos personales del analista afecten negativamente a su trabajo es el autoconocimiento, es decir, saber cómo se piensa para pensar lo que se hace, tratando de mantenerse fiel a la regla de la abstinencia. Evitar la postura pedagógica y limitarse a pensar en el conflicto que surge. Sin embargo, advierte que algunas situaciones requieren una postura más proactiva, como en situaciones de violencia, en las que es necesario proteger y fortalecer al polo más débil para evitar conductas abusivas, o cuando es necesario fomentar el cuidado responsable de niños, niñas y adolescentes. La pregunta fundamental que surge es reflexionar sobre qué ética y valores se basan en nuestra práctica. La pareja es siempre singular y plural y las situaciones vividas son muy complejas y delicadas, ya que involucran a niños, niñas y adolescentes que tienen necesidades y carencias específicas. Spivacow no cree que se pueda apostar por la neutralidad en el atendimiento vincular. Por el contrario, el analista necesita involucrarse con el sufrimiento y, a menudo, ponerse en una actitud de reducción de daños.

Otro aspecto relevante en la obra del autor se refiere al encuentro de lo masculino y lo femenino en la clínica de parejas. En este aspecto, enfatiza el papel de la cultura en la definición de roles y comportamientos considerados socialmente aceptados. Las transformaciones que se han producido en nuestra sociedad han reformulado las características consagradas de los llamados roles femeninos o masculinos y el funcionamiento que caracteriza a estas identidades. Señala que el analista no puede perderse en el imaginario popular de polos que se complementan, de pasividad versus actividad, sino pensar en términos de diferencia e incompletud – es importante, por lo tanto, considerar el aspecto bidimensional de lo masculino y lo femenino, es decir, la pasividad y la actividad en una sola dimensión. Para Freud, todos somos el resultado de la bisexualidad, es decir, ni los hombres deben coincidir enteramente con lo masculino ni las mujeres con lo femenino. Lo fundamental es que la falta y circulación del falo opera entre ambos, independientemente de la cultura en la que se inserten.

El autor concluye que la regulación de las cuestiones de género involucra cuestiones inter e intrapsíquicas, así como cuestiones ideológicas. En la clínica de parejas, las preguntas y conflictos con respecto a las funciones de género son frecuentes. El contenido manifiesto de este callejón sin salida puede estar vinculado a un conflicto intersubjetivo o derivarse de cuestiones más profundas. Según la autora, lo importante es que el analista tenga siempre presente que las funciones de género son aspectos de la subjetividad en constante redefinición. Es igualmente relevante considerar que cada encuentro produce funciones diferentes en cada uno de los pares y puede convocar o borrar las potencialidades de cada sujeto del vínculo.

Sin embargo, vale la pena preguntarse: ¿existe un estándar en la relación de pareja que se considere normal o saludable? Según Spivacow, para la ciencia, esta pregunta sigue sin respuesta, y el concepto de normalidad es un concepto estadístico que nos interesa poco a los psicoanalistas. La llamada pareja funcional es aquella que respeta la singularidad de cada uno, no se somete estrictamente a las reglas dictadas por la cultura y convive, satisfactoriamente, con los conflictos que sus elecciones puedan implicar. Spivacow rechaza la idea de la superioridad de la relación amorosa heteroafectiva y afirma que las perversiones pueden estar presentes en todo tipo de relaciones. Para él, el concepto de perversión desde la perspectiva del encuentro intersubjetivo va mucho más allá de las zonas erógenas. Implica la presencia de mayor o menor destructividad no reprimida entre los miembros y la falta de consideración por el otro.

En conclusión, se puede decir que la obra de Miguel Alejo Spivacow (2012, 2018) ofrece una visión profunda y rica de la clínica psicoanalítica con parejas. Proporciona un enfoque integral y reflexivo para comprender e intervenir en la compleja dinámica de las relaciones amorosas. En sus obras, *Clínica psicoanalítica con parejas: entre la teoría y la intervención* y *La pareja en conflicto*, el autor explora diversos aspectos de las relaciones de pareja, desde la perspectiva de la teoría psicoanalítica hasta la práctica clínica, enriqueciendo nuestra comprensión de las relaciones de pareja, y nos invita a explorar los misterios del amor y el desacuerdo.

Referencias

Spivacow, M.A. (2012). *Clínica psicoanalítica con parejas. Entre la teoría y la intervención*. Lugar Editorial.

Spivacow, M.A. (2018). *La pareja en conflicto* (p. 33). Triângullo Gráfica Editora.

2ª Jornada IPA-FEPAL

Psicoanalistas trabajando con Familias y Parejas: dispositivos de subjetivación contemporáneos

23. El contrato narcisista y sus desvíos: rastros de violencia[1]

Maria Inês Assumpção Fernandes

Las cuestiones que deseo plantear en este breve análisis se refieren a tres puntos principales. La primera se refiere a la violencia fundacional y estructural de la construcción del *lazo social* en Brasil, que expresa un ordenamiento de vínculos sostenidos por alianzas conscientes y inconscientes moldeadas por la esclavitud. El segundo aborda el tema de la contractualización en el mundo actual, sus contradicciones y la violencia que conlleva. El tercero muestra las incidencias subjetivas de estas nuevas contractualizaciones sobre los grupos y las familias, específicamente con relación a la construcción del contrato narcisista.

Vínculo social en Brasil

Desde 2005 en una investigación de libre docencia (Fernandes, 2005) he propuesto que un pacto denegatorio enmascaraba profundas desigualdades económicas. cuestiones sociales y raciales. Discutiendo el fenómeno del mestizaje entre nosotros, abordé, a través del concepto de alianzas inconscientes – propuesto por René Kaës (2009) – la

1 Ponencia presentada en la 2a. Jornada IPA-Fepal – Psicoanalistas trabajando con parejas y familias. Dispositivos de subjetivación contemporáneos – 24 de junio de 2023.

problemática de la ideología y su función de ignorancia y alienación que envolvía la constitución del lazo social en Brasil. En la época, buscando una comprensión psicoanalítica de esta cuestión, abordé la discusión sobre la formación de Brasil y la noción de hombre cordial, tal como fue discutida por Sérgio Buarque de Holanda, en el clásico libro *Raíces de Brasil*.

Más recientemente, en una investigación conjunta, retomé la discusión sobre la ideología racista – tomándola como una expresión de la intersección de categorías – raza, género y clase social – y, por ser uno de los principales problemas sociales brasileños, (Fernandes y Costa), a partir de la hipótesis teórica de que la ideología racista es delineada, sostenida y transformada cotidiana y estructuralmente por alianzas inconscientes y conscientes transmisiones intersubjetivas y colectivas a través de *y entre generaciones*. En este trabajo se consideran dos registros interdependientes de la problemática social del racismo: el estructural y el intersubjetivo.

Enfatizando el mestizaje como una ideología nacional intersubjetiva y colectiva, por lo tanto, resultado de alianzas estructurantes e intersubjetivas (Fernandes y Costa), lo consideramos como una de las principales herramientas del racismo en Brasil, ya que es un emblema engañoso de la unión de los que son diferentes.

Como toda ideología, la ideología racista del mestizaje es un sistema de ideas abstractas que es más *irreal* que el real, porque se presenta sin defectos, sin lagunas, en una forma densa y compacta. "Se organiza en un discurso y un emblema necesarios para la construcción de la identidad colectiva, del sentimiento de pertenencia, de la representación del mundo" (Kaës, 1980, p. I). Necesario, por lo tanto, para la existencia colectiva, está anclado en el camino psíquico. Funciona como construcción social y, igualmente, como formación psíquica. Y aquí tenemos un punto fundamental que concierne a la articulación entre lo social y lo psíquico.

> *El discurso sobre el racismo en Brasil no es muy evidente, basado en la siguiente regla: "No hay... para todos" o "Hay... para algunos, para los que tienen mérito." Esto es lo explícito del texto, la constante, lo que podríamos concebir como un metamarco que despliega los sustantivos que componen la regla "no hay para todos". Estos sustantivos son lo más variados posible. (Fernandes y Costa, 2023, p. 28)*

Y se traducen en violencia masiva: no hay trabajo, no hay vivienda, no hay respeto, no hay justicia. En otras palabras, el carácter implícito del texto, que se oculta, muestra que este discurso se dirige especialmente a una parte de la población, a las personas negras, que están excluidas del acceso a los bienes sociales y a una vida digna y segura. En los países tropicales, el racismo está al servicio del capitalismo, siendo una de sus principales estrategias (Fernandes y Costa, 2023).

Junto a este discurso, las notas sobre la blanquitud y el pacto que la sustenta son igualmente relevantes: el pacto narcisista de la blanquitud está marcado por el silenciamiento intersubjetivo de las personas blancas en relación con el racismo. A través de este pacto narcisista, en general, en sus interacciones cotidianas e institucionales, las personas blancas no se involucran en la discusión y confrontación del racismo. Además, discriminan, restringen y degradan moral, afectiva, económica y políticamente a las personas negras, especialmente cuando están en un espacio de poder. Sin embargo, hay que tener en cuenta que estos actos discriminatorios ni siempre se perciben porque no están necesariamente impulsados por el odio contra ninguna persona negra; entre otras cosas porque, a veces, los blancos no quieren o ni siquiera se dan cuenta de que están discriminando y oprimiendo.

Así, el discurso transmitido por los diferentes agentes sociales devela pactos ideológicos degradados como el racismo, naturalizándolos como si fueran verdades históricas. Se desarrollan estrategias que se ponen en práctica y se exhiben, con el propósito de perpetuar la imagen negativa asociada al negro (cuerpo). Son pactos que configuran, como *metamarcos,* instituciones, grupos, familias y sujetos singulares. Estos pactos, en cambio, solo existen porque fueron creados y mantenidos en interacciones cotidianas – intersubjetivamente – por un grupo de personas contra otro grupo: los egros.

Así, la ideología racista se basa en un pacto perverso que se constituye y mantiene como parte de la constitución subjetivo-identitaria singular e intersubjetiva. Al servicio de dividir para controlar, manteniendo a través del pacto la división y la fragmentación y, como consecuencia, la discriminación y la desigualdad, el racismo se convierte en una de las principales herramientas del capitalismo. Por otra parte, la ideología nacional colectiva de unión/mestizaje, garantizada por acuerdos colectivos e intersubjetivos (in)conscientes, produce la idea de continuidad y unión entre, por ejemplo, las diferentes razas, etnias y culturas, enmascarando la desigualdad y las fracturas entre ellas.

Cabe señalar que, además de ser Brasil un país racialmente mestizo, el mestizaje se entiende aquí en un sentido simbólico: se refiere a la falsa e ilusoria creencia de que Brasil es unido y democrático.

Tales consideraciones nos llevan a argumentar que, a nivel estructural, esta idea de unión puede ser entendida a partir de dos contratos sociales sucesivos que fueron esbozados como un proyecto político-ideológico para Brasil y que produjeron impactos conscientes e inconscientes en la formación de instituciones, grupos y familias: "el contrato social del blanqueamiento y el contrato social de la democracia racial" (Costa y Fernandes, 2021, p. 35). Tenemos, por tanto, la problemática de la blanquitud ligada a otra, a la problemática de la democracia racial, más directamente, al mestizaje.

Contrato social – como pensarlo

Para Santos (2010, p. 324), los valores de la modernidad occidental – libertad, igualdad, autonomía, subjetividad, justicia, solidaridad – y sus antinomias están sujetos a una creciente sobrecarga simbólica, lo que significa cosas cada vez más desiguales para diferentes personas o grupos sociales. Este exceso de significados que circulan en la esfera social genera parálisis y neutralización de la acción, tanto en la esfera legislativa como en la judicial, como consecuencia de la pérdida de centralidad del Estado y la desorganización del derecho social, que comienza a convivir con el derecho no oficial.

Además de esta sobrecarga, las turbulencias de la época actual comprometen el sistema común de mediciones, impidiéndonos tener las escalas desde las que estamos acostumbrados a ver e identificar fenómenos, conflictos y relaciones. En este escenario se discuten las condiciones actuales para el establecimiento de otro contrato social.

El contrato social (Santos, 2010, p. 318) es una gran narrativa que expresa la tensión dialéctica entre la regulación y la emancipación social, teniendo en cuenta los intereses sociales e individuales. Esta tensión se reproduce por la "polarización constante entre la voluntad individual y la voluntad general y colectiva, entre el interés privado y el bien común" (Santos, 2010, p. 317). Esta tensión permanente conlleva una exposición continua de sus antinomias, a saber: coerción versus consentimiento, libertad versus igualdad, ley natural versus ley civil, que debe ser gestionada desde la creación de nuevos recursos, basados en supuestos metacontractuales, es decir: un régimen de valores y un sistema común de medidas sustentadas en una concepción de *espacio-tiempo neutro*. Eso serviría como denominador común a partir del cual se definirían las diferencias.

Sin embargo, sabemos que el contrato social, como metáfora fundante de la racionalidad social y política en la modernidad occidental, se basa, como todo contrato, en criterios de inclusión y, en consecuencia, también en criterios de exclusión. En otras palabras, la ampliación de las posibilidades de contratación viene acompañada de una separación radical entre lo incluido y lo excluido.

Son los procesos de inclusión y exclusión los que sostienen y legitiman el contrato social y determinan los modos de funcionamiento de la sociedad en las esferas económica, política, social y cultural. Sin embargo, si esta contraactualización se basa en una lógica de exclusión versus inclusión, sólo se legitima efectivamente por la posibilidad de que el excluido sea incluido. Vemos, pues, que la lógica operativa del contrato está siempre en tensión con la lógica de la legitimación.

La violencia se instala en la medida que la crisis de la contraactualización moderna consiste en el predominio estructural de los procesos de exclusión sobre los procesos de inclusión, lo que hace inviable la dialéctica del proceso. Por esta razón, "los excluidos deben ser declarados vivos… sino en un régimen de muerte civil" (Santos, p. 318). Lo que podemos deducir en relación con el racismo y la exclusión de los negros de sus derechos civiles, antes mencionados, muestra que la perpetuación de esta situación de exclusión, desde los tiempos de la esclavitud oficialmente instalada, es inherente al mantenimiento de los privilegios del grupo de los incluidos, los blancos.

Si, diacrónicamente, podemos pensar en un movimiento de revisión de los términos del contrato inicialmente constituido – como parte de un proceso dialéctico continuo – en Brasil somos testigos de su imposibilidad. La violencia de la dominación y la gran amenaza de pérdida de privilegios disipa cualquier movimiento de revisión de este contrato violento, basado, como hemos visto, en alianzas conscientes y inconscientes y mantenidas en las relaciones cotidianas.

Estas preguntas nos llevan al problema crucial de la construcción cultural de la igualdad y la diferencia a través de la cual, en la modernidad occidental, la desigualdad y la exclusión tienen que justificarse para garantizar que los principios que la sustentan sigan siendo válidos. Esto significa que estos principios desafían, manteniéndose a sí mismos, la pertinencia de una perspectiva poscolonial para enfrentar sus contradicciones entre los principios de emancipación y los de regulación. La gestión moderna y exclusivamente capitalista de la desigualdad y la exclusión es un proceso político de muchas dimensiones y su complejidad se intensifica a medida que se agravan las desigualdades y la exclusión.

Como afirma Santos (2010), las prácticas sociales, las ideologías y las actitudes combinan la desigualdad y la exclusión, la pertenencia subordinada, el rechazo y las prohibiciones. Los efectos del poder, sello distintivo del capitalismo, cuya teoría muestra relaciones (de poder) llenas de trucos, de los cuales, como afirma Demo (2002), la ideología es la más conocida porque

> *se configura como un intento siempre renovado de justificar el cultivo y el mantenimiento del poder. La ideología es un discurso orientado, en primer lugar, a justificar, a encubrir, a predicar la subordinación, a veces incluso de manera ostentosa, pero más comúnmente de manera sibilina. La ideología inteligente se vende a sí misma como ciencia. (p. 30)*

Son estas condiciones sociales y contractuales – el contrato social de la blanquitud y el contrato social de la democracia racial – las que, en sus múltiples contradicciones, revuelven el juego social y, por lo tanto, afectan las condiciones de subjetivación. Forman parte de las *garantías metasociales* que dan continencia a los soportes psíquicos, es decir, a la constitución del sujeto psíquico. Sus contradicciones y antinomias desencadenan ambivalencias y ambigüedades, fracasan y, de esta manera, afectan la constitución de *garantías metapsíquicas*, o sea, la construcción de alianzas, de contratos narcisistas. Los contratos narcisistas, como alianzas estructurantes, insertan e inscriben al sujeto en el campo grupal, familiar y social.

El contrato social es una forma política de alianza y, como toda alianza, tiene una doble cara, positiva y negativa. Si, por un lado, las alianzas/contratos pretenden dar cierta racionalidad a las interacciones sociales, por otro enmascaran desacuerdos, desconexiones, conflictos, escisiones y el rechazo del vínculo (Kaës, 2009, p. 24).

El contrato narcisista: caminos y desvíos

De este modo, las condiciones sociales actuales, marcadas por contratos sociales perversos, producen

> *fracasos y desorganizaciones en las formaciones metasociales de la vida social; que ya no cumplen sus funciones de garantía: las metaformaciones (metasociales y metapsíquicas) proporcionan diversas funciones a las formaciones que ellas mismas enmarcan: en particular las funciones de apoyo y sustento, garantía y marco estructurante. (Kaës, 2012, p. 110)*

Los fracasos de las formaciones *metasociales* alteran la función de la *metagarantía* (Benghozi, 2020) y la constitución de *las formaciones metapsíquicas* (Kaës, 2012). En otras palabras, es un ataque a las condiciones de legitimidad social y igualdad de derechos, que conduce a un debilitamiento del *intercambio de códigos comunes* y, en consecuencia, a un debilitamiento de la construcción de vínculos intersubjetivos.

Los estudios de Kaës sobre la ideología muestran que "la debilidad o desintegración de las garantías *metasociales* amenaza las grandes matrices de simbolización que son la cultura, la creación artística, las marcas de sentido, es decir, todo lo que es conquistado por la sublimación y el trabajo de la cultura (*Kulturarbeit*)" (Kaës, 2016, p. 235) y pone en riesgo la constitución del contrato narcisista, pues estructura alianzas que contengan los principios organizadores de la psique.

Piera Aulagnier (1979, p. 147) afirmaba que un grupo social puede hacer un número indeterminado de enunciados, un número indeterminado de afirmaciones, pero entre ellas ocupará un lugar especial la serie de afirmaciones que definen la realidad del mundo, la razón de ser del grupo, el origen de sus modelos. Son los enunciados míticos, sagrados o científicos en los que se basan todos los demás y que dan a una cultura sus marcas, su identidad. A pesar de las diferencias que estos enunciados conllevan, deben compartir el mismo requisito: el de proporcionar las condiciones para preservar la concordancia entre el campo social y el campo del discurso; y son éstas las que, se espera, deben ser recibidas por el grupo como palabras de seguridad.

El contrato social de la blanquitud y la democracia racial revuelve y desordena la relación entre el campo social y sus prácticas y el campo del discurso, imposibilitando el alcance de las palabras de certeza que, a su vez, fractura el proceso de transmisión. Este último debe contener valores y prohibiciones al servicio del bien común; el sujeto, a su vez, debe encontrar en este discurso referencias para proyectarse hacia el futuro.

Son precisamente estas condiciones de transmisión las que están siendo atacadas en un contrato social leonino e injusto que oscurece los ideales y los valores. Los efectos subjetivos inherentes a los procesos de colonización y migración, y sus marcadores/rasgos racistas, son evidencia de estos ataques. Los procesos de colonización y migración son emblemáticos de esta situación, testimoniando los efectos de la dominación y los ataques a los códigos compartidos. Como afirma Fanon (2020, p. 100) en su crítica a Mannoni (1950, p. 32), el problema de la colonización implica no solo la intersección de las condiciones objetivas e históricas, sino también la actitud del hombre hacia estas condiciones.

El escenario de dominación ataca la constitución subjetiva: la vida psíquica misma se ve amenazada por la inestabilidad de *los fundamentos metapsíquicos* y por la fractura de las estructuras que son receptáculos/continentes indispensables para el desarrollo de los procesos de simbolización (Kaës, 2016).

La importancia de la noción de contrato narcisista proviene del hecho de que describe un componente trófico y estructurante de la inversión narcisista del sujeto por parte del grupo. Al fracasar este contrato, "las palabras de certeza necesarias para la estructuración conjunta del sujeto y del grupo dejan de garantizar el lugar de cada uno en su relación contractual" (Kaës, 2016, p. 39).

El ataque a la construcción de la alianza – contrato narcisista – implica fallas en su triple función: la de asegurar un origen y una inscripción en la relación genealógica – es decir, en el proceso *de filiación* y en la sincronía de los contemporáneos –; establecer la continuidad entre las generaciones; y, a cambio de la inversión en el grupo, asegurar un lugar independiente del veredicto de los padres. Son rupturas en las afiliaciones que conducen a una falla del registro y de la conexión entre el Yo y el cuerpo, entre el habla y el lenguaje.

El ataque a la herencia simbólica en los procesos de violencia social resulta en generaciones en exilio permanente, en una confusión de tiempos que ya no remite a los orígenes. En él, hay una desagregación de ideales compartidos, la ruptura de mitos, un ataque a las principales figuras de identificación. Esta violencia de transmisión transgeneracional pone a prueba la capacidad de contención de los continentes psíquicos genealógicos, y la capacidad de los herederos de la transmisión para contener y acoger una configuración vaga, fragmentada y negativa.

Ciertamente, estas preguntas nos llaman a repensar la constitución de la experiencia psíquica en una situación de exclusión cuando la relación de alteridad y identidad está marcada por la cosificación de una de las partes; y, verdaderamente, discutir cómo estas experiencias inscriben a los sujetos en las relaciones sociales y políticas de la vida social e institucional.

Son estas dimensiones de un análisis *psico-socio-político* las que nos llaman a repensar el trabajo en una clínica psicoanalítica. El racismo requiere un trabajo social y político. El racismo requiere trabajo psíquico.

Referencias

Aulagnier, P. (1979). *A violência da interpretação*. Imago.

Benghozi, P. (2020). *Souffrance et attaque de la métagarance dans les familles, les institutions*. Le Lien social, AIPCF.

Costa, E.S., Fernandes, M.I.A. (2021). Estudos psicanalíticos sobre o racismo. Branquitude e mestiçagem como ideologias. En Costa, E.S., Fernandes, M.I.A. *A psicanálise na encruzilhada*. Hucitec.

Demo, P. (2002). *Solidariedade como efeito de poder*. Cortez.

Douville, O. (2012). De l'exil à l'exil intérieur. En O. Douville et al., *Clinique psychanalityque de l'exclusión* (pp. 15-42). Dunod.

Douville, O. (2016). *De l'adolescence errante*. Des Alentours.

Fanon, F. (2020). *Pele negra, máscaras brancas*. UBU, Ambassade de France au Brésil.

Fernandes, M.I.A. (2005). *Negatividade e vínculo. Mestiçagem como ideologia*. Casa do Psicólogo.

Fernandes, M.I.A.; Costa, E.S. (2023). As marcas do racismo nas famílias e nos grupos. *Revista Percurso*, 70, 27-34.

Jaitin, R. (2022). Les alliances inconscientes, métaorganisatrices du klien de filiation. En R. Jaitin, *Les apports de René Kaës à la psychanalyse de couple et de famille*. Chronique Social.

Kaës, R. (2012). *Le malêtre*. Dunod.

Kaës, R. (2016). *L'idéologie. L'Idéal, l'idée, l'idole*. Dunod.

Kaës, R. (2008). *Le complexe fraternel*. Dunod.

Kaës, R. (2009). *Les alliances inconscientes*. Dunod.

Mannoni, O. (1950). *Psychologie de la colonisation*. Seuil.

Santos, B.S.A. (2010). A crise do contrato social da modernidade e a emergência do fascismo social. En B.S.A. Santos, *Gramática do tempo. Para uma nova cultura política*. Cortez.

24. Transgeneracionalidad, vínculo y esperanza

Ana Rosa Chait Trachtenberg

La presente contribución pretende explorar, a través de seis conceptos básicos, el camino de las transmisiones psíquicas entre generaciones y sus posibles desenlaces. Estos son: sujeto del grupo y pacto denegativo (René Kaës), cripta y fantasma (Nicolas Abraham y Maria Torok), resiliencia (Boris Cyrulnik) y vínculo (Isidoro Berenstein, Janine Puget y Julio Moreno).

Sujeto del grupo

René Kaës (1997) utiliza esta expresión cuando dice que el sujeto del grupo es constituido por dos determinantes convergentes: el primero es resultado del mismo funcionamiento del inconsciente en el espacio intrapsíquico; el segundo procede del trabajo psíquico impuesto al psiquismo por su conexión con lo intersubjetivo, por su sujeción a los conjuntos de los que procede el sujeto (familia, grupos, instituciones, masas).

La perspectiva abierta por Freud (1914) habla de un sujeto singular como el enlace, el servidor, el beneficiario y el heredero de la cadena intersubjetiva de la que proviene.

El grupo precede al sujeto del grupo, puesto que el sujeto no tiene la opción de no ser colocado en un grupo al nacer, del mismo modo que no tiene la opción de nacer sin cuerpo. El enlace con el grupo se debe a la inevitable constatación de que somos puestos en el mundo por más de un otro, por más de un sexo, y de que nuestra prehistoria, trazada antes del nacimiento, da al sujeto un comienzo anterior a esa ocasión y está arraigada en la intersubjetividad. Así, dice Kaës, el sujeto es ante todo un "intersujeto". Es grupo y es cuerpo. Así se constituye su inconsciente.

Este conjunto que recibe al bebé, lo nombra, sueña con él, lo inviste, le da un lugar y le habla, hace del sujeto del conjunto un sujeto parlante y sujeto hablado, no sólo por el efecto del lenguaje, sino por el efecto de aquellos, especialmente la madre, que son los portavoces (o mensajeros) del deseo, de la prohibición y de las representaciones de este conjunto.

No hay psiquismo humano sin que se produzcan estas acciones psíquicas y sólo en estas condiciones el sujeto utiliza el lenguaje y las palabras de las generaciones que le precedieron. Una parte de esta herencia se utiliza para sus propios fines, mientras que la otra puede imponerse como presencia oscura y desconocida de otro o más de un otro dentro del sí mismo.

Pacto denegativo

Trata-se de un tipo de alianza inconsciente; una expresión acuñada por René Kaës (1991) para hablar de todo aquello que se impone en los lazos intersubjetivos, relacionado con lo negativo en sus diversas formas. Podríamos decir que es la expresión de lo negativo en el ámbito de la intersubjetividad y se caracteriza por ofrecer a cada sujeto del conjunto lo que está destinado a la represión, la denegación, la rehusa, el rechazo o el encerramiento en el espacio interno de un sujeto o de varios sujetos. El pacto denegativo, es decir, un pacto basado en el trabajo de lo negativo, está presente en el núcleo del origen y fundamento del conjunto (familia, grupo social, leyes etc.) y del sujeto singular.

El pacto denegativo es bifásico, contiene dos polaridades: una es organizadora del lazo y del conjunto intersubjetivo; la otra es defensiva.

La polaridad organizadora se apoya en las formaciones positivas del vínculo y se caracteriza por la organización que cada conjunto particular hace de las inversiones mutuas, de las identificaciones comunes, sobre una comunidad de ideales y creencias, y sobre las modalidades tolerables en las parejas, las familias, los grupos y las instituciones, las alianzas, los contratos y los pactos inconscientes sostienen, en particular, el destino de la *represión*.

Kaës considera que este polo del pacto denegativo es el complemento y la contracara de lo que Piera Aulagnier (1993) denominó *contrato narcisista*. Según la autora, se trata de una incursión que va más allá de los límites del espacio familiar, ya que en el contrato narcisista observamos que el factor social interviene en la forma como la pareja parental catequiza a su hijo. La relación que los padres mantienen con su hijo contiene la marca de la relación de la pareja con el medio social, por lo que podemos decir que la inverstidura de los padres en el bebé contiene la demanda del grupo para la preservación de valores y leyes. Por otra parte, el bebé demanda que el grupo y los padres reconozcan su pertenencia.

Kaës también destaca y subraya la sujeción del sujeto a los conjuntos de los que procede, ya sea la familia, el grupo, las instituciones o las masas. Como afirma el autor

> *En este conjunto que recibe al niño, que lo nombra, que habrá soñado con él, que lo inviste y le habla, el sujeto del grupo se convierte en sujeto parlante y en sujeto hablado, no sólo por efecto del idioma, sino también por efecto del deseo de aquellos que – como la madre en primer lugar – también se hacen portavoces del deseo, de la prohibición, de las representaciones de conjunto, es decir, tienen lugar innumerables acciones psíquicas que hacen que el sujeto,*

> *en su inconsciente, realice una doble necesidad: ser para sí su propio fin y también ser el eslabón de una cadena a la que está sometido sin la participación de su voluntad. (Trachtenberg y Chem, 2013, p. 24)*

La otra cara del pacto denegativo, la defensiva, habla de borrones, rechazos y represiones, "dejados de lado" etc. Esta vertiente del pacto de denegación crea en el conjunto de no significable y de no transformable, las zonas de silencio, las criptas, los bolsones de intoxicación, los espacios-basureros o las líneas de fuga que mantienen al sujeto extranjero a su propia historia.

La faceta defensiva del pacto de la negación se articula con los conceptos de transmisión transpsíquica (Kaës), de transmisiones "en bruto". Se observa un fallo de la transmisión transubjetiva, sin espacio para la transcripción transformadora.

Esto también se articula con los conceptos de cripta y fantasma (Nicolas Abraham y Maria Torok), fundamentales en el tema de la transgeneracionalidad (Trachtenberg, 2023).

En sus estudios, Kaës se interesa por los aspectos culturales de la civilización humana, por el manera en que el duelo se ha transmitido a través de los tiempos, tanto entre los sujetos como entre las instancias psíquicas del propio sujeto. El problema de la transmisión investigado en Freud por Kaës resalta cuatro áreas significativas: (1) el área *intrapsíquica*, que se caracteriza por el paso de elementos transmitidos de una instancia a otra, como del inconsciente al preconsciente, de la vigilia al sueño, o de los pensamientos latentes a los manifiestos; (2) el área *intersubjetiva*, en la que las transmisiones entre individuos a través de espacios psíquicos permiten transformaciones de los contenidos transmitidos; (3) el área *transpsíquica*, que no permite la transcripción transformadora de la transmisión, por no haber espacio para ello entre los sujetos; y (4) *la formación del ego*, cuya instancia es necesaria para que se produzcan los fenómenos anteriores.

Cripta

Se trata de un concepto fundamental acuñado por Abraham y Torok (1995) para definir una especie de lugar psíquico destinado a albergar las pérdidas no elaboradas que no han podido ser confesadas como pérdidas. Es entonces cuando se produce la incorporación ante la imposibilidad de introyección, impidiendo que el dolor de la pérdida se transforme en lenguaje, quedando así sin sentido.

> *Todas las palabras que no pudieron decirse, todas las escenas que no pudieron recordarse, todas las lágrimas que no pudieron derramarse, serán engullidas, al igual y al mismo tiempo, que el trauma, la causa de la pérdida. Tragado y conservado. El duelo indecible instala una tumba secreta en el interior del sujeto. (p. 248)*

En la cripta está viva, reconstruida a partir de recuerdos, palabras, imágenes y afectos, la imagen de la persona, con su propia tópica, así como los momentos traumáticos – reales o imaginarios – que hicieron inviable la introyección. De este modo, se crea un mundo de fantasía inconsciente que lleva una vida separada y oculta.

Fantasma

Para Abraham y Torok (1995), el fantasma es una invención de los vivos. "La invención, en el sentido de que debe objetivar, aunque sea de forma alucinatoria, individual o colectiva, el vacío que ha creado en nosotros la ocultación de una parte de la vida de un objeto amado" (p. 395).

El fantasma no sólo está ligado a la pérdida de un objeto, ni puede ser únicamente el resultado de un duelo fallido, de un trauma no elaborado, de la vergüenza o de un secreto. Son los descendientes de los deudos los que tendrán el destino de objetivar estas tumbas ocultas bajo la apariencia del que regresa. El fantasma de las creencias populares trabaja en el inconsciente como una metáfora: el entierro en el objeto de un hecho vergonzoso.

El fantasma es una formación del inconsciente que tiene la particularidad de no haber sido nunca consciente; es el producto del paso del inconsciente de un padre al inconsciente de un hijo. La aparición del fantasma indicaría, pues, los efectos en la descendencia de lo que tuvo, para el padre o la madre, el valor de una herida y incluso de una catástrofe narcisista o de un traumatismo no elaborado. El fantasma tiene claramente una función diferente de la dinámica reprimida. Sus retornos periódicos y compulsivos van más allá de la formación de síntomas desde la perspectiva del retorno de lo reprimido; funciona como un ventrílocuo, como un extraño en relación con el propio tema del sujeto. "El fantasma que vuelve a encarnarse es testimonio de la existencia de un muerto enterrado en otro" (Abraham y Torok, 1995, p. 395).

Las ideas de *cripta* y *fantasma* son de fundamental importancia cuando hablamos de herencia transgeneracional, que es uno de los posibles destinos del trauma.

Resiliencia

Esa idea procede de la física y está relacionada con la capacidad de un determinado material para volver a su estado físico anterior tras un choque traumático. Como ejemplo, podemos mencionar los coches modernos, construidos para absorber impactos y volver (parcialmente) a su forma original. Por supuesto, no podemos utilizarlo para pensar en los humanos, ya que no volvemos a nuestro estado anterior (psíquico, físico etc.) tras una experiencia, sea traumática o no. Sin embargo, pensar en ello a partir de un posible desenlace de la situación traumática es muy valioso.

Entiendo la resiliencia, según Cyrulnik (2001), como un *proceso*, no como un catálogo de cualidades. Es "el arte de navegar por las corrientes", un devenir, y puede darse en cualquier momento de la vida. No es una vacuna contra el sufrimiento, ni un estado adquirido e inmutable, sino un camino que debemos recorrer (esta idea no está vinculada a la de sublimación, que está reservada al destino de las pulsiones y no es el objetivo de esta reflexión).

Vínculos

Pensemos en modelos que amplían la subjetivación a los primeros años de la infancia, el complejo de Edipo, los objetos internos y las representaciones. Me refiero a los autores Isidoro Berenstein (2004) y Janine Puget (2015), que piensan la víncularidad, la relación *entre* sujetos y en las familias, como constitutiva por la *presencia* de un *otro*. Este otro (específico), y no un otro (inespecífico), promueve marcas y se deja marcar por la presencia. De este modo, una nueva psique nace, o se funda permanentemente, a partir de los vínculos. La *presencia* es esta cualidad-especie de evidencia del otro que incide fuertemente en mí como sujeto o, si es mía, en el otro – que me impone una marca a mí y a él, me modifica a mí y lo modifica a él (Berenstein, 2004). La des-acomodación resultante de y con el trabajo de vínculo permite la aparición permanente de nuevos sujetos.

Me gustaría dejar claro que aquí el término vínculo, polisémico en la actualidad, obedece al significado específico utilizado por los autores mencionados: la producción de relaciones *entre* sujetos, de la que ambos provienen otros (sujetos) y que necesita de la *presencia*, y no ocurre a través de la representación.

Algunos vínculos, tanto en el sentido utilizado por Kaës como por Berenstein y Puget, podrían ser fundamentales para el surgimiento de *soportes de resiliencia* (Cyrulnik, 2001), ya que el sujeto no es resiliente por sí mismo, sino que depende de encontrar a otro para volverse *resiliente*: un profesor que le haya devuelto la esperanza, un entrenador, un amigo, un hermano, un psicoanalista etc. que pueda ejercer una especie de penetración en el sujeto del trauma, para que

juntos puedan crear algo nuevo, *en un trabajo vincular*, una nueva experiencia que sea lo suficientemente capaz de generar nuevas marcas, tanto en los sujetos como en los grupos, ya sean familiares o sociales. El intento de "coser" entre los conceptos se alimenta de la idea de un sujeto en constante devenir (Moreno, 2020) y de la importancia del encuentro. "Los vínculos tienen algo así como un núcleo, que es un entrelazamiento de zonas excluidas [...] del pensamiento asociativo. El encuentro ocurre [...] fuera del imperio racional y asociativo. El reconocimiento – como dice Deleuze – es el encuentro" (p. 19).

El psicoanálisis clásico tiene su lugar, el lugar de la transferencia, la repetición, el mundo infantil como determinante, la historia del sujeto, el determinismo psíquico, la causalidad. Sin embargo, se dan cuenta de que esto no es suficiente para los pacientes individuales, las parejas y las familias. Algo más ocurre además de la repetición del pasado infantil, sexual, reprimido, en la transferencia. Berenstein y Puget se dedicaron realmente a mostrar la trama del vínculo y la novedad que aporta potencialmente el efecto de presencia. Abre espacio a lo indeterminado, al azar y a lo nuevo (Trachtenberg, 2022).

> *Hoy en día, es importante tener en cuenta que ya no podemos referirnos a nuestras vidas como si tuvieran un único origen, ni un único centro del que depende la vida de los individuos y los conjuntos. Por el contrario, debemos pensar en múltiples centros, cada uno con su propia lógica. Lo que rige cada uno de ellos no es traducible a lo que rige el otro, es decir, las lógicas que tienen en cuenta lo múltiple y la heterogeneidad son incompatibles con los cuerpos teóricos que hemos heredado de Freud en adelante. (Puget, 2020a)*

He seleccionado algunos extractos de las últimas obras que Puget tituló *Tal vez* (2020b):

> *Tal vez la tendencia a predecir, a protegerse del acontecer, del mundo llamado exterior no logre apagar la fuerza vital que emana del futuro. Tal vez dejemos abiertos caminos para que el futuro no sea repetición ni elaboración, sino algo abierto iluminado por alguno de los muchos universos y soles que encandilan nuestras vidas, sin que lo hayamos advertido.*

Esta es una declaración de esperanza, que creo que es fundamental tener en cuenta, ya que la teoría vincular nos muestra que podemos pensar que se pueden crear nuevas subjetividades de forma permanente. Creo que es importante destacar esto, porque el pasado infantil que deja sus marcas y representaciones es importante, pero el riesgo... el riesgo es que nos quedemos **secuestrados** en la repetición, en el pasado infantil, que está presente y nos acompaña toda la vida, así como el transgeneracional. Sin embargo, el psicoanálisis puede salvarnos, la presencia, el otro, el encuentro, el vínculo.

Terminaré con las recientes aportaciones de Puget (2015) sobre el Principio de Incertidumbre, cuando afirma que "la incertidumbre conecta con la percepción de la fragilidad de las pertenencias, de los vínculos y de las certezas, y de lo efímero de algunos valores sobre los cuales fundamos seguridades ilusorias" (p. 65).

Referencias

Abraham, N.; Torok, M. (1995). *A casca e o núcleo.* Escuta.

Aulagnier, P. (1993). *La violencia de la interpretación: del pictograma al enunciado*. Amorrortu editores.

Berenstein, I. (2004). *Devenir otro com otro(s): ajenidad, presencia, interferencia*. Paidós.

Cyrulnik, B. (2001). *Resiliência: essa inaudita capacidade de construção humana*. Instituto Piaget.

Freud, S. (1974). Sobre o narcisismo: uma introdução. En S. Freud. *Obras completas* (Vol. 14). Imago

Kaës, R. (1991) El pacto denegativo en los conjuntos transubjetivos. En A. Missenard et al., *Lo negativo: figuras y modalidades*. Amorrortu editores.

Kaës, R. (1997). *O grupo e o sujeito do grupo: elementos para uma teoria psicanalítica de grupo*. Casa do Psicólogo.

Moreno, J. (2020). *Elogio a cierta ignorancia:el psicoanálisis en clave vincular*. Letra Viva.

Puget, J. (2020a). *Profanar creativo... profanar desubjetivante: Tal vez... los caminos de lo incierto*. Ciclo 2020 "Las lógicas de producción de las prácticas". Departamento de Pareja y Familia APdeBA, Buenos Aires.

Puget, J. (2015). *Subjetivación discontinua y psicoanálisis: incertidumbre y certezas*. Lugar Editorial.

Puget, J. (2020b) *Profanar creativo... profanar desubjetivante: Tal vez... los caminos de lo incierto*. Ciclo 2020 "Las lógicas de producción de las prácticas". Departamento de Pareja y Familia APdeBA, Buenos Aires.

Trachtenberg, A.R.C. (2022). A lógica da esperança: nascemos novos sujeitos a cada encontro. *Psicanálise – Revista da Sociedade Brasileira de Psicanálise de Porto Alegre*, 24, (1)26-33.

Trachtenberg, A.R.C. (2023). *Transgeracionalidade/intergeracionalidade: Holocausto e dores sociais*. Blucher.

Trachtenberg, A.R.C.; Chem, V.D.M. (2013). Homenagem a René Kaës. In: A.R.C. Trachtenberg et al. *Transgeracionalidade: de escravo a herdeiro: um destino entre gerações* (2. ed.). Sulina.

Sobre los autores

Addys Attías de Cavallin

Médico psiquiatra – psicoanalista miembro titular de la Federación Psicoanalítica de América Latina (Fepal). Miembro de la Sociedad Venezolana de Psiquiatría. Autora del libro *El muñeco de trapo* (1998). *Reflexiones sobre la Adolescencia* (2008). Tiene diversas publicaciones sobre tópicos psicoanalíticos en revistas especializadas.

Adriana Navarrete Bianchi (org.)

Psicoanalista de la Sociedad Brasileña de Psicoanálisis de Ribeirão Preto (SB-PRP), miembro de la Associación Brasileña de Psicoanálisis de Pareja y Familia (ABPCF), Coordinadora de la Comissión de Psicoanálisis de Pareja y Familia da Fepal (Federación Psicoanalítica de América Latina), profesora de cursos y grupos de estudios sobre psicoanálisis vincular y el pensamiento de Janine Puget. Varios trabajos publicados.

Alicia Lotufo de Wainstein

Médica psicoanalista. Miembro en función didáctica de APA. Especialista en el abordaje psicoanalítico de patología psicosomática, Universidad CAECE, y en Pareja Y Familia de APA. Miembro del Comité de Bioética del Hospital Nacional Alejandro Posadas.

Ana Rosa Chait Trachtenberg

Médica Psicanalista, Miembro Titular con Función Didáctica, Fundadora y ex-presidente da SBPdePA. Integrante del Núcleo de Vínculos da SBPdePA. Presidente da ABPCF (Asociación Brasileña de Psicoanálisis de Pareja y Familia).

Ana Velia Vélez de Sánchez Osella

Miembro titular, directora del Instituto Virginia Leone Bicudo de la SPBsb, Miembro de la Comisión de Psicoanálisis Vincular de Pareja y Familia y Miembro del Grupo de Estudio de Pareja y Familia de la SPBsb.

Angela Piva

Miembro titular de la Sociedad Brasileña del Psicoanálisis de Puerto Alegre. Analista de niños, adolescentes, pareja y familia. Coordinadora del Centro de Vínculos SBdePA. Directora general y coordinadora del curso de Psicoanálisis Vincular Contemporáneo – Instituto de Psicoanálisis y Transdisciplinariedad. Autor de Vincularidad – Teoría y Clínica (2020) entre otras publicaciones.

Berta Elena Fonseca Zárate

Médica de la Universidad Nacional de Colombia. Psicoanalista y miembro titular de la Sociedad de Psicoanálisis (SOCOLPSI). Miembro de la International Psychoanalytical Association (IPA) y de la Federación Psicoanalítica Latinoamericana (Fepal). Miembro del Departamento de Pareja y Familia de la SOCOLPSI.

Carmen Maria Souto de Oliveira

Miembro del Instituto de Psicoanálisis de Brasilia Virginia Bicudo, Miembro de la Comisión de Psicoanálisis de Pareja y Familia y Miembro del Grupo de Estudios de Pareja y Familia de la SPBsb. e-mail: carmenmsouto@yahoo.com.br.

David Léo Levisky

Psiquiatra. Psicoanalista didacta por la Sociedad Brasileña de Psicoanálisis de São Paulo, vinculada al IPA. Doctor en Historia Social (USP). Especialización en psicoanálisis de niños y adolescentes. Fue editor de la *Revista Brasileña de Psicoanálisis* y director de la SBPSP. Autor de artículos y libros publicados en Brasil y en el exterior: *Diccionario de Psicoanálisis de Pareja y Familia*; *Mi padre, ¿un extraño?*; *¿La Vida? ... Está justo ahí*; *Entre los eslabones perdidos*; *Un monje en el diván*; *Adolescencia – reflexiones psicoanalíticas*; *Adolescencia y violencia* (trilogía).

Elizabeth Palacios

Médico psiquiatra, Psicoanalista titular con función didáctica de Asoc. Psicoanalítica de Madrid e IPA. Chair del COmité de familia y pareja de IPA (COFAP). Directora del Centro de Adolescentes ASPADE Fundadora de AAPIPNA (Sociedad para la invetigación del psiquismo infantil). Autora de multiples libros sobre familia y pareja, niños y adolescentes.

Federico R. Urman

Médico, psicoanalista miembro titular en función didáctica de APdeBA, especialista en niños y adolescentes IPA, magister en familia y pareja de IUSAM, docente en la maestría en Familia y pareja y en la especialización en Psicología Clínica con niños y adolescentes de IUSAM.

Franco Berardi

Filósofo y pensador de la actualidad italiana, que fue el fundador de la revista *A/traverso* (1975-1981) y miembro del equipo de la Radio Alice. Estando en Paris, trabajó con Félix Guattari. Sus publicaciones son: *Mutazione e Ciberpunk* (1993), *El alma en acción* (Los Ángeles), *HEROES* (Londres), *Fenomenología del fin: sensibilidad y mutación conectiva,* (Los Ángeles), Futurabilidad (2017), *La respiración* (2018), *El tercer inconsciente* (2021). En estos últimos diez años dió clases en diversas universidades al rededor del mundo.

Graciela Rajnerman

Licenciada en Psicología (UBA). Miembro de la Asociación de Psicología y Psicoterapia de Grupo. Ex supervisora del Pac (Programa de atención Comunitaria). Ex supervisora del Caina (Centro Integral de la Infancia y adolescentes). Autora y coautora de varios capítulos de libros y diversos artículos sobre filiación, niños y familia, adopción e infancia en situación de vulnerabilidad social. Supervisora de situaciones complejas de niños en situación de vulnerabilidad social del municipio de Quilmes.

Griselda Santos

Licenciada en Psicología (UBA). Miembro de la Asociación Argentina de Psicología y Psicoterapia de Grupo (AAPPG) Supervisora de situaciones complejas de niños en situación de vulnerabilidad social del municipio de Quilmes. Ex-docente e investigadora en la Cátedra de Psicología Evolutiva de la Faculdad de Psicología y de Ciencias de la Educación de la UBA.

João A. Frayze-Pereira

Psicoanalista. Miembro efectivo y analista didáctico de la Sociedad Brasileña de Psicoanálisis de San Pablo. Profesor Libre docente del Instituto de Psicologia y del Programa de Posgrado en Estética y Historia de la Arte de la Universidade de San Pablo (USP)/Brasil.

Lea S. de Setton

Licenciatura en Psicología Universidad Santa María La Antigua. Maestría en Psicología Educativa University of Oklahoma. Doctorado en Psicología y Educación University of Miami. Diplomado en Terapia de Pareja y Familia International Psychotherapy Institute (IPI Washington). Título de Psicoanalista del International Institute for Psychoanalytic Training (IIPT Washington). Título de Psicoanalista por ILAP. Certificado de Psicoanalista Didacta IPA. Ex – Directora del Instituto Alberto Einstein. Ex – Directora del IPI – Panamá. Presidenta de la Asociación

Panameña de Psicoanálisis (APAP). Fue profesora de la Universidad Santa María La Antigua por más de 20 años en las carreras Licenciatura en Psicología. Maestría en Terapia de Familia y Pareja. Doctorado en Psicología Clínica. Profesora en el IPI – Panamá. Profesora en el IIPT. Profesora y fundadora de APAP. Se ha dedicado a la práctica privada: análisis individual, Terapia de Pareja y Familia.

Lúcia Eugênia Velloso Passarinho
Miembro asociado, coordinadora de la Comisión de Psicoanálisis Pareja y Familia y Miembro del Grupo de Estudios de Pareja y Familia de la SPBsb.

Lucia Morabito
Psicoanalista titular en función didáctica de la Asociación Venezolana de Psicoanálisis. Miembro Invitado de la Asociación Psicoanalítica de Madrid.

Luiz F. D. Duarte
Profesor titular de la Universidad Federal de Río de Enero. Este trabajo fue realizado con el apoyo del CNPq, Consejo Nacional de Desarrollo Científico y Tecnológico – Brasil (Proc. 303276/2019-3).

Maria Aparecida Quesado Nicoletti
Médica y psicoanalista. Miembro efectivo y docente de la Sociedad Brasileña de Psicoanálisis de San Pablo. Miembro fundador de la Asociación Brasileña de Psicoanálisis de Pareja y Familia. Miembro da Federación Psicoanalítica de América Latina (Fepal). Ex-coordinadora de la Comisión de Pareja y Familia de FEPAL (2017-2021). Miembro de la Association Internacionale de Psychanalyse de Couple et de Famille (AIPCF). Miembro de la International Psychoanalysis Association (IPA).

María Dolores Ara
Licenciada en Letras. UCAB (Venezuela), Profesora de Lenguaje y Comunicación. UCAB (Universidad Católica "Andrés Bello"). UNIMET (Universidad Metropolitana), Profesora de Literatura en Diplomados de Escritura Creativa, Narrativa y de Guión Audiovisual. Profesora de Narrativa Rusa en UNIMET y Escribe artículos sobre literatura en Viceversa Magazine, Ideas de Babel, Aldea Educativa, Pasión País.

Maria Inês Assumpção Fernandes
PhD. Doctora y profesora titular del Instituto de Psicología de la Universidad de San Paulo. Presidenta de la Asociación Internacional de Psicoanálisis de Pareja

y Familia (AIPCF) 2021-2023. Ex-directora científica de la Asociación Brasileña de Psicoanálisis de Pareja y Familia. Psicoanalista y Supervisora Institucional.

Maria José Miguel
Miembro asociado de SPbsb y SBPSP, miembro de la Comisión de Psicoanálisis Pareja y Familia y del Grupo de Estudio de Pareja y Familia de SPBsb. .

María Laura Méndez
Antropóloga – Argentina docente de posgrado en el Instituto Universitario del Hospital Italiano y en IUSAM de APdeBA y en el Doctorado de Universidad Nacional del Litoral – Argentina (UNL), profesora titular ISALUD. Ministra diversos cursos en Asociación Argentina de Psicología y Psicoterapia de Grupo (AAPPG), Asociación de Pareja y Familia e en Asociación Escuela Argentina de Psicoterapia para Graduados (AEAPG). Tiene varias publicaciones sobre los temas investigados en su doctorado y los procesos de subjetivación.

Maria Lúcia de Aragão Canalli
Miembro asociada de la Comisión de Psicoanálisis Vincular de Casal y Coordinadora del Grupo de Estudio de Pareja y Familia de la SPBsb.

Mariana Cantarelli
Historiadora. Actualmente se desempeña como docente de la Universidad de Buenos Aires, el Instituto Universitario en Salud Mental y la Universidad (ISALUD), y es Coordinadora del Equipo de Género y Políticas Públicas del Consejo Federal de Inversiones. Fue Coordinadora de Formación del Hospital Nacional en Red especializado en Salud Mental y Adicciones "Laura Bonaparte", dependiente del Ministerio de Salud de la Nación de la República Argentina y centro de referencia en la aplicación de la Ley Nacional de Salud Mental. También es autora de libros y artículos sobre las transformaciones en las subjetividades contemporáneas.

Nize Nascimento
Miembro asociado de la SPBsb y de la Asociación Psicoanalítica del Uruguay (APU). Coordinadora del CENAPP – Centro de Asistencia e Investigación en Psicoanálisis del Instituto de Psicoanálisis de Brasilia Virginia Bicudo. Miembro de la Comisión de Psicoanálisis Pareja y Familia y del Grupo de Estudios de Pareja y Familia de la SPBsb.

Paulina Zukerman (org.)
Licenciada y doctora en Psicología, Universidad de Buenos Aires. Miembro Titular de Asociación Psicoanalítica de Buenos Aires, con función didáctica. Ex directora de la Maestría en Familia y Pareja (2017-2023) en el Instituto Universitario de Salud Mental-IUSAM-Asociación Psicoanalítica de Buenos Aires. Coordinadora docente de la Diplomatura en Clínica Psicoanalítica Vincular con Familias, online, en convenio entre la Escola de Psicoterapia Psicanalítica de Maringá, Brasil, y IUSAM/APdeBA (2021-2022). Artículos sobre el tema de vínculos, niñez y adolescencia publicados en revistas con referato de Argentina y del exterior.

Silvia Resnizky
Miembro titular con función didáctica de APdeBA (Asociación Psicoanalítica de Buenos Aires). Ex-Directora, y docente de la Maestría de Familia y Pareja del Instituto Universitario de Salud Mental (IUSAM). Fue miembro de la Junta Directiva (2017-2021) y del Comité Ejecutivo (2019-2021) de la IPA. Codirectora por Latinoamérica del Comité de Familia y Pareja COFAP de IPA (2021-2025). Coautora del libro *Dispositivos clínicos en psicoanálisis* (2014).

Susana Muszkat
Psicoanalista, miembro efectivo y profesor de la SBPSP. Máster en Psicología Social por el Instituto de Psicología de la Universidad de San Pablo. Miembro de la ABPCF. Autor de los libros *Violência e masculinidade* (2011) y coautor de *Violência familiar* (2016).

Teresa Nora Popiloff
Doutora en psicología por UBA. Miembro titular con función didáctica de APA, Fepal y IPA. Especialista en Abordaje Psicoanalítico en Familia y Pareja (Universidad CAECE), integrante de la Comísion ad Hoc de la Carrera de psicoanalista de familias, grupos y multifamiliares (APA) y de la directoría de Sociedad y Cultura de Fepal, miembro de la comisión de publicaciones de APA.

Yubiza Zárate Zuvic
Psicoanalista titular en función didacta, miembro de Asociación Venezolana de Psicoanalisis (ASOVEP) y Asociación Psicoanalítica do Chile (APCH). Psicoanalista de niños y adolescentes. *Magister Scientiarum* en Filosofía y Ciencias Humanas. Premio Sigmund Freud (1998) y Psicoanálisis de Niños y Adolescentes, 2004, otorgados por Fepal.

GRÁFICA PAYM
Tel. [11] 4392-3344
paym@graficapaym.com.br